Tutt

Luigi

Luigi Pirandello

Questa sera si recita a soggetto
Trovarsi
Bellavita

a cura di Roberto Alonge

Arnoldo Mondadori Editore

© 1993 Arnoldo Mondadori Editore S.p.A., Milano

I edizione Oscar Tutte le opere di Pirandello gennaio 1993

ISBN 88-04-35714-2

Questo volume è stato stampato
presso Arnoldo Mondadori Editore S.p.A.
Stabilimento Nuova Stampa – Cles (TN)
Stampato in Italia – Printed in Italy

Ristampe:

2 3 4 5 6 7 8 9 10 11 12

1996 1997 1998 1999 2000

Introduzione

«Questa sera si recita a soggetto»: la nascita della regia

Soltanto otto anni separano *Questa sera si recita a soggetto* dai *Sei personaggi* (in realtà quattro, se si tiene conto che l'edizione definitiva, riveduta e ampliata, dei *Sei personaggi* è del 1925), ma si tratta di anni-luce. *Questa sera* è il terzo segmento della trilogia che Pirandello ha voluto definire "teatro nel teatro" (iniziata con i *Sei personaggi* e continuata con *Ciascuno a suo modo*). La problematica è la stessa, una riflessione sulla condizione del teatro, sui suoi meccanismi di funzionamento, sugli assi portanti che lo costituiscono (autore, attore, regista, pubblico). Ciò che muta, drasticamente, è però l'angolo visuale. Nei *Sei personaggi* Pirandello non riusciva a nascondere la propria sfiducia nel lavoro della messinscena; continuava a esaltare in qualche modo la superiorità della pagina scritta, la preminenza dell'autore (cioè del personaggio) sull'attore. I comici dei *Sei personaggi* risultavano figure superficiali, persone frivole, scarsamente acculturate, grossolane. I comici che popolano *Questa sera* sembrano appartenere a un'altra razza: mostrano preparazione professionale, grande serietà, un giusto orgoglio del proprio lavoro. Pirandello non indulge a ironie di sorta nei loro confronti, come faceva invece con gli attori dei *Sei personaggi*. Ma soprattutto in *Questa sera* cresce enormemente il regista. Nei *Sei personaggi* non si chiamava ovviamente "regista" (un termine che comincia a diffondersi in Italia soltanto nei primi anni trenta) bensì, secondo la tradizione ottocentesca del teatro italiano, Capocomico. Pirandello coglieva però già la direzione di un trapasso, il senso di una trasformazione epocale (dal *teatro d'attore* tipico della civiltà ottocentesca al *teatro di regia* tipico della nuova civiltà novecentesca): il Capocomico non era più un attore (come accadeva invece nell'organizzazione della compagnia capocomicale italiana), non calcava più le scene; era già un occhio fuori della mischia, un occhio fedele al Testo. Nella misura in cui Pirandello esaltava ancora, in quegli anni, la primogenitura del Testo, il Capocomico si legittimava nel suo ruolo gerarchicamente superiore agli attori proprio in quanto servo fedele dell'Autore, garante del rispetto filologico del testo, sottratto in questo modo agli arbitrii e alle manomissioni disinvolte degli attori (rinviamo per tutto questo alla nostra Introduzione all'edizione dei *Sei personaggi* in questa collana, di prossima pubblicazione). Il Dottor Hinkfuss di *Questa sera* è invece un Capocomico che ha fatto molta strada. Non si chiama più Capocomico ma si fregia di un titolo dottorale. Ha abbandonato la bottega artigiana per andare a laurearsi all'Università. I sei personaggi lo investivano di una responsabilità drammaturgica, cercavano in lui il loro *autore*, ma era una funzione che egli accettava suo malgrado, con modestia e riluttanza. Il Dottor Hinkfuss non ha invece pudori di sorta: anziché semplice *coordinatore* degli attori, sente di essere il loro *capo dispotico*, un vero e proprio *demiurgo*. Rivendica con forza il proprio ruolo di duplice autore: del testo e dello spettacolo, della scrittura drammaturgica e della scrittura scenica. Se là c'erano dei *personaggi che cercavano un autore*, qui c'è un *regista-autore che cerca dei personaggi*, e che li trova in una lontana e dimenticata novella. Il meccanismo può sembrare il medesimo; è il rapporto fra un Capocomico-drammaturgo e un materiale preesistente, sì, ma solo a livello potenziale, di germe artistico. In tutti e due i casi c'è un Capocomico che, lavorando su questi suggerimenti, su questi spezzoni, crea al tempo stesso un testo e uno spettacolo, o meglio, crea lo spettacolo di questo testo. Ma mentre nei *Sei personaggi* la dinamica – come si è detto – è *subìta* dal Capocomico, che inizialmente si schermisce, in *Questa sera* è *indotta*, attivata direttamente dal Dottor Hinkfuss, manifestata clamorosamente al pubblico. Hinkfuss cava da sotto il braccio il rotoletto con la novella (l'antica novella di Pirandello del 1910, «*Leonora, addio!*») da cui dichiara di aver tratto l'ispirazione per il suo canovaccio. L'autore è veramente solo più uno spunto, neanche più autore teatrale bensì narrativo. Tutto si riduce a un abbozzo cartaceo che abbisogna persino di una preliminare traduzione in un altro genere. Scrive Lugnani – cui si deve peraltro l'analisi più minuziosa e penetrante di *Questa sera* – che Pirandello avrebbe potuto benissimo utilizzare un suo vecchio atto unico, come dato di avvio, al posto della novella, senza che il discorso metateatrale di *Questa sera* avesse minimamente a soffrirne. In realtà, se Hinkfuss si fosse servito di un testo teatrale, per quanto striminzito, *giovanile*, di scarso respiro, sarebbe risultata meno chiara e perspicua la funzione di *creatore* del regista, la sua qualità appunto di *demiurgo* che padroneggia il linguaggio drammaturgico prima ancora del linguaggio della scena. Il monologo di Hinkfuss, in procinto di presentare al pubblico lo spettacolo che sta per cominciare, ha cadenze epiche, altisonanti:

L'ho eliminato [l'autore della novella ispiratrice]. Il suo nome non figura nemmeno sui manifesti, anche perché sarebbe stato ingiusto da parte mia farlo responsabile, sia pure per poco, dello spettacolo di questa sera.
L'unico responsabile sono io.
[...] in teatro l'opera dello scrittore non c'è più.
[...]
L'opera dello scrittore, eccola qua.

Mostra il rotoletto di carta.

Che ne fo io? La prendo a materia della mia creazione scenica e me ne servo, come mi servo della bravura degli attori scelti a rappresentar le parti secondo l'interpretazione che io n'avrò fatta; e degli scenografi a cui ordino di dipingere o architettar le scene; e degli apparatori che le mettono su; e degli elettricisti che le illuminano; tutti, secondo gli insegnamenti, i suggerimenti, le indicazioni che avrò dato io.

In un altro teatro, con altri attori e altre scene, con altre disposizioni e altre luci, m'ammetterete che la creazione scenica sarà certamente un'altra.

Bisogna riconoscere che mai Pirandello era arrivato a tanta chiarezza. Per la prima volta parla di «creazione scenica» e non più di semplice «traduzione scenica». Confessa cioè il carattere creativo, artistico, della messinscena, non più banale necessità pratica, materiale (come è appunto il concetto di *traduzione*, passaggio obbligato per chi non è in grado di avvicinare il testo nella lingua originale). Pirandello sembra comprendere tutta la dignità dell'essere *autore dello spettacolo* (oltre che dell'essere *autore del testo*). Anzi, Hinkfuss mostra l'aspirazione estrema del nascente regista di *essere lo spettacolo*. C'è uno scambio di battute significative nell'esordio monologante di Hinkfuss. Si indispone perché il pubblico lo interrompe durante la sua perorazione; «durante la rappresentazione» – dice –; al che replica e controreplica:

IL SIGNORE DELLE POLTRONE   Non è ancora cominciata.
IL DOTTOR HINKFUSS   Sissignore, è cominciata. E chi meno ha diritto di non crederlo è proprio lei che ha preso quei rumori in principio come inizio dello spettacolo. La rappresentazione è cominciata, se io sono qua davanti a voi.

Il senso è chiaro. Hinkfuss realizza il sogno del regista che aspira a imporre la propria dittatura nel regno del teatro novecentesco. Non solo il regista è l'artefice dello spettacolo, ma *è lo spettacolo*, fa parte integrante dello spettacolo. La sortita iniziale di Hinkfuss non ha nessuna motivazione reale, funzionale alla rappresentazione che deve iniziare. Dicono giustamente gli attori (il Primo Attore, l'Attrice Caratterista) che possono presentarsi da soli al pubblico, e che il pubblico capirà egualmente. In effetti Hinkfuss non balza fuori per svolgere il ruolo del presentatore, ma obbedisce a istanze più private e personali. Finge di presentare gli attori per presentare essenzialmente sé stesso. Il regista *si dichiara esistente*, si afferma nella sua centralità, soddisfa pulsioni narcisistiche evidentissime. Ciò che vuol mostrare, in definitiva, non sono gli attori, ma il suo rapporto di comando sugli attori. Nei *Sei personaggi* il Capocomico riduceva al minimo, e al limite dissimulava, la sua superiorità gerarchica sugli attori. Qui invece questo potere lo esibisce, lo grida (suscitando ovviamente la proteste degli interpreti, che si ribellano appunto perché trovano *eccessivo* questo comando su di loro). Proprio perché gli attori di *Questa sera* non sono più i poveri sprovveduti comici dei *Sei personaggi*, proprio perché hanno acquistato in professionalità e consapevolezza, possono accettare di essere sottomessi al regista, sì, ma nei fatti, nella *pratica teatrale*, non possono ammettere che lo si teorizzi e lo si declami davanti al pubblico.

Regista demiurgo o regista presenza invisibile?

Dobbiamo chiederci per quali vie Pirandello sia arrivato a questa scoperta della *creatività* della scena, del valore autonomo, poetico, dell'allestimento teatrale. Abbiamo detto che solo quattro anni dividono l'edizione del '25 dei *Sei personaggi* da *Questa sera* (composto tra la fine del '28 e l'inizio del '29). Ma si tratta di anni fondamentali che spiegano la maturazione accelerata di Pirandello in ordine ai problemi in questione. Fra il '25 e il '28 Pirandello dirige il suo Teatro d'Arte di Roma e gira l'Europa allestendo i propri testi (e non solo i propri). Viene a contatto con le esperienze registiche più avanzate a livello europeo e fa il proprio apprendistato di *metteur en scène*. Alcuni fra i più grandi registi del momento – Georges Pitoëff, Max Reinhardt – hanno offerto realizzazioni rimaste celebri dei *Sei personaggi*. Quando nell'agosto del '28 si chiude l'esperimento del Teatro d'Arte Pirandello, deluso perché il regime fascista non ha fatto abbastanza per sostenere l'iniziativa (e altre iniziative simili: progetti per la fondazione di un teatro di Stato, nascita di una rete di compagnie stabili sovvenzionate e quindi sottratte ai condizionamenti del mercato teatrale), si trasferisce, nell'autunno del '28, in Germania, «in una sorta di volontario esilio», come ha scritto giustamente Alessandro Tinterri. *Questa sera* esce quindi in Germania, sulla spinta della suggestioni della scena teatrale tedesca e dei ripensamenti rispetto al proprio lavoro di direttore del Teatro d'Arte. Il testo reca in calce la dicitura: «Berlino, 24 marzo 1929». Il nome stesso di Hinkfuss è chiaramente tedesco, variazione di Hinckefuss, il padrone di casa di Pirandello durante la sua permanenza in Germania.

È vero tuttavia che alla base di *Questa sera* ci sono anche spinte più dolorosamente private. Fra il '25 e il '28 non tramonta solo il sogno del Teatro d'Arte ma anche l'impossibile sogno d'amore per l'attrice prediletta del Teatro d'Arte, Marta Abba. Nel '29 Pirandello ha sessantadue anni e sente il peso della vecchiaia. Il Testo (che fino ai *Sei personaggi* ha contrapposto come valore immutabile alla labilità e alla casualità della messinscena) gli appare inaspettatamente come un'altra cosa, come il luogo geometrico di un rito funebre. In *Questa sera* ci sono passaggi che tremano di un'intensa sofferenza. Come qui: «E tante volte, vi dico anzi, m'è avvenuto di pensare con angoscioso sbigottimento all'eternità di un'opera d'arte come a un'irraggiungibile divina solitudine, da cui anche il poeta stesso, subito dopo averla creata, resti escluso: egli, mortale, da quella immortalità. [...] Tremenda, questa eterna solitudine delle forme immutabili, fuori del tempo». All'improvviso Pirandello sembra scoprire che – contro tutte le apparenze esteriori – il Testo è la Morte, e la Scena è la Vita. Nella Scena si muore ma solo perché si rinasce e si rivive continuamente. Ancora Hinkfuss: «Se un'opera d'arte sopravvive è solo perché noi possiamo ancora rimuoverla dalla fissità della sua forma; sciogliere questa sua forma dentro di noi in movimento vitale; e la vita glie la diamo allora noi; di tempo in tempo diversa, e varia dall'uno all'altro di noi; tante vite, e non una; [...] Ma a questo patto soltanto, signori, può tradursi in vita e tornare a muoversi ciò che l'arte fissò nell'immutabilità d'una forma; a patto che questa forma riabbia movimento da noi, una vita varia e diversa e momentanea: quella che ciascuno di noi sarà capace di darle». Siamo a centottanta gradi lontani dalle posizioni originarie di Pirandello, consegnate al vecchio saggio (ma mai rinnegato ufficialmente dal nostro) *Illustratori, attori e traduttori*. Non più l'attore come mediatore disgraziatamente ineliminabile, traduttore-traditore del drammaturgo. Il Testo scrive sul marmo, ma questo marmo è come se fosse su un altro pianeta, in una *irraggiungibile solitudine* che mostra un risvolto necrofilo o per lo meno museale. *Questa sera* può anche sembrare un confronto-scontro fra attori e regista, fra i portavoce di una tecnica di recitazione immedesimata, alla Stanislavskij, che chiede all'interprete di "calarsi nel personaggio" (e sono appunto gli attori), e il rappresentante di un modo di fare teatro più novecentesco, in cui la finzione scenica, esibita in quanto tale, si carica di effetti stranianti, secondo una linea che va da Mejerchol'd a Piscator a Brecht (ed è invece Hinkfuss a esprimere questo punto di vista). Tutto questo c'è, indubbiamente, nell'opera pirandelliana, ma alla fine risulta come allontanato sullo sfondo. L'esame comparato fra la prima edizione del 1930 a quella definitiva del 1933 è sintomatica. Nella versione originale il dramma si chiudeva su queste battute:

IL PRIMO ATTORE *(chinandosi sulla Prima Attrice per ajutarla a rialzarsi)* Si alzi, si alzi, signorina: deve finir per forza con una buffonata, non l'ha ancora capito?
IL DOTTOR HINKFUSS No, cari miei, non con una buffonata, ma col convincimento di tutti che qua, se c'è bisogno di voi che volete obbedire all'arte, c'è anche bisogno di me, dovete convenirne; non foss'altro per saper predisporre e regolare codesta vostra obbedienza.

L'ATTORE BRILLANTE   Ma anche bisogno prima di tutto dell'autore, creda pure, che ci dia le parti scritte, da imparare a memoria!

IL DOTTOR HINKFUSS   No! L'autore no, qua! le sue parti scritte, sì, va bene, perché riabbiano vita da noi per un momento, e

rivolto al pubblico:

senza più le impertinenze e le sconvenienze di questa sera, che il pubblico ci vorrà perdonare.

È evidente il contrasto fra le ragioni degli attori e le ragioni del regista, nonché il tentativo di compromesso fra le due posizioni. Nel '33 Pirandello lascia cadere questo scambio di battute relative alla «buffonata» e alla necessaria integrazione del lavoro degli attori e del lavoro del regista. Non gli importa più nulla di una lotta che si svolge in fondo su un fronte interno, secondario. La battaglia decisiva è un'altra, è quella fra scrittori e "signori della scena" (che siano questi ultimi davanti o dietro le quinte, attori o regista). Ma è una guerra che gli scrittori hanno perduto. Pirandello cancella il brano citato ma conservando la replica sul rifiuto dell'autore (non l'autore, ma se mai solo le parti scritte). Pirandello sembra prendere atto di una sconfitta storica che il Novecento addensa sulla testa del drammaturgo, scalzato ormai ovunque dalla trionfante ascesa del regista. Il suo è una specie di *adieu au théâtre*, anche se è ovvio che Pirandello se lo gioca alla sua maniera, con un ultimo *escamotage*: scrivendo *un testo che dice la morte del testo*. D'altra parte non è possibile pretendere di più da chi, come Pirandello, si è accostato, sì, al mondo della scena, è diventato, sì, per qualche anno direttore di un teatro, *metteur en scène*, ma continuando a fare il drammaturgo, senza abdicare mai al proprio compito di scrittore, senza fare mai il salto definitivo nell'universo registico.

Resta da calibrare il tipo di attenzione con cui Pirandello guarda all'esperienza registica. Molti studiosi hanno insistito sulla figura caricaturale di Hinkfuss; vi hanno visto in controluce il ritratto del grande maestro della scena tedesca di quegli anni, Max Reinhardt. Il riferimento specifico sembra del tutto improbabile, se si pensa che Pirandello donò personalmente una copia di *Questa sera* (nella traduzione tedesca del 1929 che precedette quella mondadoriana del '30) con questa dedica assai impegnativa: «A Max Reinhardt la cui incomparabile forza creatrice ha dato magica vita sulla scena tedesca a "Sei personaggi in cerca d'autore" io dedico con profonda riconoscenza questa terza parte della trilogia del *Teatro nel Teatro*». È possibile invece che l'allusione satirica vada genericamente a una certa prassi registica, diciamo all'ala estremistica della *régie*, quella che esalta la vocazione totalizzante, demiurgica, del *metteur en scène*, che tende a monopolizzare il lavoro sulla scena. È stato notato felicemente che Hinkfuss in tedesco vale pressappoco "piede zoppo". La zoppia tradirebbe insomma – ha notato Artioli – «uno scarto tra il delirio d'onnipotenza del personaggio e le friabili basi del suo improbabile regno». È probabile cioè che Pirandello rifiuti qui l'eccesso di dirigismo registico, a favore di una concezione del ruolo assai meno potenziata, capace di sollecitare maggiormente il contributo creativo dell'attore. L'ideale sarebbe insomma un esercizio scenico fondato essenzialmente sul corpo vivente dell'attore, non abbandonato a sé stesso però, bensì sorretto nella sua recitazione dalla presenza invisibile ma decisiva del regista. Non insomma una accettazione della tecnica e della spettacolarità fini a sé stessi, ma una loro stretta funzionalizzazione al lavoro dell'attore. In definitiva un Pirandello fautore di un'idea di regia più misurata, capace di tener conto del peso della tradizione attorica, almeno in Italia.

L'intera questione resta però assolutamente aperta, anche perché la critica pirandelliana ha cominciato solo in questi ultimissimi anni a affrontare questo orizzonte di problemi. Si veda d'altra parte questo estratto di intervista concessa da Pirandello a un giornale parigino nel 1925 durante una *tournée* nel suo Teatro d'Arte:

Quelles sont les théories de Pirandello l'animateur? Il a bien voulu nous les confier.

— Ne pas trahir l'auteur! Quando je découvre une pièce assez belle, pour intéresser mon public, je l'étudie, je cherche à me pénétrer entièrement de ce qu'a voulu dire l'auteur. Après ce travail préliminaire, je lis la pièce à nos compagnons. Au besoin je la lis plusieurs fois, j'en parle à chacun, je m'efforce de leur donner le caractère du personnage qu'ils doivent jouer. Quand j'ai "inséré" l'âme du personnage dans l'âme, non à la place de l'âme de l'acteur, seulement, je commence les répétitions.

— Vous enlevez toute personnalité à vos artistes?

— Il le faut. Nous devons nous discipliner, nous plier pour servir l'auteur – pour ne pas le trahir –, nous sommes les interprètes dociles d'une oeuvre.

— Mais les artistes italiens si individualistes, se soumettent-ils aisément à cette conception?

— Cela leur est difficile; mais il le faut. [...] Nous vivons une vie de travail, sans trêve. Je suis forcé de veiller aux décors qui sont conçus selon mes indications et mes données, aux costumes, aux jeux de lumières, è la mise en scène, à la bonne marche et à la prospérité de notre fondation, qui a sa mission artistique à remplir.

Quali sono le teorie di Pirandello "regista-organizzatore"? Ce le ha volute confidare.

«Non tradire l'autore! Quando scopro un lavoro teatrale molto bello, per interessare il mio pubblico, lo studio, cerco di compenetrarmi totalmente in ciò che l'autore ha voluto dire. Dopo questo lavoro preliminare, leggo il testo ai membri della compagnia. All'occorrenza lo leggo diverse volte, ne parlo con ciascuno, mi sforzo di trasfondere in loro il carattere del personaggio che sono chiamati a interpretare. Quando sono riuscito a "inserire" l'anima del personaggio in quella dell'attore, non al posto di essa, soltanto allora comincio le prove.»

«Lei toglie completamente agli attori le loro personalità?»

«È necessario. Occorre autodisciplina, occorre piegarsi per porsi al servizio dell'autore – per non tradirlo –, noi siamo i docili interpreti di un'opera.»

«Ma gli attori italiani, così individualisti, si sottomettono facilmente a questa concezione?»

«È difficile per loro; ma è necessario. [...] Viviamo una vita di lavoro, senza tregua. Io sono costretto a occuparmi delle scene che sono state concepite in base alle mie indicazioni e ai miei enunciati, dei costumi, delle luci, della messa in scena, del buon andamento e del benessere della compagnia, che ha una missione artistica da compiere.»

Non c'è nelle dichiarazioni pirandelliane nessuna adesione alle posizioni più estremistiche della *régie* europea, quella interessata a glorificare la dimensione spettacolare, mimico-gestuale, dell'evento teatrale, ridimensionando violentemente l'apporto del testo drammaturgico. Pirandello si proclama anzi al servizio rigoroso dell'Autore. Il suo modo di lavorare con gli attori fa pensare a Stanislavskij, alla prospettiva di far "calare nel personaggio" l'attore. Tutto questo sembrerebbe giustificare il perfetto aderire da parte di Pirandello al punto di vista degli attori di *Questa sera*, in contrapposizione ferma alle ragioni di Hinkfuss. Ma si faccia attenzione ai passaggi dell'intervista sopra riportata in cui ribadisce più volte più volte che *bisogna* piegare l'individualismo degli attori (nonostante la tradizione anarchicheggiante degli interpreti italiani), che bisogna togliere loro «toute personnalité». C'è un gusto dispotico anti-attorico che non è molto lontano da quello che abbiamo evidenziato in Hinkfuss. Anche la fitta trama verbale non fa che magnificare il vitalismo di un *io* onnipresente: «Je suis forcé de veiller aux décors qui sont conçus selon mes indications et mes données, aux costumes, aux jeux de lumières, à la mise en scène [...]». C'è lo stesso tono alto e solenne (e dunque serio, convinto, niente affatto ironico o caricaturale) del brano di Hinkfuss già citato: «[...] come mi servo della bravura degli attori scelti a rappresentar le parti secondo l'interpretazione che io n'avrò fatta; e degli scenografi a cui ordino di dipingere o architettar le scene; e degli apparatori che le mettono su; e degli elettricisti che le illuminano; tutti, secondo gli insegnamenti, i suggerimenti, le indicazioni che avrò dato io». Pirandello teorizza insomma, sì, il regista *servo d'autore*, ma va scoprendo per intanto, forse senza nemmeno rendersene troppo conto, tutta l'importanza capitale del lavoro del *metteur en scène*, tutta l'autonoma creatività dello spettacolo. *Questa sera* si pone in definitiva come opera estremamente problematica, quasi enigmatica, ambiguo sigillo della complessa trilogia del *teatro nel teatro*.

I primi allestimenti

Abbiamo detto che *Questa sera* fu pubblicata prima nella traduzione in tedesco che nell'originale italiano. Fu anche allestita per la prima volta in Germania. Per un attimo sembrò possibile che fosse ancora il grande Max Reinhardt a mettere in scena la novità pirandelliana. Scriveva infatti in una lettera datata 4 aprile 1929 da Berlino a Guido Salvini (conservata presso il Museo Biblioteca dell'Attore di Genova): «Non so ancora se sarà messa in scena da Reinhardt o da Hartung. Per un Direttore di scena sarà una prova magnifica, anche di abnegazione, perché la commedia – come forse saprà – è contro gli eccessi della così detta *régie*». Il regista sarà alla fine Gustav Hartung, al Lessing Theater di Berlino, con debutto il 31 maggio 1930: reazioni negative da parte del pubblico e un notevole fastidio anche da parte della critica berlinese. È probabile però che *Questa sera* finisse per risultare solo il capro espiatorio di un processo di rigetto volto complessivamente alla moda pirandelliana, imperante in Germania, come in altri paesi europei, negli anni immediatamente precedenti. La realizzazione berlinese fu comunque preceduta, nello stesso 1930, da una edizione a Königsberg, nella Prussia Orientale, il 25 gennaio, regia di Hans Carl Müller. Naturalmente la marginalità geografica della piccola città di provincia in cui si tenne la prima assoluta spiega la scarsa risonanza che ebbe l'avvenimento, benché si fosse trattato di un lavoro di notevole qualità, sicuramente incomparabile con una certa sciatteria che caratterizzò la regia berlinese di Hartung. Non si poté ovviamente rinunciare a un tocco di folklore e di esotismo mediterraneo (la scenografia iniziale presenta un fondale su cui è riprodotto un vulcano fumante e la carta geografica dello stivale italiano): una maniera per introdurre un pubblico tedesco provinciale alla vicenda siciliana della famiglia La Croce. L'abilità di Müller fu però quella di riuscire a trovare una sorta di bilanciamento fra il piano dello spettacolo relativo alla storia passionale della famiglia e il piano metateatrale del Dottor Hinkfuss. La critica sottolineò positivamente il trapasso graduale dall'atmosfera farsesca della prima parte agli accenti tragici del finale. Pirandello, per parte sua, assistette a una delle repliche dello spettacolo di Königsberg e ne riferì in una lunga lettera del 30 marzo 1930, sempre a Salvini, esaltando in particolare le soluzioni spettacolari del regista, i momenti in cui gli attori del dramma si sparpagliano nell'edificio teatrale e coinvolgono in qualche modo il pubblico in una sorta di *happening* (ma si veda l'intera lettera riprodotta in Appendice).

Guido Salvini, uomo di teatro che era stato vicino a Pirandello durante l'esperienza del Teatro d'Arte, firma la regia e la scenografia del primo allestimento italiano di *Questa sera*, che va in scena a Torino il 14 aprile 1930, nel mezzo delle due edizioni tedesche, quella di Königsberg del 25 gennaio e quella berlinese del 31 maggio. La lettera testé citata a Salvini del 30 marzo contiene tra l'altro una serie di curiose informazioni su ciò che avvenne in occasione della prima nazionale di Torino. Il testo pirandelliano fu sottoposto a una sorta di censura (siamo in regime fascista, attento ovviamente sia ai valori militari che ai valori religiosi). Rico Verri e i suoi compagni devono perdere ogni riferimento alla loro condizione di ufficiali d'aviazione. L'*Ave Maria* recitata dalla Signora Ignazia perché le passi il mal di denti diventa una preghiera a San Gennaro, considerata ovviamente meno *irrispettosa*. Pirandello proponeva nella lettera di trasformare gli ufficiali in ingegneri minerari; Salvini però – come si evince dall'esemplare del testo di sua proprietà, ora posseduto dal Museo Biblioteca dell'Attore di Genova – ne fece dei piloti civili, conservando così più acconciamente il legame con il campo d'aviazione che ha una parte significativa negli artifici scenici del Dottor Hinkfuss. Lo spettacolo di Salvini – che vedeva Renzo Ricci nella parte di Hinkfuss – piacque notevolmente, sia al pubblico che alla critica, e il successo si ripeté durante le repliche nelle altre città italiane. Il che non significa naturalmente che l'interpretazione complessiva del lavoro risultasse univoca. Per Renato Simoni il messaggio richiamava l'esigenza di un accordo stabile delle tre linee-forza della composizione teatrale (autore, *régisseur*, attori). Per Silvio D'Amico invece era evidente il prevalere conclusivo del regista. Il fatto è che D'Amico combatteva in quegli anni la sua battaglia per il rinnovamento della scena italiana, per il superamento del teatro del *grande attore* di ottocentesca memoria, a favore di un modo nuovo di fare teatro, fondato appunto sulla centralità della figura del regista. Per D'Amico non è solo *questa sera*, ma *è tutte le sere che si recita a soggetto*. Perché il testo – anche quando è interamente scritto e non un semplice scenario, come è nel caso di *Questa sera* – è sempre e soltanto un punto di partenza per attori e regista che lo ricreano secondo una interpretazione coerente (si veda in Appendice la recensione di D'Amico).

Non molto numerose e nemmeno troppo significative le realizzazioni più recenti di *Questa sera*. Ha giocato negativamente la considerazione del numero notevole di interpreti necessari, la complessità dell'impianto scenografico richiesto; ma anche un certo giudizio della critica saggistica che ha spesso visto in *Questa sera* l'anello debole della trilogia del teatro nel teatro, pura tecnica e spettacolare animazione, senza il soffio potente di poesia dei *Sei personaggi*. In realtà si tratta del prodotto che rivela il più di consapevolezza da parte di Pirandello dei problemi metateatrali. Uno studioso danese, Steen Jansen, ha evidenziato a buon diritto che i testi della trilogia non sono affatto tre, ma almeno sei: la prima edizione dei *Sei personaggi* (1921), la prima versione di *Ciascuno a suo modo* (1924), l'edizione definitiva dei *Sei personaggi* (1925); la prima edizione di *Questa sera* (1930), la versione definitiva di *Ciascuno a suo modo* (1933), la versione definitiva di *Questa sera* (1933). Ma mentre sono notevolissimi i cambiamenti fra prima versione e versione definitiva dei *Sei personaggi* e di *Ciascuno a suo modo*, quasi nulle sono le varianti fra le due edizioni di *Questa sera* (si riducono alle diverse battute del finale di cui abbiamo già parlato). *Questa sera* è insomma l'unico testo della trilogia che non subisca correzioni di rilievo. Il gioco scenico che deborda dal palcoscenico e investe la platea, si allarga all'intero spazio dell'edificio teatrale, è un punto d'arrivo conquistato faticosamente nei *Sei personaggi* e in *Ciascuno a suo modo* (Pirandello vi perviene solo con le edizioni rispettivamente del '25 e del '33). Per *Questa sera* è una lezione acquisita sin dalla prima edizione del '29. Il che significa che la maturazione decisiva si realizza per Pirandello proprio all'altezza cronologica della prima edizione di *Questa sera*, intorno al '29.

Il dramma di un'attrice: «Trovarsi»

Nel finale di *Questa sera* la Prima Attrice, nell'impeto di recitare il personaggio di Mommina che nella finzione dello scenario muore nell'epilogo, ha un vero e proprio collasso; l'Attore Brillante teme che sia morta davvero. Pirandello ripensa evidentemente al collasso nervoso che ebbe Marta Abba dopo la prima della *Nuova colonia*. La Prima Attrice di *Questa sera* ha l'impegno e la dedizione della Abba. Alla Abba Pirandello ritorna continuamente in tutta la sua estrema produzione. Tra il luglio e l'agosto del '32 compone *Trovarsi*, incentrato sulla vicenda di un'attrice pronta a negare a sé stessa la vita che *dona* ai suoi personaggi. Si chiama non per nulla *Donata*. Pirandello la ritrae con i caratteri della figura eletta, spirituale, elevata (in senso metaforico ma anche in senso letterale). Umberto Artioli ha sottolineato la particolare scenografia del primo atto: un atrio di una villa, con una scala di legno che conduce ai piani superiori; e del primo si vede il ballatoio su cui danno le stanze. Donata, assente in scena quando inizia l'azione, è in una di queste stanze, riposa, stanca del viaggio. Sia le battute che i gesti dei personaggi evidenziano ripetutamente la funzione centrale di questa scala, il movimento dello scendere e del salire. Il tragitto di Donata è infatti per Artioli una *catabasi*. Il personaggio, che si autodefinisce «sospeso», si accinge ad abbandonare le *altezze*, la sua condizione di intatta solitudine, per immergersi nella realtà quotidiana, nella vischiosità della condizione della donna. Pirandello si preoccupa di delineare tutto un sottile gioco di contrapposizione fra *alto* e *basso*, fra l'isolamento eccezionale dell'attrice, chiusa in una sorta di ascetica tensione artistica, e la coralità goffa e meschina di una medietà umana abbassata derisoriamente a livello animale. I nomi sono tratti appositamente dal *bestiario*: la marchesa Boveno, ovviamente definita «enorme, pesante», tanto da non poter salire le scale; Volpes, qualificato come «bruno, sporco, si stira spesso con due dita il labbro inferiore grosso e pendente». Il senso del contrasto antagonistico è vistoso in questa battuta di Salò: «C'è soltanto da negare che la "normalità" delle galline possa intendere il volo disperato d'una gru». Ancora una volta, da un lato, il tema dell'*alto*, del volo, dell'essere alato che si muove tra le altezze dei cieli; e, dall'altro lato, la bassa terrestreità degli animali da cortile, dei gallinacei dalla corta intelligenza. Salò, colui che ha detto la battuta, è naturalmente il porta parola dell'autore. Anche in questo caso la simbologia onomastica (capitale per comprendere Pirandello secondo la suggestiva proposta dell'Artioli) sembrerebbe confermare: Salò è legato al motivo del *sal-ire*; il suo nome è anche anagramma di *lo sa*, e non è escluso il riferimento al *sale* della sapienza. È certamente l'unico personaggio che appare in grado di intuire la sofferenza e l'angoscia dell'attrice nel momento in cui affronta la propria *catabasi*. Ma che sa leggere anche nel segreto della personalità del'artista. Secondo Volpes l'attore deve ricercare nel proprio vissuto per trovare la sfumatura giusta da dare al sentimento del personaggio, al punto da non poter recitare parti di innamorato se non ha mai amato. E invece Salò ribatte: «Ah già! Tu sei quello dell'esperienza, me ne scordavo! Che, per sapere, bisogna prima provare. Io so invece che ho provato sempre soltanto ciò che m'ero prima immaginato». Attraverso Marta Abba, grazie alla grande passione senile per la sua giovane prima attrice, Pirandello riesce a superare tutte le riserve di un tempo verso il mestiere dell'attore (così vive ancora ai tempi dei *Sei personaggi*). L'attore ha in sé una scintilla divina, è figura «sospesa» perché il corpo è strumento dello spirito, perché è in contatto con la divinità da cui trae in qualche modo la propria conoscenza del cuore umano, senza aver bisogno di sperimentarne preliminarmente i percorsi e le vicissitudini. Donata Genzi ha conservato puntigliosamente e orgogliosamente la propria verginità sino all'altezza cronologica dei trent'anni, ma non per questo è meno straordinaria interprete di ruoli amorosi. Semmai è proprio a partire dal momento in cui soggiace alle umane leggi dell'amore che non riesce più a *trovarsi* sulla scena, che sembra venir meno come attrice. A conferma ulteriore che l'attore è un divino mediatore fra cielo e terra, e non ha necessità di attingere al bagaglio delle sue personali emozioni di vita per dare spessore ai propri fantasmi scenici.

La condizione di Donata Genzi, tutta chiusa nel cerchio magico della sua professione vissuta come una missione, asceticamente protesa nel puro lavoro d'arte, paga però un prezzo altissimo che la svuota esistenzialmente. Se resta suggestiva l'ipotesi di Artioli di una *catabasi* di Donata, non è azzardato però considerarla in qualche modo *indotta*, scelta obbligata cui l'attrice giunge come unica soluzione alternativa al suicidio. Il conte Mola le ricorda che la sua vita è preziosa, che le è costato lotte e amarezze arrivare dove è arrivata, e Donata ribatte amaramente: «Ah sì sì – difatti – arrivata! Ma sa fin dove, conte... arrivata? Fino al punto di gettarla via – là... – Se non era lui che mi salvava...». Si inserisce a questo punto il personaggio di Elj, nipote del conte Mola, figlio di un marinaio svedese morto in mare a ventisei anni, con la passione del mare nelle vene, pronto a correre l'avventura della lancia a vela in una notte di mare grosso. Donata se ne fugge con lui. La spirituale Donata, se decide di abbandonare le plaghe dell'aria, non sarà per affondare nella avvilente terrestreità bensì nell'elemento liquido del mare, i cui tratti fluidi sono più prossimi alla dimensione aerea dell'attrice. Donata si sente attratta da Elj, l'uomo del mare, esattamente come l'ibseniana Ellida si sentiva attratta dallo Straniero, un altro uomo del mare, nel dramma intitolato appunto *La donna del mare*. Pirandello capocomico aveva allestito proprio questo testo ibseniano nel 1926, con Marta Abba nel ruolo di Ellida. Pirandello si era servito della traduzione di Astrid Ahnfelt (Firenze, Sansoni, 1922) in cui Ellida aveva modo di dire questo scambio di battute:

ARNHOLM Non apparteniamo forse alla terraferma?
ELLIDA No. Io non lo credo. Credo invece che se gli uomini da principio si fossero abituati a passare la loro vita sul mare, forse nel mare... avremmo raggiunto una maggiore perfezione... saremmo migliori e più felici.
ARNHOLM Così crede?
ELLIDA Sì, sono disposta a crederlo. Tante volte ne ho parlato con Wangel.
ARNHOLM Ebbene, e lui?
ELLIDA Sì, egli dice che potrebbe essere.
ARNHOLM *(scherzando)* E sia. Ma cosa fatta capo ha. Una volta per sempre abbiamo sbagliato strada, e siamo diventati animali di terra invece che animali marini. Ormai sarà troppo tardi per correggere l'errore.

ELLIDA Lei ha detto una triste verità. Ed io credo che gli uomini stessi abbiano la coscienza del loro errore. Che si sentano oppressi da un pentimento e da un dolore segreto. Creda a me... qui va cercata la ragione della tristezza umana. Sì, mi creda.

E in *Trovarsi* Elj dichiara: «I pesci, da cui si dovrebbe prendere regola. Dico sul serio, sai? Io credo che la prima ragione dell'infelicità degli uomini, degli altri animali detti di terraferma, sia proprio questa: che siamo una sciagurata degenerazione di quegli unici primigenii abitatori: degenerazione derivata dall'essere, a un dato momento, rimasti sul duro, in secco». Elj richiama anche nel nome il personaggio di Ellida, e il suo cognome, Nielsen, ha qualche assonanza con un altro nome che compare in *La donna del mare*, quello della signora Jensen. In tutt'e due i testi il mare rappresenta il fascino misterioso che spaventa e che attira, che determina il crollo delle resistenze, che è naufragio ma anche liberazione degli istinti profondi, vitali. Lo Straniero è scampato a un naufragio e il padre di Elj è morto in un naufragio; Elj e Donata subiscono essi pure un naufragio al quale sopravvivono solo grazie al fatto che l'uomo morde alla nuca la donna sino a farla svenire (per poterla salvare, visto che Donata, al culmine della volontà suicida, si è aggrappata al collo di lui per morire insieme). Il morso alla nuca in mezzo al mare è un suggello rituale che sancisce il diritto di proprietà di Elj su Donata («Mi pare che alle bestie, per non perderle, si usa fare un marchio sull'anca. [...] Tu me l'hai fatta alla nuca». Similmente in *La donna del mare* c'era il rito dello "sposalizio con il mare" (i due anelli gettati nelle profondità marine) a fissare per sempre l'appartenenza di Ellida allo Straniero. Il mare funziona in entrambi i casi come catalizzatore della pulsione che spinge la donna tra le braccia dell'uomo.

Il fantasma della donna frigida

Diversi sono invece gli esiti dei due abbandoni sentimentali. Ibsen non ci dice molto della relazione fra Ellida e lo Straniero, non entra nei particolari, ma resta ugualmente facile comprendere che si trattò di un amore fugace ma coinvolgente, soddisfacente, se è proprio il ricordo di quella breve storia a impedire per anni a Ellida di stabilire un rapporto pacificato e pacificante con il marito. Ellida si muove fra due uomini: fra il giovane del suo passato e il marito vecchio del suo presente. Donata ha due poli di riferimento non omogenei, Elj e il teatro. Il teatro l'ha prosciugata, l'ha spinta sull'orlo del suicidio, ma Elj è ben lontano dal saper appagare le sue aspettative di donna che per una volta ha deciso di aprirsi alla vita dei sensi. Pirandello tocca qui, con audacia sorprendente, un punto fondamentale della condizione femminile che caratterizza le sue eroine che risultano molto spesso insoddisfatte, condannate a una frigidità patita quasi come una maledizione inevitabile, un dato di natura cui non sia possibile sfuggire. Se però in generale il tema è solo vagamente percepibile fra le righe, questa volta il problema risulta messo a fuoco con straordinaria chiarezza, anche se ovviamente il linguaggio riesce a rimanere controllatamente elusivo, al di qua di ogni brutalità naturalistica. All'inizio del secondo atto Elj prende il capo di Donata fra le mani, le parla affettuosamente, ma si accorge che piange:

ELJ [...] Se è un male che ti faccio senza volerlo, sì che ci bado! Che cos'è?
DONATA Niente... Ho scoperto in me... non so...
ELJ Una sofferenza? Per causa mia?
DONATA No. Forse perché sei stato... (*Non sa aggiunger altro*)
ELJ Come sono stato? (*Donata esita*) – Di' di'; non è male, sai, provare in principio una sofferenza.
DONATA Ah sì? Perché?
ELJ Perché guaj, gioja mia, in amore, a stabilire rapporti sul su-

blime! Una piccola sofferenza in principio è proprio quello che
ci vuole... Ma di' di', come sono stato?

DONATA (*dolcemente*) Vuoi saperlo? (*Esita ancora un po'; poi, senza attenuar la dolcezza, ma abbassando gli occhi*) Hai pensato a te... troppo...

ELJ A me? T'è parso?

DONATA (*tornando a sorridere*) Ma forse è dell'uomo essere così.

ELJ Non vuoi dir come? Vedi, questo, lo vorrei proprio sapere. Non capisco.

DONATA Basta, basta, ti prego; non ci far caso. Non saprei dirtelo.

ELJ Hai pure detto una sofferenza!

DONATA No... ora più!

ELJ E allora? Parla! Non è bene che tenga per te, nascosta, una cosa che... sarà bene, invece, ch'io conosca.

DONATA Può darsi che dipenda da me...

Si noti: da un lato il maschio che teorizza tranquillamente la bontà della sofferenza iniziale del *partner*, della donna; dall'altro lato la donna rassegnata e pronta a subire la mancanza del piacere fisico come una legge del destino, che divide da sempre la razza superiore dei maschi da quella inferiore delle donne («Ma forse è dell'uomo essere così») o che comunque è disposta a colpevolizzarsi («Può darsi che dipenda da me...»). Lo stesso nodo ritorna in un altro dialogo fondamentale, fra Donata e l'amica Elisa, ma con un approfondimento ulteriore, che spinge la passività della donna sino alla mistificante autopersuasione che tutta la felicità è dovuta al maschio e che in questo si appaga e si realizza anche la personalità femminile: «E poi, per non provarci in fondo – ti giuro – alcun piacere; anzi, se debbo dirti, una vera sofferenza; forse... sì, con questa sola soddisfazione, di sentirla come una cosa che la donna deve fare per quietare in lei un uomo – e di provare, dopo, anch'io questa quiete, grande, per un attimo, senza più pensare, per non turbarmela, a ciò che m'è costata, compensandomene con la gratitudine tenera e un po' vergognosa ch'egli mi dimostra». Ancora la legge del *dovere*, l'astrattezza categorica della cosa che *la donna deve fare* per placare il maschio. Salvo però rovesciare a livello inconscio il peso di questa frustrazione in una scarica fortissima di antagonismo rispetto all'uomo:

DONATA (*levandosi, turbata*) Io so per ora che, in certi momenti, come me lo vedo davanti – lì – così sicuro in quel suo corpo agile e pronto – (sì, è bello! ma tutto lì, ma tutto lì! mentre io...) – in quei momenti, vedi? se mi s'accosta... non so, io lo odio!
ELISA (*sorridendo*) No! che dici!
DONATA Sì, sì! Perché non posso essere nelle sue braccia una cosa s o l t a n t o s u a... un corpo – là – e nient'altro, che diventa suo... Mi sento tutta sconvolgere – provo anche ribrezzo di me stessa... Se è questa tutta la vita che m'aspettavo! Vuoi che sia in questo tutta la mia vita?
ELISA Ma no, certo! Perciò ti dico che non devi lasciare il teatro!

Qui è il nucleo decisivo del dramma, il punto di maggior ambiguità. Donata sfiora il centro autentico della verità ma senza osare l'approssimazione ultima. Non riesce a confessarsi che il suo *odio* per Elj è direttamente proporzionato all'incapacità dell'uomo di darle piacere; non riconosce la propria frustrazione sessuale. A partire da questa mancata chiarificazione Donata si illude che ciò che la divide da Elj sia essenzialmente un dislivello intellettuale (anziché una mancanza di intesa erotica). Elisa, con la sua battuta finale, non fa che rafforzare in Donata questo equivoco di fondo, spingendola alla fuga in avanti nel teatro, nella ripresa del suo impegno professionale (visto che Elj chiede a Donata di rinunciare al teatro per amor suo).

Non è possibile d'altra parte domandare onestamente di più a Pirandello. Quando diciamo che Donata non si rende conto delle proprie contraddizioni usiamo in realtà una metafora, appena teniamo conto che non esiste una Donata come persona autonoma, ma che si tratta di una semplice proiezione della scrittura pirandelliana. La produzione finale di Pirandello – ispirata chiaramente all'amore per Marta Abba – presenta una ricca galleria di figure femminili d'eccezione. Ancora una volta grazie a Marta Abba Pirandello si apre con maggior intelligenza all'universo femminile, alla segreta psicologia della donna contemporanea. Ma il suo *femminismo* passa inevitabilmente attraverso il filtro di una coscienza maschile. Elj – come tanti altri uomini di questa drammaturgia ultima, incentrata sulla donna – è presentato con taluni caratteri tipici della ideologia maschile che opprime da sempre la donna. Lui che pure, per il suo attaccamento organico alla civiltà dell'acqua, sembra elevarsi al di sopra delle grette meschinerie del mondo terrestre. È possessivo, geloso, contrario all'idea che la propria donna possa avere un lavoro (tanto più se questo lavoro è il teatro). Nel suo infatuamento per Donata gioca sotterraneamente il compiacimento maschilista di esserne stato il primo uomo, colui che ne ha colto il fiore verginale. Può anche arrivare ad avere nei confronti della donna (almeno quando si tratta di una ragazzina come Nina) atteggiamenti spudoratamente da *macho* (si veda la sua riflessione: «Una volta o l'altra, finisce che l'acchiappo e la sbatto al muro come una gatta...»; o il suo modo di farla tacere in chiusura di primo atto, al momento della sua *fuga* con Donata: «Elj prende Nina per il capo; glielo rovescia; le suggella la bocca con un violento lunghissimo bacio; e fugge. Nina resta tramortita, come folgorata dal bacio; le si piegano le gambe; casca a sedere sulla panca, convulsa, avvampata, felice, senza potere articolar suono»). Ma al di là di questo Pirandello non può andare. La sua visione della donna resta sostanzialmente quella di un intellettuale meridionale di fine Ottocento, misuratamente sessuofobico, profondamente *cattolico* (almeno per il peso dell'educazione, nonostante l'ateismo poi professato, sebbene gli studi dell'Artioli stiano cominciando a svelare un risvolto occultamente *religioso* di Pirandello). Il sesso è caduta, peccato, peso vergognoso della carne, miseria avvilente. Di qui la sua concezione schizofrenica della donna: da un lato la donna come madre, come figura solenne, sacra, innalzata a livello di Dea Tellus, di Grande Madre; dall'altro lato il profilo di una femmina pienamente dedita all'uomo, pronta a sacrificarsi per lui in un'accensione di gioia masochistica. L'elemento in comune fra le due facce di donna è proprio la generosità rivolta agli *altri* (figlio o amante non importa), la capacità di *donare*.

Ma Donata Genzi ha già nel suo nome una terza qualità di *dono*: verso l'arte, la parola poetica dell'autore di teatro. Si tratta di un arricchimento che viene a Pirandello dalla relazione con la Abba, a partire dalla metà degli anni venti, anche se è evidente che la dedizione dell'Interprete e della Musa al Poeta è solo una variante raffinata di dedizione all'amato, almeno nella misura in cui la parola artistica è scrittura maschile. La missione teatrale sublima un rapporto d'amore mancato, come è trasparente nei *Giganti della montagna* in cui *l'attrice* Ilse arriva a morire per rappresentare a spettatori ostili il testo di un Poeta che si è ucciso perché non ricambiato da lei. Ilse dà al prodotto del Poeta ciò che non ha dato al Poeta stesso. Il fallimento del rapporto erotico con Elj risospinge Donata verso l'universo della sublimazione attoriale. Ellida deve scegliere fra il marito e lo Straniero, Donata fra il teatro e Elj. Sia lo Straniero che Elj vengono dal mare e se ne vanno con il mare. L'uno e l'altro pongono un limite di attesa. «Se non verrai con me domani, tutto sarà finito. – dice lo Straniero – Finito per sempre, Ellida. Io non tornerò mai più da queste parti. Non mi vedrai mai più». E il conte Mola riferisce l'analoga condizione di Elj a Donata: «Ha detto che se lei non veniva, si sarebbe imbarcato e non sarebbe ritornato a terra mai più...». Tanto lo Straniero che Elj si imbarcano e si sottraggono per sempre alle due donne che ritornano entrambe al proprio passato: l'una al marito, l'altra al teatro. All'altezza cronologica dei tardi anni trenta la donna pirandelliana sembra conquistare un lembo di autonomia inaspettata: Donata Genzi si nega contemporaneamente al ruolo di madre e al ruolo di amante per assestarsi nella propria identità di attrice. È naturalmente una fase di passaggio, in attesa degli incompiuti *Giganti della montagna* dove appunto si andrà a una riunificazione catartica e consolante dei tre volti: Ilse sarà *l'attrice*, ma anche, contemporaneamente, *l'amante*, la donna protesa in un tardivo slancio d'amore verso il Poeta suicidato, nonché – nelle vesti della protagonista di quella *Favola del figlio cambiato* che si immagina parto letterario del Poeta morto – *la madre*. Con una riproposizione fin troppo allusivamente scoperta all'intreccio di pulsioni e di affetti segreti che legano Pirandello alla Abba.

«Bellavita»: un atto unico per Luigi Almirante?

Può destare qualche sorpresa scoprire che, all'altezza cronologica del 1926, Pirandello si attardi nell'elaborazione di un atto unico come *Bellavita* (composto appunto nel '26) che è di fatto un frutto tardivo di una vena comica che attinge ovviamente al chiuso universo agrigentino, fatto di mariti traditi, di vendette paradossali, sempre però intrise di amarezza e di disperazione. Bellavita è l'umile proprietario di un caffè, malandato di salute, sposato a una donna che lo tradisce con il notaio del paese. Bellavita sa ma tace: «Quando non vogliamo sapere una cosa – si fa presto – fingiamo di non saperla. – E se la finzione è più per noi stessi che per gli altri, creda pure, è proprio, proprio come se non si sapesse». È il dramma consueto di tanti personaggi pirandelliani (si pensi al Ciampa del *Berretto a sonagli*). Lo svolgimento è non meno paradossale: la morte improvvisa della moglie mette in crisi il povero Bellavita, che si ritrova subitaneamente abbandonato, lui e il suo locale. Il notaio non frequenta più il caffè, e con lui non lo frequentano più i suoi amici socialmente influenti. Quel locale sempre scintillante di vita perché animato dalla forte personalità della donna si spegne all'improvviso, assume un accento lugubre. Bellavita continua a ricercare l'amicizia del notaio, come prima, ma la sua devozione, il suo servilismo risultano ora – ora che è morta la donna – insopportabilmente ridicoli. Il marito cornuto, che sapeva e taceva, che sapeva e si mostrava remissivo, rispettoso del notaio, continua a comportarsi nello stesso modo anche adesso che la moglie non è più, con un effetto di ricaduta comica che colpisce però essenzialmente il notaio, che appunto cerca di ribellarsi, di sfuggire a questa ragnatela vischiosa e spudorata. Il punto finale di questo dialogo di sordi non può che scatenare un lazzo grottesco di straordinaria forza deformante. Bellavita si oppone al sottrarsi del notaio a lui, ma così facendo individua l'eccezionale strumento di vendetta che vuole propagandare a tutti i cornuti del paese: «Veneri, veneri, si metta a venerare, a incensare davanti a tutti, l'amante di sua moglie; ecco, guardi come faccio io qua col signor Notajo: guardi, guardi! Così! Riverenze, scappellate – così!». Il notaio può anche batterlo, picchiarlo: Bellavita si prenderà le percosse con un inchino di più. La trovata della vendetta tende a diventare quasi una *soluzione professionale*, la riconquista di una identità sociale. Bellavita si pone come una sorta di angelo vendicatore di tutti i mariti traditi, troppo timidi per protestare, troppo sottomessi per reagire. Nel finale dell'atto unico il notaio se ne scappa non potendo accettare ulteriormente le profferte d'amicizia della propria vittima, ma Bellavita dichiara agli astanti il suo progetto per l'immediato futuro:

BELLAVITA Ecco, vedete, se ne scappa! Ridete, ridete! Così, tra la baja di tutti! E ora gli corro dietro; e per tutte le strade, inchini, riverenze, scappellate, fino a non dargli più un momento di requie! Vado dal sarto! Mi ordino un abito da pompa funebre, da fare epoca, e sù, dritto impalato dietro a lui, a scortarlo a due passi di distanza! Si ferma; mi fermo. Prosegue; proseguo. Lui il corpo, ed io l'ombra! L'ombra del suo rimorso! Di professione! Lasciatemi passare!

Esce, buttando indietro questo o quello, tra i lazzi e le risa di tutti.

È un epilogo parossisticamente teatrale, che fa pensare a *La patente*, alla vicenda dell'emarginato dalla società civile – perché ritenuto ingiustamente di essere uno iettatore – che rovescia d'un colpo la propria emarginazione in ruolo sociale, chiedendo appunto *la patente di iettatore*.

L'immagine «l'ombra del suo rimorso» riporta anche testualmente a quella che è la fonte dell'atto unico, la novella *L'ombra del rimorso*, pubblicata per la prima volta sul «Corriere della Sera» del 25 gennaio 1914. La vicenda è sostanzialmente la medesima, ma il taglio narrativo permette uno scandaglio più approfondito dei personaggi, consente di coglierne le sfumature psicologiche più sottili e anche più inquietanti. Nell'atto unico c'è una contrapposizione frontale fra notaio e Bellavita. Nella novella trapelano spunti di più ambigua ricchezza fantastica. Bellavita gli getta le braccia al collo piangendo la *loro comune disgrazia*, la morte della donna amata in due, e il notaio ha ovviamente una reazione di schifo, ma il sentimento si trasforma immediatamente in una percezione più complessa e contraddittoria: «E con questo schifo nelle dita, si voltò verso la finestra chiusa della stanza, come per cercare uno scampo. Chi sa perché, in quella finestra notò subito la croce che nella vetrata formavano le bacchette di ferro arrugginite. E, nello stesso tempo, una strana relazione avvertì tra l'orribile peso di quell'uomo che gli piangeva sul petto e tutta la solinga tristezza della sua vita di vecchio scapolo grasso, quale ora gli appariva evidente dai vetri sudici di quella finestra sul cielo bigiognolo della mattinata autunnale». Correlativamente anche il personaggio di Bellavita si profila in un suo ritratto di più mossa e persino torbida psicologia. Attraverso il matrimonio inizialmente non felice con una donna bella, esuberante e estroversa, il piccolo barista di provincia scopre che la moglie e il suo rapporto con il notaio diventano a poco a poco il vettore trainante di un salto di classe, di una accentuata qualificazione professionale del suo locale. Non solo. È proprio l'intervento del notaio che stabilizza il matrimonio, che determina un equilibrio *triangolare* curiosissimo ma a suo modo saldissimo. Di qui un doppio motivo di riconoscenza da parte di Bellavita nei confronti dell'altro uomo: «gratitudine poi della pace che il signor Notajo, con la sua tranquilla e circospetta relazione, gli aveva rimesso in famiglia; gratitudine della rivincita che con l'amicizia di lui aveva potuto prendersi su tutti coloro che lo avevano sempre deriso per le sue arie da "persona civile", che sapeva trattare e stare in confidenza coi meglio signori». Bellavita risulta insoma nella novella figura assai più sfuggente e inquietante. Non lucidamente e cinicamente calcolatore, ma sicuramente pronto – sotto la spinta di sollecitazioni anche solo inconsapevoli ma non per questo meno autentiche e profonde – a seguire strade tortuose al fine di realizzare i suoi sogni di rivincita sociale, a soddisfare i suoi desideri di integrazione entro l'ambito del ceto dirigente del paese. La donna è insomma, nel testo narrativo, soltanto una pedina, per quanto importante, di un più vasto e articolato gioco intersoggettivo. Tant'è vero che la sua morte sembra semplicemente aprire una nuova possibilità di legame fra Bellavita e il notaio, fondata questa volta sul comune interesse per un'altra *figura terza*, quella del ragazzo anziché quella della donna. Bellavita insinua subdolamente che il ragazzo potrebbe essere proprio figlio del notaio (che però si sottrae a questo ulteriore coinvolgimento, suscitando pertanto la reazione antagonistica di Bellavita).

Tutte queste cadenze sapientemente chiaroscurali tendono a scomparire nella riduzione teatrale. I toni narrativi più saporosamente umbratili, quasi enigmatici, cedono il posto a soluzioni scopertamente plateali, ad accenti gridati, a gesti farseschi, in qualche modo anche brutali. Basti l'esempio del finale in cui Bellavita grida sfrontatamente «Cervo!» (per dire ovviamente *Cornuto!*) a un personaggio minore, la cui moglie gli è notoriamente infedele, al fine di sollecitarlo violentemente a seguire il suo esempio, a vendicarsi dell'amante attraverso il ridicolo e l'eccesso di servilismo. È evidente insomma che Pirandello si è preoccupato essenzialmente di "cucire" un testo teatralmente efficace, con una strategia complessiva più *commerciale* che *artistica*. Secondo Leonardo Bragaglia è sicuro che Pirandello abbia elaborato l'atto unico pensando a quello che ne sarebbe stato il primo interprete, cioè Luigi Almirante, attore che aveva impersonato la figura del Padre alla prima dei *Sei personaggi* al Teatro Valle di Roma il 9 maggio del 1921. La didascalia pirandelliana che ritrae il personaggio di Bellavita («magrissimo, di una magrezza che incute ribrezzo, pallido come di cera, con gli occhi fissi aguzzi spasimosi») fa pensare puntualmente – osserva Bragaglia – alla figura di Almirante. La prima rappresentazione avvenne a Milano, al Teatro Eden, il 27 maggio 1927 a opera della compagnia Almirante-Rissone-Tofano. Non sembra tuttavia che nemmeno le qualità attoriche di Luigi Almirante riuscissero a assicurare un successo di rilievo all'atto unico, la cui fortuna scenica restò sempre giustamente modesta, sia in Italia che all'estero.

Cronologia

Riportiamo qui di seguito i dati essenziali della vita e delle opere di Pirandello, utilizzando la *Cronologia della vita e delle opere di Luigi Pirandello* a cura di Mario Costanzo, premessa al primo volume di *Tutti i romanzi*, nella nuova edizione dei «Meridiani» (Mondadori, Milano 1973), nonché la *Cronologia*, più attenta alla realtà teatrale, premessa da Alessandro D'Amico al primo volume delle *Maschere Nude*, nella stessa nuova edizione sopra ricordata (Mondadori, Milano 1986).

1867
Luigi Pirandello nasce il 28 giugno in una villa di campagna presso Girgenti (dal 1927 Agrigento) da Stefano Pirandello, ex garibaldino, dedito alla gestione delle zolfare, e da Caterina Ricci-Gramitto, sorella di un compagno d'armi del padre. Un doppio segno politico-ideologico che influirà su Pirandello, destinato a risentire acutamente le frustrazioni storiche di un personale laico-progressista schiacciato dal trasformismo "gattopardesco" e dalla sostanziale immobilità della Sicilia post-unitaria (il che spiegherà anche l'adesione di Pirandello al fascismo, come sorta cioè di protesta polemica rispetto allo stato di cose presenti).

1870-1879
Riceve in casa l'istruzione elementare. Da una anziana donna di casa apprende invece fiabe e leggende del folklore siciliano che ritroveremo in molte sue opere (l'Angelo Centuno, le Donne della notte, ecc.). Ha una

forte vocazione per gli studi umanistici; scrive a dodici anni una tragedia in cinque atti (perduta) che recita con le sorelle e gli amici nel teatrino di famiglia.

1880-1885
La famiglia si trasferisce da Girgenti a Palermo. Pirandello prosegue la propria educazione letteraria, legge i poeti dell'Ottocento e compone poesie a loro imitazione.

1886-1889
A 19 anni si iscrive alla facoltà di Lettere dell'Università di Palermo ma l'anno dopo si trasferisce all'Università di Roma. L'interesse poetico si è fatto sempre più preciso. Nel 1889 esce a Palermo, presso Pedone Lauriel, la sua prima raccolta di versi, *Mal giocondo*. Continua però anche a scrivere testi teatrali (per lo più perduti o distrutti); ricordiamo almeno qualche titolo: *Gli uccelli dell'alto* del 1886, *Fatti che or son parole* del 1887, *Le popolane* del 1888. È la smentita più eloquente del luogo comune – ancora oggi largamente dominante – secondo cui Pirandello scoprirebbe il teatro solo verso i cinquant'anni. È fuor di dubbio invece che il teatro fu un amore originario e autentico, particolarmente intenso fra i venti e i trent'anni. Semmai sono le delusioni per la mancata messa in scena dei propri lavori che finiscono per allontanare Pirandello dal teatro, rinforzando per reazione la sua vena poetica. Intanto un contrasto insorto con un professore dell'Università romana (che era anche preside della Facoltà) spinge Pirandello a trasferirsi a Bonn nel novembre del 1889.

1890-1891
A Bonn si innamora di una ragazza tedesca, Jenny Schulz-Lander cui dedica la seconda raccolta di poesie, *Pasqua di Gea*, che sarà pubblicata nel 1891. Sempre nel 1891 si laurea in Filologia Romanza discutendo in tedesco una tesi sulla parlata di Girgenti.

1892-1899

Non fa il servizio militare (l'obbligo è assunto dal fratello Innocenzo). Si stabilisce a Roma dove, mantenuto dagli assegni paterni, può soddisfare la propria vena artistica. Luigi Capuana lo introduce negli ambienti letterari e giornalistici romani, sollecitandolo altresì a cimentarsi nella narrativa. Pirandello inizia così a collaborare a giornali e riviste. Si è sposato nel 1894 con Antonietta Portulano, figlia di un socio in affari del padre. Sempre nel '94 esce la prima raccolta di novelle, *Amori senza amore*. Compone ma non pubblica, fra il 1893 e il 1895, i suoi due primi romanzi, *L'esclusa* e *Il turno*. Non rinuncia però ancora del tutto al teatro. Nel '95 lavora a un dramma, *Il nido*, destinato a restare per vent'anni nei cassetti e a subire numerosi cambiamenti di titolo: *Il nibbio*, *Se non così*, *La ragione degli altri*. Intanto la famiglia è cresciuta: nel '95 nasce Stefano, nel '97 Rosalia, detta Lietta, nel '99 Fausto. Comincia a insegnare lingua italiana all'Istituto Superiore di Magistero di Roma.

1900-1904

È un quinquennio assai fertile per la narrativa. Mentre pubblica finalmente *L'esclusa*, nel 1901, e *Il turno*, nel 1902, compone il suo terzo romanzo, *Il fu Mattia Pascal*, pubblicato a puntate su rivista nel 1904. Una lettera del gennaio 1904 dimostra il suo interesse precoce per il cinematografo: medita già infatti un romanzo su questo ambiente (sarà il futuro *Si gira...* che sarà pubblicato nel 1915). Ma il 1903 è per lui un anno tragico: fallisce finanziariamente il padre e nella rovina è dissolta anche la dote della moglie la quale, in questa occasione, patisce il primo trauma che la condurrà a poco a poco alla pazzia. È un nuovo Pirandello che emerge dalla disgrazia: con moglie e tre figli da mantenere, si ingegna di arrotondare il magro stipendio di insegnante con lezioni private e con i quattro soldi per le sue collaborazioni giornalistiche.

1905-1914

È un decennio di passaggio e di trasformazione, ricco di risultati di scrittura, creativa e saggistica. Il relativo successo del *Fu Mattia Pascal* gli apre le porte di una casa editrice importante, quella di Treves. Dal 1909 inizia anche la collaborazione al prestigioso «Corriere della Sera». Nel 1908 pubblica il suo contributo teorico più noto, *L'umorismo*, ma anche il saggio *Illustratori, attori e traduttori* che rivela tutta la diffidenza pirandelliana verso il mondo degli operatori teatrali, verso la realtà concreta, materiale, della scena. Prosegue anche la produzione di romanzi: nel 1909 l'affresco storico *I vecchi e i giovani*, sulle vicende siciliane fra Garibaldi e Fasci Siciliani; nel 1911 *Suo marito* nel quale il teatro ha una certa parte (la protagonista è una scrittrice che compone anche due drammi: uno è il vecchio e mai rappresentato *Se non così*; l'altro sarà il mito *La nuova colonia*). Nel 1910, per incitamento dell'amico Nino Martoglio, commediografo e direttore di teatro siciliano, compone l'atto unico *Lumìe di Sicilia*, ricavato dalla novella omonima. È l'inizio di una ripresa netta di attenzione per il teatro. Scrive essenzialmente atti unici, che cominciano però ad avere la verifica della messinscena.

1915-1920

È la grande esplosione della drammaturgia pirandelliana. Scrive e fa rappresentare in questo periodo *La ragione degli altri*, una serie di testi in siciliano (*Pensaci, Giacomino!*, *Il berretto a sonagli*, *Liolà*, *La giara*), nonché le prime fondamenta della sua produzione "borghese" (*Così è (se vi pare)*, *Il piacere dell'onestà*, *L'innesto*, *Il giuoco delle parti*, *Tutto per bene*, ecc.). Per i lavori dialettali si appoggia al geniale attore siciliano Angelo Musco, ma per i testi in lingua può contare sui più bei nomi del mondo dello spettacolo italiano: Ruggero Ruggeri, che sarà un raffinato interprete pirandelliano, Marco Praga, Virgilio Talli, uno dei padri anticipatori del nuovo teatro di regia. L'intensa attività teatrale corrisponde a una fase fortemente drammatica della biografia pirandelliana: il figlio Stefano, volontario in guerra, è fatto prigioniero dagli austriaci; nel 1919 la moglie è internata in una casa di cura (arrivava ad accusare il marito di passione incestuosa per la figlia Lietta).

1921-1924
Siamo al punto più alto della creatività drammaturgica di Pirandello. Il 9 maggio 1921 i *Sei personaggi in cerca d'autore* cadono rovinosamente al Teatro Valle di Roma, ma si impongono a Milano il 27 settembre dello stesso anno. Due anni dopo, a Parigi, sono allestiti da Georges Pitoëff: è il trampolino di lancio per un successo europeo e mondiale, dei *Sei personaggi* e di Pirandello in generale. Nell'autunno dello stesso '21 compone *Enrico IV*, in scena a Milano il 24 febbraio del '22: un trionfo personale di Ruggero Ruggeri. Nasce anche il "pirandellismo", auspice il filosofo Adriano Tilgher che nel '22 pubblica pagine rimaste memorabili sullo spessore filosofeggiante del pensiero pirandelliano. *Ciascuno a suo modo*, allestito nel '24, prosegue il discorso metateatrale iniziato da Pirandello con i *Sei personaggi*, ma è anche già un modo di riflettere sui complessi problemi che la diffusione del pirandellismo determina a livello di pubblico, di critica, di rapporti autore-attori-spettatori. Il 19 settembre 1924 chiede l'iscrizione al partito fascista con una lettera pubblicata su «L'Impero»: è anche un gesto provocatorio in un momento in cui i contraccolpi del delitto Matteotti sembrano alienare al fascismo alcune simpatie su cui aveva fino a quel momento contato.

1925-1928
Ristampa nel '25 i *Sei personaggi* in una nuova edizione riveduta e ampliata, che tiene conto anche di taluni suggerimenti dello spettacolo di Pitoëff. Pirandello si

apre sempre più alla dimensione pratica, concreta, del mondo della scena. Tra il '25 e il '28 dirige la compagnia del neonato Teatro d'Arte di Roma che inaugura la propria attività il 4 aprile 1925 con l'atto unico *Sagra del Signore della Nave*. Pirandello si fa capocomico, si cala con impegno dentro i problemi della messinscena e della regia (ancora sostanzialmente sconosciuta in Italia). Con il Teatro d'Arte allestisce testi suoi ma anche testi di altri, in Italia e all'estero. Il Teatro d'Arte rivela una nuova attrice, Marta Abba, grande amore tardivo dello scrittore, cui ispira nuovi lavori: *Diana e la Tuda*, *L'amica delle mogli*, *La nuova colonia*, ecc.

1929-1936
Nel marzo del 1929 è chiamato a far parte della Regia Accademia d'Italia. Ha ormai raggiunto una fama internazionale. Alcuni suoi nuovi lavori vedono la prima mondiale all'estero. È il caso di *Questa sera si recita a soggetto*, allestita il 25 gennaio 1930 a Berlino, con la quale Pirandello chiude la trilogia del "teatro nel teatro" iniziata con i *Sei personaggi*. Nello stesso anno la Abba allestisce *Come tu mi vuoi*, da cui verrà tratto un film, girato a Hollywood nel 1932, con Greta Garbo e Erich von Stroheim. Il 20 settembre 1933 va in scena a Buenos Aires *Quando si è qualcuno*; il 19 dicembre 1934 a Praga è la volta di *Non si sa come*. Nello stesso '34 riceve il premio Nobel per la letteratura. Ritorna in questi ultimi anni a scrivere novelle, diradatesi dal '26 in avanti. Sono novelle di un genere nuovo, più attente alla dimensione surreale, alle suggestioni del mondo inconscio. Moltiplica la propria presenza nel mondo del cinema. Cura i dialoghi del film *Il fu Mattia Pascal* di Pierre Chenal, girato a Roma, negli stabilimenti di Cinecittà. Si ammala di polmonite alle ultime riprese e muore a Roma il 10 dicembre 1936.

Catalogo delle opere drammatiche

Riportiamo qui di seguito una sintesi dell'accuratissimo *Catalogo* redatto da Alessandro D'Amico e premesso al secondo volume delle *Maschere Nude*, nella nuova edizione dei «Meridiani», curato dallo stesso D'Amico (Mondadori, Milano 1993). Per i dati relativi alle prime rappresentazioni e alle compagnie teatrali si è fatto ricorso anche a M. Lo Vecchio Musti, *Bibliografia di Pirandello*, Mondadori, Milano 1952², pp. 177-185.

Legenda

Titolo: l'asterisco contrassegna i 43 testi compresi nelle «Maschere nude»; la definizione che segue il titolo: fuori parentesi, è tratta dalle stampe; in parentesi tra virgolette, è tratta da fonti manoscritte; in parentesi senza virgolette è una nostra ipotesi.
Fonte: salvo indicazione contraria il titolo si riferisce alle novelle che costituiscono la fonte principale del dramma; tra parentesi l'anno di pubblicazione.
Stesura: la datazione si riferisce sempre alla prima stesura ed è per lo più basata sull'epistolario.
Edizioni: viene indicato l'anno della prima stampa e delle successive edizioni con varianti rispetto alla prima; l'asterisco segnala le edizioni nelle quali la revisione del testo è stata più consistente; non vengono indicate le semplici ristampe.
Note: per «autografo» si intende uno scritto a mano o un dattiloscritto di Pirandello; per «apografo», un manoscritto coevo di mano di copista.

titolo	fonte	stesura
*L'EPILOGO ("scene drammatiche"; poi intit. LA MORSA, epilogo in un atto)	nel 1897 uscirà una novella, «La paura», sullo stesso soggetto	novembre 1892
*[IL NIDO] ("dramma in quattro atti"; poi intit. IL NIBBIO, SE NON COSÌ, e infine LA RAGIONE DEGLI ALTRI, commedia in tre atti)	«Il nido» (1895)	fine 1895
*LUMIE DI SICILIA commedia in un atto	«Lumie di Sicilia» (1900)	1910 (?)
*IL DOVERE DEL MEDICO un atto	«Il gancio» (1902; poi intit. «Il dovere del medico» 1911)	1911
*CECÉ commedia in un atto		luglio 1913
LUMIE DI SICILIA (versione siciliana)	vedi sopra	maggio 1915

I rappr.	edizioni	note
Roma, 9 dic. 1910 Teatro Metastasio Compagnia del Teatro Minimo diretta da Nino Martoglio	1898.1914*. 1922*	autografo
Milano, 19 apr. 1915 Teatro Manzoni Compagnia Stabile Milanese diretta da Marco Praga (prima attrice Irma Gramatica)	1916.1917*. 1921.1925*. 1935	
Roma, 9 dic. 1910 Vedi sopra *La Morsa*, insieme alla quale andò in scena	1911.1920*. 1926	apografo
Torino, 19 apr. 1912	1912.1926*	
Roma, 14 dic. 1915 Teatro Orfeo Compagnia Ignazio Mascalchi	1913.1926	
Catania, 1 lug. 1915 Arena Pacini Compagnia Angelo Musco	1993	autografo

titolo	*fonte*	*stesura*
PENSACI, GIACUMINU! (in siciliano e italiano) commedia in tre atti	«Pensaci, Giacomino!» (1910)	feb.-mar. 1916
*ALL'USCITA mistero profano		aprile 1916
'A BIRRITTA CU 'I CIANCIANEDDI (in siciliano) commedia in due atti	«La verità» (1912) «Certi obblighi» (1912)	agosto 1916
LIOLÀ (in agrigentino) commedia campestre in tre atti	Capitolo IV del romanzo «Il fu Mattia Pascal» (1904); «La mosca» (1904)	ago.-set. 1916
'A GIARRA (in agrigentino) commedia in un atto	«La giara» (1909)	1916 (ottobre?)
*PENSACI, GIACOMINO! (versione italiana)	vedi sopra	gennaio 1917 (circa)
LA MORSA (versione siciliana)	vedi sopra	1917 (febbraio?)

I rappr.	*edizioni*	*note*
Roma, 10 lug. 1916 Teatro Nazionale Compagnia Angelo Musco	1993	apografi
Roma, 28 sett. 1922 Teatro Argentina Compagnia Lamberto Picasso	1916	
Roma, 27 giu. 1917 Teatro Nazionale Compagnia Angelo Musco	1988	autografo
Roma, 4 nov. 1916 Teatro nazionale Compagnia Angelo Musco	1917 (testo siciliano e traduzione italiana)	autografo
Roma, 9 lug. 1917 Teatro Nazionale Compagnia Angelo Musco	1963	autografo
Milano, 11 ott. 1920 Teatro Manzoni Compagnia Ugo Piperno	1917.1918. 1925*.1935	
Roma, 6 set. 1918 Teatro Manzoni Compagnia Giovanni Grasso jr.	1993	apografo

titolo	fonte	stesura
*COSÌ È (SE VI PARE) parabola in tre atti	«La signora Frola e il signor Ponza, suo genero» (1917)	mar.-apr. 1917
*IL PIACERE DELL'ONESTÀ commedia in tre atti	«Tirocinio» (1905)	apr.-mag. 1917
*L'INNESTO commedia in tre atti		ott.-dic. 1917
LA PATENTE (in siciliano e italiano) commedia in tre atti	«La patente» (1911)	(1917? dicembre?)
*LA PATENTE (versione italiana)	vedi sopra	dic. 1917-gen. 1918
*MA NON È UNA COSA SERIA commedia in tre atti	«La signora Speranza» (1902) «Non è una cosa seria» (1910)	ago. (?) 1917-feb. 1918
*IL BERRETTO A SONAGLI (versione italiana)	vedi sopra	estate 1918

I rappr.	edizioni	note
Milano, 18 giu. 1917 Teatro Olympia Compagnia Virgilio Talli	1918.1918. 1925*.1935	
Torino, 27 nov. 1917 Teatro Carignano Compagnia Ruggero Ruggeri	1918.1918. 1925*.1935	
Milano, 29 gen. 1919 Teatro Manzoni Compagnia Virgilio Talli	1919.1921*. 1925.1936	autografo
Torino, 23 mar. 1918 Teatro Alfieri Compagnia Angelo Musco	1986	autografo
	1918.1920*. 1926	
Livorno, 22 nov. 1918 Teatro Rossini Compagnia Emma Gramatica	1919.1925	
Roma, 15 dic. 1923 Teatro Morgana Compagnia Gastone Monaldi	1918.1920*. 1925*	

titolo	fonte	stesura
*IL GIUOCO DELLE PARTI in tre atti	«Quando s'è capito il giuoco» (1913)	lug.-set. 1918
*L'UOMO, LA BESTIA E LA VIRTÙ apologo in tre atti	«Richiamo all'obbligo» (1906)	gen.-feb. 1919
*COME PRIMA, MEGLIO DI PRIMA commedia in tre atti	«La veglia» (1904)	1919 (ottobre?)
*TUTTO PER BENE commedia in tre atti	«Tutto per bene» (1906)	1919-1920
*LA SIGNORA MORLI, UNA E DUE (anche DUE IN UNA) commedia in tre atti	«Stefano Giogli, uno e due» (1909) «La morta e la viva» (1910)	1920 (est.-aut.?)

I rappr.	*edizioni*	*note*
Roma, 6 dic. 1918 Teatro Quirino Compagnia Ruggero Ruggeri (prima attrice Vera Vergani)	1919.1919*. 1925.1935	
Milano, 2 mag. 1919 Teatro Olympia Compagnia Antonio Gandusio	1919.1922*. 1935*	
Napoli, 14 feb. 1920	1921.1935	
Roma, 2 mar. 1920 Teatro Quirino Compagnia Ruggero Ruggeri	1920.1935	
Roma, 12 nov. 1920 Teatro Argentina Compagnia Emma Gramatica	1922.1936	

titolo	fonte	stesura
*SEI PERSONAGGI IN CERCA D'AUTORE commedia da fare	«Personaggi» (1906) «La tragedia di un personaggio» (1911) «Colloqui coi personaggi» (1915)	ott. 1920-gen. (?) 1921
*ENRICO IV tragedia in tre atti		sett.-nov. 1921
*VESTIRE GLI IGNUDI commedia in tre atti		apr.-mag. 1922
*L'IMBECILLE commedia in un atto	«L'imbecille» (1912)	?
*L'UOMO DAL FIORE IN BOCCA dialogo	«Caffè notturno» (1918, poi intit. «La morte addosso» 1923)	?

I rappr.	edizioni	note
Roma, 9 mag. 1921 Teatro Valle Compagnia Dario Niccodemi (interpreti Luigi Almirante e Vera Vergani)	1921.1923*. 1925*.1927. 1935	
Milano, 24 feb. 1922 Teatro Manzoni Compagnia Ruggero Ruggeri e Virgilio Talli	1922.1926*. 1933	autografi prime stesure
Roma, 14 nov. 1922 Teatro Quirino Compagnia Maria Melato	1923.1935	autografo
Roma, 10 ott. 1922 Teatro Quirino Compagnia Alfredo Sainati	1926.1935	autografo
Roma, 21 febbraio 1923 Teatro degli Indipendenti Compagnia degli Indipendenti diretta da Anton Giulio Bragaglia	1926.1935	

titolo	fonte	stesura
*LA VITA CHE TI DIEDI tragedia in tre atti	«La camera in attesa» (1916) «I pensionati della memoria» (1914)	gen.-feb. 1923
*CIASCUNO A SUO MODO commedia in due o tre atti con intermezzi corali	da un episodio del rom. «Si gira...» (1915)	1923 (apr.-mag.?)
*L'ALTRO FIGLIO commedia in un atto	«L'altro figlio» (1905)	?
*SAGRA DEL SIGNORE DELLA NAVE commedia in un atto	«Il Signore della Nave» (1916)	estate 1924
*LA GIARA (versione italiana)	vedi sopra	1925?
*DIANA E LA TUDA tragedia in tre atti		ott. 1925-ago. 1926

I rappr.	*edizioni*	*note*
Roma, 12 ott. 1923 Teatro Quirino Compagnia Alda Borelli	1924.1933	
Milano, 23 mag. 1924 Teatro dei Filodrammatici Compagnia Dario Niccodemi (interpreti Luigi Cimara e Vera Vergani)	1924.1933*	
Roma, 23 nov. 1923 Teatro Nazionale Compagnia Raffaello e Garibalda Niccòli	1925	
Roma, 2 apr. 1925 Teatro Odescalchi Compagnia Teatro d'Arte diretta da Luigi Pirandello	1924.1925	
Roma, 30 mar. 1925	1925	
Milano, 14 gen. 1927 Teatro Eden Compagnia Teatro d'Arte diretta da Luigi Pirandello (prima attrice Marta Abba) (I rappr. assoluta: «Diana und die Tuda», Zurigo, 20 nov. 1926)	1927.1933	

titolo	fonte	stesura
*L'AMICA DELLE MOGLI commedia in tre atti	«L'amica delle mogli» (1894)	ago. 1926
*BELLAVITA un atto	«L'ombra del rimorso» (1914)	1926 (ante 17 ott.)
*LIOLÀ (versione italiana)	vedi sopra	1927?
*LA NUOVA COLONIA mito - prologo e tre atti	trama nel romanzo «Suo marito» (1911)	mag. 1926-giu. 1928
*LAZZARO mito in tre atti		1928 (feb.-apr.?)

I rappr.	edizioni	note
Roma, 28 apr. 1927 Teatro Argentina Compagnia Teatro d'Arte diretta da Luigi Pirandello (interpreti Marta Abba e Lamberto Picasso)	1927.1936	
Milano, 27 maggio 1927 Teatro Eden Compagnia Almirante- Rissone-Tofano	1928.1933	autografo
Roma, 12 nov. 1929 Teatro Orfeo Compagnia Ignazio Ma- scalchi (primo attore Carlo Lombardi)	1928.1937*	
Roma, 24 mar. 1928 Teatro Argentina Compagnia Teatro d'Arte diretta da Luigi Pirandello (interpreti Marta Abba e Lamberto Picasso)	1928	
Torino, 7 dic. 1929 Teatro di Torino Compagnia Marta Abba (I rappr. assoluta in in- glese: Huddersfield, 9 lug. 1929)	1929	

titolo	fonte	stesura
*SOGNO (MA FORSE NO)		dic. 1928-gen. 1929
*QUESTA SERA SI RECITA A SOGGETTO	«Leonora addio!» (1910)	fine 1928-inizio 1929
*O DI UNO O DI NESSUNO commedia in tre atti	«O di uno o di nessuno» (1912 e 1925)	apr.-mag. 1929
*COME TU MI VUOI (tre atti)		lug.-ott. 1929
*LA FAVOLA DEL FIGLIO CAMBIATO tre atti in cinque quadri musica di Gian Francesco Malipiero	«Il figlio cambiato» (1902)	prim. 1930-mar.-giu. 1932

I rappr.	edizioni	note
Genova, 10 dic. 1937 Giardino d'Italia Filodrammatica del Gruppo Universitario di Genova (I rappr. assoluta: «Sonho (mas talvez nâo)», Lisbona, 22 set. 1931)	1929	
Torino, 14 apr. 1930 Teatro di Torino Compagnia Guido Salvini (I rappr. assoluta: «Heute Abend wird aus dem Stegreif gespielt», Königsberg, 25 gen. 1930)	1930.1933*	
Torino, 4 nov. 1929 Teatro di Torino Compagnia Almirante-Rissone-Tofano	1929	
Milano, 18 feb. 1930 Teatro dei Filodrammatici Compagnia Marta Abba	1930.1935	
Roma, 24 mar. 1934 Teatro Reale dell'Opera Musica di Gian Francesco Malipiero Direttore d'orchestra Gino Marinuzzi (I rappr. assoluta: «Die Legende von verstauschten Sohn», Braunschweig, 13 gen. 1934)	1933.1938*	

titolo	fonte	stesura
*I FANTASMI (prima e seconda parte del "mito" I GIGANTI DELLA MONTAGNA)		apr. 1930-mar. 1931
*TROVARSI tre atti		lug.-ago. 1932
*QUANDO SI È QUALCUNO rappresentazione in tre atti		set.-ott. 1932
*I GIGANTI DELLA MONTAGNA ("secondo atto", corrispondente alla terza parte)	«Lo stormo e l'Angelo Centuno» (1910)	estate 1933
*NON SI SA COME dramma in tre atti	«Nel gorgo» (1913) «Cinci» (1932) «La realtà del sogno» (1914)	lug.-set. 1934

I rappr.	edizioni	note
Firenze, 5 giu. 1937 Giardino di Boboli Complesso diretto da Renato Simoni (interpreti Andreina Pagnani e Memo Benassi)	1931.1933	autografo
Napoli, 4 nov. 1932 Teatro dei Fiorentini Compagnia Marta Abba	1932	
San Remo, 7 nov. 1933 Teatro del Casino Municipale Compagnia Marta Abba (I rappr. assoluta: «Cuando se es alguien», Buenos Aires, 20 set. 1933)	1933	
Firenze, 5 giugno 1937 vedi sopra *I fantasmi*	1934	il terzo e ultimo atto (o quarta parte) non fu mai scritto
Roma, 13 dic. 1935 Teatro Argentina Compagnia Ruggero Ruggeri (I rappr. assoluta: «Človĕk ani neví jak» Praga, 19 dic. 1934)	1935	

Bibliografia

Opere di Pirandello

Tutte le opere di Pirandello sono ristampate nei «Classici Contemporanei Italiani» di Mondadori (due volumi di *Maschere Nude*, due di *Novelle per un anno*, uno di *Tutti i romanzi* e uno di *Saggi, poesie, scritti varii*). È attualmente in corso di pubblicazione nella collezione «I Meridiani», di Mondadori, una riedizione integrale di tutto il *corpus* pirandelliano, su basi filologiche più attente e rigorose, diretta da Giovanni Macchia. Per il momento sono usciti:

- *Tutti i romanzi*, due volumi, a cura di Giovanni Macchia con la collaborazione di Mario Costanzo, Introduzione di Giovanni Macchia, Cronologia, Note ai testi e varianti a cura di Mario Costanzo (1973);
- *Novelle per un anno*, tre volumi, ciascuno in due tomi, a cura di Mario Costanzo, Premessa di Giovanni Macchia, Cronologia, Note ai testi e varianti a cura di Mario Costanzo (1985; 1987; 1990);
- *Maschere Nude*, due volumi, a cura di Alessandro D'Amico, Premessa di Giovanni Macchia, Cronologie 1875-1917 e 1918-22, Catalogo delle opere drammatiche, Note ai testi e varianti a cura di Alessandro D'Amico (1986; 1993).

Preziose le *Notices* dedicate ai singoli testi della traduzione in francese di Pirandello, *Théâtre complet*, Gallimard, Paris 1977-1985 (primo volume a cura di Paul Renucci, secondo volume a cura di André Bouissy).

Dell'ampio epistolario pirandelliano ci limitiamo a ricordare quanto è uscito in volume:

- Pirandello-Martoglio, *Carteggio inedito*, commento e note di Sarah Zappulla Muscarà, Pan, Milano 1979.
- Luigi Pirandello, *Carteggi inediti con Ojetti - Albertini - Orvieto - Novaro - De Gubernatis - De Filippo*, a cura di Sarah Zappulla Muscarà, Bulzoni, Roma 1980.
- Luigi Pirandello, *Lettere da Bonn (1889-1891)*, introduzione e note di Elio Providenti, Bulzoni, Roma 1984.
- Luigi Pirandello, *Epistolario familiare giovanile (1886-1898)*, a cura di Elio Providenti, Le Monnier, Firenze 1986.

Studi biografici e bibliografici

Federico Vittore Nardelli, *L'uomo segreto. Vita e croci di Luigi Pirandello*, Mondadori, Verona 1932 (ristampato con il titolo *Pirandello. L'uomo segreto*, a cura e con prefazione di Marta Abba, Bompiani, Milano 1986).

Manlio Lo Vecchio Musti, *Bibliografia di Pirandello*, Mondadori, Milano 1937, 1952².

Gaspare Giudice, *Luigi Pirandello*, Utet, Torino 1963.

Franz Rauhut, *Der junge Pirandello*, Beck, München 1964 (cronologia alle pp. 443-482).

Alfredo Barbina, *Bibliografia della critica pirandelliana, 1889-1961*, Le Monnier, Firenze 1967.

Fabio Battistini, *Giunte alla bibliografia di Luigi Pirandello*, in «L'osservatore politico letterario», Milano, dicembre 1975, pp. 43-58.

Enzo Lauretta, *Luigi Pirandello*, Mursia, Milano 1980.

Corrado Donati, *Bibliografia della critica pirandelliana 1962-1981*, La Ginestra, Firenze 1986.

Studi critici

Adriano Tilgher, *Studi sul teatro contemporaneo*, Libreria di Scienze e Lettere, Roma 1922.
Piero Gobetti, *Opera critica*, vol. II, Edizioni del Baretti, Torino 1927.
Benedetto Croce, *Luigi Pirandello*, in *Letteratura della Nuova Italia*, vol. VI, Laterza, Bari 1940.
Antonio Gramsci, *Letteratura e vita nazionale*, Einaudi, Torino 1950.
Leonardo Sciascia, *Pirandello e il pirandellismo*, Sciascia, Caltanissetta 1953.
Giacomo Debenedetti, «*Una giornata di Pirandello*, in *Saggi critici*, Mondadori, Milano 1955.
Carlo Salinari, *Miti e coscienza del decadentismo italiano*, Feltrinelli, Milano 1960.
Leonardo Sciascia, *Pirandello e la Sicilia*, Sciascia, Caltanissetta-Roma 1961.
Arcangelo Leone de Castris, *Storia di Pirandello*, Laterza, Bari 1962.
Gösta Andersson, *Arte e teoria. Studi sulla poetica del giovane Luigi Pirandello*, Almqvist & Wiksell, Stockholm 1966.
Lucio Lugnani, *Pirandello, Letteratura e teatro*, La Nuova Italia, Firenze 1970.
Claudio Vicentini, *L'estetica di Pirandello*, Mursia, Milano 1970.
Gianfranco Venè, *Pirandello fascista*, Sugar, Milano 1971.
Giacomo Debenedetti, *Il romanzo del Novecento*, Garzanti, Milano 1971.
Jean-Michel Gardair, *Pirandello. Fantasmes et logique du double*, Larousse, Paris 1972 (tr. it. *Pirandello e il suo doppio*, Abete, Roma 1977).
Roberto Alonge, *Pirandello tra realismo e mistificazione*, Guida, Napoli 1972.

Renato Barilli, *La linea Svevo-Pirandello*, Mursia, Milano 1972.

Silvana Monti, *Pirandello*, Palumbo, Palermo 1974.

Pietro Mazzamuto, *L'arrovello dell'arcolaio. Studi su Pirandello agrigentino e dialettale*, Flaccovio, Palermo 1974.

Alberto Cesare Alberti, *Il teatro nel fascismo - Pirandello e Bragaglia*, Bulzoni, Roma 1974.

Robert Dombroski, *La totalità dell'artificio. Ideologia e forme nel romanzo di Pirandello*, Liviana, Padova 1978.

Roberto Alonge - Roberto Tessari, *Immagini del teatro contemporaneo*, Guida, Napoli 1978.

Roberto Alonge, *Subalternità e masochismo della donna nell'ultimo teatro pirandelliano*, in *Struttura e ideologia nel teatro italiano fra '500 e '900*, Stampatori Università, Torino 1978.

AA.VV., *Lectures pirandelliennes*, Université de Paris VIII, Parigi 1978 (saggi di A. Bouissy, D. Budor, G. Rosowsky, J. Spizzo e altri).

Paolo Puppa, *Fantasmi contro giganti. Scena e immaginario in Pirandello*, Pàtron, Bologna 1978.

Roberto Alonge, *Missiroli: "I giganti della montagna" di Luigi Pirandello*, Multimmagini, Torino 1980.

Paolo Puppa, *Il salotto di notte. La messinscena di "Così è (se vi pare)" di Massimo Castri*, Multimmagini, Torino 1980.

Alfredo Barbina, *La biblioteca di Luigi Pirandello*, Bulzoni, Roma 1980.

Giovanni Macchia, *Pirandello o la stanza della tortura*, Mondadori, Milano 1981.

Massimo Castri, *Pirandello Ottanta*, Ubulibri, Milano 1981.

Jean Spizzo, *Pirandello: dissolution et genèse de la représentation théâtrale. Essai d'interprétation psychanalytique de la drammaturgie pirandellienne*, volumi due (thèse d'état, Paris VIII, 1982).

Elio Gioanola, *Pirandello la follia*, Il melangolo, Genova 1983.

Sarah Zappulla Muscarà, *Pirandello in guanti gialli*, Sciascia, Caltanissetta-Roma 1983.

Guido Davico Bonino (a cura di), *La "prima" dei «Sei personaggi in cerca d'autore». Scritti di Luigi Pirandello, testimonianze, cronache teatrali*, Tirrenia Stampatori, Torino 1983.

Nino Borsellino, *Ritratto di Pirandello*, Laterza, Bari 1983.

Roberto Alonge-André Bouissy-Lido Gedda-Jean Spizzo, *Studi pirandelliani. Dal testo al sottotesto*, Pitagora, Bologna 1986.

Giovanni Cappello, *Quando Pirandello cambia titolo: occasionalità o strategia?*, Mursia, Milano 1986.

Lucio Lugnani, *L'infanzia felice e altri saggi su Pirandello*, Liguori, Napoli 1986.

Renato Barilli, *Pirandello. Una rivoluzione culturale*, Mursia, Milano 1986.

Sarah e Enzo Zappulla, *Pirandello e il teatro sicialiano*, Maimone, Catania 1986.

Michele Cometa, *Il teatro di Pirandello in Germania*, Novecento, Palermo 1986.

Alessandro D'Amico-Alessandro Tinterri, *Pirandello capocomico. La compagnia del Teatro d'Arte di Roma, 1925-1928*, Sellerio, Palermo 1987.

Giuseppina Romano Rochira, *Pirandello capocomico e regista nelle testimonianze e nella critica*, Adriatica, Bari 1987.

Paolo Puppa, *Dalle parti di Pirandello*, Bulzoni, Roma 1987.

Sarah Zappulla Muscarà, *Odissea di maschere. "'A birritta cu 'i ciancianeddi" di Luigi Pirandello*, Maimone, Catania 1988.

Umberto Artioli, *L'officina segreta di Pirandello*, Laterza, Bari 1989.

Franca Angelini, *Serafino e la tigre. Pirandello tra scrittura, teatro e cinema*, Marsilio, Venezia 1990.

Pietro Frassica, *A Marta Abba per non morire. Sull'epistolario inedito tra Pirandello e la sua attrice*, Mursia, Milano 1991.

AA.VV., *Pirandello fra penombre e porte socchiuse. La tradizione scenica del "Giuoco delle parti"*, Rosenberg & Sellier, Torino 1991 (saggi di R. Alonge, P. Puppa, L. Gedda, B. Navello e altri).

Franca Angelini, *Il punto su Pirandello*, Laterza, Bari 1992.

Atti di convegni

Teatro di Pirandello, Centro Nazionale Studi Alfieriani, Asti 1967.

Atti del congresso internazionale di studi pirandelliani, Le Monnier, Firenze 1967.

I miti di Pirandello, Palumbo, Palermo 1975.

Il romanzo di Pirandello, Palumbo, Palermo 1976.

Il teatro nel teatro di Pirandello, Centro Nazionale Studi Pirandelliani, Agrigento 1977.

Pirandello e il cinema, Centro Nazionale Studi Pirandelliani, Agrigento 1978.

Gli atti unici di Pirandello, Centro Nazionale Studi Pirandelliani, Agrigento 1978.

Le novelle di Pirandello, Centro Nazionale Studi Pirandelliani, Agrigento 1980.

Pirandello poeta, Vallecchi, Firenze 1981.

Pirandello saggista, Palumbo, Palermo 1982.

Pirandello e il teatro del suo tempo, Centro Nazionale Studi Pirandelliani, Agrigento 1983.

Pirandello dialettale, Palumbo, Palermo 1983.

Pirandello e la cultura del suo tempo, Mursia, Milano 1984.

Pirandello e la drammaturgia tra le due guerre, Centro Nazionale Studi Pirandelliani, Agrigento 1985.
Teatro: teorie e prassi, La Nuova Italia Scientifica, Firenze 1986.
Testo e messa in scena in Pirandello, La Nuova Italia Scientifica, Firenze 1986.
Pirandello 1986, Bulzoni, Roma 1987.

Studi specifici su «Questa sera si recita a soggetto», «Trovarsi», «Bellavita»

Su *Questa sera si recita a soggetto* si vedano in particolare:

Lucio Lugnani, *Teatro dello straniamento ed estraniazione dal teatro in "Questa sera si recita a soggetto"*, in AA.VV., *Il teatro nel teatro di Pirandello*, cit., pp. 53-114.
Steen Jansen, *L'unità della Trilogia come unità di una ricerca continua*, Ivi, pp. 223-236.
Alessandro Tinterri, *Le prime messinscene di "Questa sera si recita a soggetto"*, in AA.VV., *Testo e messa in scena in Pirandello*, cit., pp. 133-146.
Umberto Artioli, *L'officina segreta di Pirandello*, cit., pp. 188-192.

Su *Trovarsi* si veda in particolare:

Umberto Artioli, *L'officina segreta di Pirandello*, cit., pp. 184-188.
Claudio Vicentini, *Il repertorio di Pirandello capocomico e l'ultima stagione della sua drammaturgia*, in AA.VV., *Pirandello e la drammaturgia tra le due guerre*, cit., pp. 85-87.

Su *Bellavita* si veda in particolare:

Federico Doglio, *Il grottesco e il paradosso: "La patente", "L'imbecille", "Bellavita"*, in AA.VV., *Gli atti unici di Pirandello (tra narrativa e teatro)*, cit., pp. 68-76.

Leonardo Bragaglia, *Interpreti pirandelliani, (1910-1969)*, Trevi, Roma 1973, pp. 198-199.

QUESTA SERA
SI RECITA A SOGGETTO

L'annunzio di questa commedia, così nei giornali, come nei manifesti, dev'essere dato, senza il nome dell'autore, così:

TEATRO N.N.

QUESTA SERA SI RECITA A SOGGETTO

sotto la direzione del

DOTTOR HINKFUSS

. . . .

col concorso del pubblico
che gentilmente si presterà
e delle Signore

. . . .

e dei Signori

. . . .

Dove sono i puntini, i nomi delle Attrici e degli Attori principali. Non è poco: ma basterà così.

La sala del teatro è piena questa sera di quegli speciali spettatori che sogliono assistere alla prima rappresentazione di ogni commedia nuova.

L'annunzio, nei giornali e nei manifesti, d'un insolito spettacolo di recita a soggetto ha fatto nascere in tutti una grande curiosità. Solo i signori critici drammatici dei giornali della città non ne dànno a vedere, perché credono di poter dire domani facilmente che pasticcio sarà. (Dio mio, su per giù qualche cosa come la vecchia commedia dell'arte: ma dove son oggi gli attori capaci di recitare a soggetto, come al loro tempo quei comici indiavolati della commedia dell'arte, ai quali del resto e gli antichi canovacci e la maschera tradizionale e i repertorii facilitavano il compito, e non di poco?) C'è in essi piuttosto una certa stizza perché non si legge nei manifesti, né si sa d'altronde, il nome dello scrittore che avrà pur dato agli attori di questa sera e al loro direttore un qualsiasi scenario: privati d'ogni indicazione che li possa comodamente riportare a un giudizio già dato, temono di cadere in qualche contraddizione.

Puntualmente, all'ora indicata per la rappresentazione, i lumi della sala si spengono e si accende bassa la ribalta sul palcoscenico.

Il pubblico, nell'improvvisa penombra, si fa dapprima attento; poi, non udendo il gong che di solito annunzia l'aprirsi del sipario, comincia ad agitarsi un po'; e tanto più, allorché dal palcoscenico, attraverso il sipario chiuso, gli giungono voci confuse e concitate, come di proteste di attori e di riprensioni da parte di qualcuno che voglia imporsi per troncare quelle proteste.

UN SIGNORE DELLA PLATEA (*si guarda in giro e domanda forte*) Che avviene?

UN ALTRO DELLA GALLERIA Si direbbe una lite sul palcoscenico.

UN TERZO DELLE POLTRONE Forse farà parte dello spettacolo.

Qualcuno ride.

UN SIGNORE ANZIANO, DA UN PALCO (*come se quei rumori fossero un'offesa alla sua serietà di spettatore molto per la quale*) Ma che scandalo è questo? Quando mai s'è sentita una cosa simile?

UNA VECCHIA SIGNORA (*balzando dalla sua sedia di platea, nelle ultime file, con una faccia di gallina spaventata*) Non sarà mica un incendio, Dio liberi?

IL MARITO (*subito trattenendola*) Sei pazza? Che incendio? Siedi e stai tranquilla.

UN GIOVANE SPETTATORE VICINO (*con un malinconico sorriso di compatimento*) Non lo dica nemmeno per ischerzo! Avrebbero abbassato il sipario di sicurezza, signora mia.

Suona finalmente il gong sul palcoscenico.

ALCUNI NELLA SALA   Ah, ecco! ecco!
ALTRI   Silenzio! Silenzio!

Ma il siparo non s'apre. S'ode, invece, di nuovo il gong; a cui risponde dal fondo della sala la voce bizzosa del direttore Dottor Hinkfuss che ha aperto con violenza la porta d'ingresso e s'avanza iroso per il corridojo che divide nel mezzo in due ali le file della platea e delle poltrone.

IL DOTTOR HINKFUSS   Ma che gong! Ma che gong! Chi ha ordinato di sonare il gong? Lo comanderò io, il gong, quando sarà tempo!

Queste parole saranno gridate dal Dottor Hinkfuss mentre attraversa il corridoio e sale i tre gradini per cui dalla sala si può accedere al palcoscenico. Ora egli si volta al pubblico, contenendo con ammirevole prontezza il fremito dei nervi.
In frak, con un rotoletto di carta sotto il braccio, il Dottor Hinkfuss ha la terribilissima e ingiustissima condanna d'essere un omarino alto poco più d'un braccio. Ma se ne vendica portando un testone di capelli così. Si guarda prima le manine che forse incutono ribrezzo anche a lui, da quanto sono gracili e con certi ditini pallidi e pelosi come bruchi: poi dice senza dar molto peso alle parole:

Sono dolente del momentaneo disordine che il pubblico ha potuto avvertire dietro il sipario prima della rappresentazione, e ne chiedo scusa; benché forse, a volerlo prendere e considerare quale prologo involontario –
IL SIGNORE DELLE POLTRONE *(interrompendo, contentissimo)*   Ah ecco! L'ho detto io!

IL DOTTOR HINKFUSS (*con fredda durezza*) Che ha da osservare il signore?
IL SIGNORE DELLE POLTRONE Nulla. Sono contento d'averlo indovinato.
IL DOTTOR HINKFUSS Indovinato che cosa?
IL SIGNORE DELLE POLTRONE Che quei rumori facevano parte dello spettacolo.
IL DOTTOR HINKFUSS Ah sì? Davvero? Le è parso che siano stati fatti per trucco? Proprio questa sera che mi son proposto di giocare a carte scoperte! Si disilluda, caro signore. Ho detto prologo involontario e aggiungo non del tutto improprio, forse, all'insolito spettacolo a cui or ora assisterete. La prego di non interrompermi.
Ecco qua, Signore e Signori.

Cava da sotto il braccio il rotoletto.

Ho in questo rotoletto di poche pagine tutto quello che mi serve. Quasi niente. Una novelletta, o poco più, appena appena qua e là dialogata da uno scrittore a voi non ignoto.
ALCUNI, NELLA SALA Il nome! Il nome!
UNO, DALLA GALLERIA Chi è?
IL DOTTOR HINKFUSS Prego, signori, prego. Non mi sono mica inteso di chiamare il pubblico a comizio. Voglio sì rispondere di quello che ho fatto; ma non posso ammettere che me ne domandiate conto durante la rappresentazione.
IL SIGNORE DELLE POLTRONE Non è ancora cominciata.
IL DOTTOR HINKFUSS Sissignore, è cominciata. E chi meno ha diritto di non crederlo è proprio lei che ha preso quei rumori in principio come inizio dello spettacolo. La rappresentazione è cominciata, se io sono qua davanti a voi.
IL SIGNORE ANZIANO, DAL PALCO (*congestionato*) Io credevo per chiederci scusa dello scandalo inaudito di quei

rumori. Del resto le faccio sapere che non sono venuto per ascoltare da lei una conferenza.

IL DOTTOR HINKFUSS Ma che conferenza! Perché osa credere e gridare così forte ch'io sia qua per farle ascoltare una conferenza?

Il Signore Anziano, molto indignato di quest'apostrofe, scatta in piedi ed esce bofonchiando dal palco.

Oh, se ne può pure andare, sa? Nessuno la trattiene. Io sono qua, signori, soltanto per prepararvi a quanto d'insolito assisterete questa sera. Credo di meritarmi la vostra attenzione. Volete sapere chi è l'autore della novelletta? Potrei anche dirvelo.

ALCUNI, NELLA SALA Ma sì, lo dica! lo dica!
IL DOTTOR HINKFUSS Ecco, lo dico: Pirandello.
ESCLAMAZIONI, NELLA SALA Uhhh...
QUELLO DELLA GALLERIA (*forte, dominando le esclamazioni*) E chi è?

Molti, nelle poltrone, nei palchi e in platea, ridono.

IL DOTTOR HINKFUSS (*ridendo un poco anche lui*) Sempre quello stesso, sì; incorreggibilmente! Però, se già l'ha fatta due volte a due miei colleghi, mandando all'uno una prima volta, sei personaggi sperduti, in cerca d'autore, che misero la rivoluzione sul palcoscenico e fecero perdere la testa a tutti; e presentando un'altra volta con inganno una commedia a chiave, per cui l'altro mio collega si vide mandare a monte lo spettacolo da tutto il pubblico sollevato; questa volta non c'è pericolo che la faccia anche a me. Stiano tranquilli. L'ho eliminato. Il suo nome non figura nemmeno sui manifesti, anche perché sarebbe stato ingiusto da parte mia farlo responsabile, sia pure per poco, dello spettacolo di questa sera.
L'unico responsabile sono io.
Ho preso una sua novella, come avrei potuto prendere

quella d'un altro. Ho preferito una sua, perché tra tutti gli scrittori di teatro è forse il solo che abbia mostrato di comprendere che l'opera dello scrittore è finita nel punto stesso ch'egli ha finito di scriverne l'ultima parola. Risponderà di questa sua opera al pubblico dei lettori e alla critica letteraria. Non può né deve risponderne al pubblico degli spettatori e ai signori critici drammatici, che giudicano sedendo in teatro.

VOCI, NELLA SALA   Ah no? Oh bella!
IL DOTTOR HINKFUSS   No, signori. Perché in teatro l'opera dello scrittore non c'è più.
QUELLO DELLA GALLERIA   E che c'è allora?
IL DOTTOR HINKFUSS   La creazione scenica che n'avrò fatta io, e che è soltanto mia.
Torno a pregare il pubblico di non interrompermi. E avverto (giacché ho visto qualcuno dei signori critici sorridere) che questa è la mia convinzione. Padronissimi di non rispettarla e di seguitare a prenderla ingiustamente con lo scrittore, il quale però, concederanno, avrà pur diritto di sorridere delle loro critiche, come loro adesso della mia convinzione; nel caso, s'intende, che le critiche saranno sfavorevoli; perché, nel caso opposto, sarà ingiusto invece lo scrittore prendendosi le lodi che spettano a me.
La mia convinzione è fondata su solide ragioni.
L'opera dello scrittore, eccola qua.

Mostra il rotoletto di carta.

Che ne fo io? La prendo a materia della mia creazione scenica e me ne servo, come mi servo della bravura degli attori scelti a rappresentar le parti secondo l'interpretazione che io n'avrò fatta; e degli scenografi a cui ordino di dipingere o architettar le scene; e degli apparatori che le mettono su; e degli elettricisti che le illuminano; tutti, secondo gli insegnamenti, i suggerimenti, le indicazioni che avrò dato io.

In un altro teatro, con altri attori e altre scene, con altre disposizioni e altre luci, m'ammetterete che la creazione scenica sarà certamente un'altra. E non vi par dimostrato con questo che ciò che a teatro si giudica non è mai l'opera dello scrittore (unica nel suo testo), ma questa o quella creazione scenica che se n'è fatta, l'una diversa dall'altra; tante, mentre quella è una? Per giudicare il testo, bisognerebbe conoscerlo; e a teatro non si può, attraverso un'interpretazione che, fatta da certi attori, sarà una e, fatta da certi altri, sarà per forza un'altra. L'unica sarebbe se l'opera potesse rappresentarsi da sé, non più con gli attori, ma coi suoi stessi personaggi che, per prodigio, assumessero corpo e voce. In tal caso sì, direttamente potrebbe essere giudicata a teatro. Ma è mai possibile un tal prodigio? Nessuno l'ha mai visto finora. E allora, o signori, c'è quello che con più o meno impegno s'ingegna di compiere ogni sera, coi suoi attori, il Direttore di scena, l'unico possibile.

Per levare a quello ch'io dico ogni aria di paradosso, v'invito a considerare che un'opera d'arte è fissata per sempre in una forma immutabile che rappresenta la liberazione del poeta dal suo travaglio creativo; la perfetta quiete raggiunta dopo tutte le agitazioni di questo travaglio.

Bene.

Vi pare, signori, che possa più essere vita dove non si muove più nulla? dove tutto riposa in una perfetta quiete? La vita deve obbedire a due necessità che, per essere opposte tra loro, non le consentono né di consistere durevolmente né di muoversi sempre. Se la vita si movesse sempre, non consisterebbe mai; se consistesse per sempre, non si moverebbe più. E la vita bisogna che consista e si muova.

Il poeta s'illude quando crede d'aver trovato la liberazione e raggiunto la quiete fissando per sempre in una forma immutabile la sua opera d'arte. Ha soltanto finito di vivere questa sua opera. La liberazione e la quiete non si hanno se non a costo di finire di vivere.

E quanti le han trovate e raggiunte sono in questa miserevole illusione, che credono d'essere ancora vivi, e invece son così morti che non avvertono più nemmeno il puzzo del loro cadavere.

Se un'opera d'arte sopravvive è solo perché noi possiamo ancora rimuoverla dalla fissità della sua forma; sciogliere questa sua forma dentro di noi in movimento vitale; e la vita glie la diamo allora noi; di tempo in tempo diversa, e varia dall'uno all'altro di noi; tante vite, e non una; come si può desumere dalle continue discussioni che se ne fanno e che nascono dal non voler credere appunto questo: che siamo noi a dar questa vita; sicché quella che do io non è affatto possibile che sia uguale a quella di un altro. Vi prego di scusarmi, signori, del lungo giro che ho dovuto fare per venire a questo, che è il punto a cui volevo arrivare.

Qualcuno potrebbe domandarmi:

«Ma chi ha detto a lei che l'arte debba esser vita? La vita deve sì obbedire alle due necessità opposte che lei dice, e per ciò non è arte; come l'arte non è vita proprio perché riesce a liberarsi da codeste opposte necessità e consiste per sempre nell'immutabilità della sua forma. E ben per questo l'arte è il regno della compiuta creazione, laddove la vita è, come dev'essere, in una infinitamente varia e continuamente mutevole formazione. Ciascuno di noi cerca di crear se stesso e la propria vita con quelle stesse facoltà dello spirito con le quali il poeta la sua opera d'arte. E difatti, chi più n'è dotato e meglio sa adoperarle, riesce a raggiungere un più alto stato e a farlo consistere più durevolmente. Ma non sarà mai una vera creazione, prima di tutto perché destinata a deperire e finire con noi nel tempo; poi perché, tendendo a un fine da raggiungere, non sarà mai libera; e infine perché, esposta a tutti i casi imprevedibili, a tutti gli ostacoli che gli altri le oppongono, rischia continuamente d'es-

ser contrariata, deviata, deformata. L'arte vendica in un certo senso la vita perché, la sua, in tanto è vera creazione, in quanto è liberata dal tempo, dai casi e dagli ostacoli, senza altro fine che in sé stessa.»
Sì, signori, io rispondo, è proprio così.
E tante volte, vi dico anzi, m'è avvenuto di pensare con angoscioso sbigottimento all'eternità di un'opera d'arte come a un'irraggiungibile divina solitudine, da cui anche il poeta stesso, subito dopo averla creata, resti escluso; egli, mortale, da quella immortalità.
Tremenda, nell'immobilità del suo atteggiamento, una statua.
Tremenda, questa eterna solitudine delle forme immutabili, fuori del tempo.
Ogni scultore (io non so, ma suppongo) dopo aver creato una statua, se veramente crede d'averle dato vita per sempre, deve desiderare ch'essa, come una cosa viva, debba potersi sciogliere dal suo atteggiamento, e muoversi, e parlare.
Finirebbe d'essere statua; diventerebbe persona viva. Ma a questo patto soltanto, signori, può tradursi in vita e tornare a muoversi ciò che l'arte fissò nell'immutabilità d'una forma; a patto che questa forma riabbia movimento da noi, una vita varia e diversa e momentanea: quella che ciascuno di noi sarà capace di darle.
Oggi si lasciano volentieri in quella loro divina solitudine fuori del tempo le opere d'arte. Gli spettatori, dopo una giornata di cure gravose e affannose faccende, angustie e travagli d'ogni genere, la sera, a teatro, vogliono divertirsi.

IL SIGNORE DELLE POLTRONE   Alla grazia! Con Pirandello?

Si ride.

IL DOTTOR HINKFUSS   Non c'è pericolo. Stiano sicuri.

Mostra di nuovo il rotoletto.

Robetta. Farò io, farò io: tutto da me.
E confido d'avervi creato uno spettacolo gradevole, se quadri e scene procederanno con l'attenta cura con cui io li ho preparati, così nel loro complesso come in ogni particolare; e se i miei attori risponderanno in tutto alla fiducia che ho riposto in loro. Del resto, sarò io qua tra voi, pronto a intervenire a un bisogno, o per ravviare a un minimo intoppo la rappresentazione, o per supplire a qualche manchevolezza del lavoro con chiarimenti e spiegazioni; il che (mi lusingo) vi renderà più piacevole la novità di questo tentativo di recita a soggetto. Ho diviso in tanti quadri lo spettacolo. Brevi pause dall'uno all'altro. Spesso, un momento di bujo soltanto, da cui un nuovo quadro nascerà all'improvviso, o qua sul palcoscenico, o anche tra voi; sì, in sala (ho lasciato apposta, lì vuoto, un palco che sarà a suo tempo occupato dagli attori; e allora anche voi tutti parteciperete all'azione). Una pausa più lunga vi sarà concessa, perché possiate uscire dalla sala, ma non a rifiatare, ve n'avverto fin d'ora, perché una nuova sorpresa vi ho preparato anche di là, nel ridotto.
Un'ultima brevissima premessa, perché possiate subito orientarvi.
L'azione si svolge in una città dell'interno della Sicilia, dove (come sapete) le passioni son forti e covano cupe e poi divampano violente: tra tutte, ferocissima, la gelosia.
La novella rappresenta appunto uno di questi casi di gelosia, e della più tremenda, perché irrimediabile: quella del passato. E avviene proprio in una famiglia da cui avrebbe dovuto stare più che mai lontana, perché, tra la clausura quasi ermetica di tutte le altre, è l'unica della città aperta ai forestieri, con un'ospitalità eccessiva, praticata com'è di proposito, a sfida della maldicenza e per bravar lo scandalo che le altre se ne fanno.
La famiglia La Croce.

È composta, come vedrete, dal padre, Signor Palmiro, ingegnere minerario: *Sampognetta* come lo chiamano tutti perché, distratto, fischia sempre; dalla madre, Signora Ignazia, oriunda di Napoli, intesa in paese *La Generala*; e da quattro belle figliuole, pienotte e sentimentali, vivaci e appassionate:
Mommina,
Totina,
Dorina,
Nenè.
E ora, con permesso.

Batte le mani in segno di richiamo; e, scostando un poco un'ala del sipario, ordina nell'interno del palcoscenico:

Gong!

Si ode un colpo di gong.

Chiamo gli attori per la presentazione dei personaggi.

Si apre il sipario.

I

Si vede, quasi a ridosso, una tenda leggera, verde, che si può aprire nel mezzo.

IL DOTTOR HINKFUSS (*scostando un poco un'ala di questa tenda e chiamando*) Prego, il signor...

Pronunzierà il nome del Primo Attore che farà la parte di Rico Verri. Ma il Primo Attore, pur essendo dietro la tenda non vuole venir fuori. Il Dottor Hinkfuss, allora, ripeterà:

Prego, prego, venga avanti, signor... (*c. s.*) Spero non oserà insistere nella sua protesta anche davanti al pubblico.

IL PRIMO ATTORE (*vestito e truccato da Rico Verri, in divisa d'ufficiale aviatore, venendo fuori della tenda, eccitatissimo*) Insisto, sissignore! E tanto più, se osa lei ora, davanti al pubblico, chiamarmi per nome.

IL DOTTOR HINKFUSS Le ho fatto offesa?

IL PRIMO ATTORE Sì, e séguita a farmela, senza rendersene conto, tenendomi qua a discutere con lei, dopo avermi forzato a venir fuori.

IL DOTTOR HINKFUSS Chi le ha detto a discutere? Discute lei! Io la chiamo a fare il suo dovere.

IL PRIMO ATTORE Sono pronto. Quando sarò di scena.

Si ritira, scostando con atto di stizza la tenda.

IL DOTTOR HINKFUSS (*restandoci male*) Volevo presentarla...

IL PRIMO ATTORE (*rivenendo fuori*) Ma nossignore! Lei non presenterà me al pubblico che mi conosce. Non son mica un burattino, io, nelle sue mani, da mostrare al pubblico come quel palco lasciato lì vuoto o una sedia messa in un posto anziché in un altro per qualche suo magico effetto!

IL DOTTOR HINKFUSS (*a denti stretti, friggendo*) Lei approfitta in questo momento della sopportazione che debbo avere –

IL PRIMO ATTORE (*pronto, interrompendo*) – no, caro signore: nessuna sopportazione; lei deve credere soltanto che qua, sotto questi panni, il signor... (*dirà il suo nome*) non c'è più; perché, impegnatosi con lei a recitare questa sera a soggetto, per aver pronte le parole che debbono nascere, n a s c e r e dal personaggio che rappresento, e spontanea l'azione, e naturale ogni gesto; il signor... (*c. s.*) deve v i v e r e il personaggio di *Rico Verri*, e s s e r e *Rico Verri*; ed è, è già; tanto che, come le dicevo in principio, non so se potrà adattarsi a tutte le combinazioni e sorprese e giochetti di luce e d'ombra preparati da lei per divertire il pubblico. Ha capito?

S'ode a questo punto lo schiocco d'un sonorissimo schiaffo tirato dietro la tenda e, subito dopo, la protesta del vecchio Attore Brillante che farà la parte di «Sampognetta».

IL VECCHIO ATTORE BRILLANTE Ohi! Come sarebbe? Non s'attenti a darmi, perdio, di codesti schiaffi sul serio!

La protesta è accolta da risate dietro la tenda.

IL DOTTOR HINKFUSS (*guardando di là dalla tenda sul palcoscenico*) Ma che diavolo avviene? Che altro c'è?

IL VECCHIO ATTORE BRILLANTE (*venendo fuori dalla tenda con una mano sulla guancia, vestito e truccato da Sampo-*

gnetta) C'è che non tollero che la signora... (*dirà il nome dell'Attrice Caratterista*) con la scusa che recita a soggetto, m'appiccichi certi schiaffi (ha sentito?) che tra l'altro (*gli mostra la guancia schiaffeggiata*) m'ha rovinato il trucco, no?

L'ATTRICE CARATTERISTA (*venendo fuori, vestita e truccata da signora Ignazia*) Ma lei se ne ripari, santo cielo! Ci vuol poco a ripararsene! È un moto istintivo e naturale.

IL VECCHIO ATTORE BRILLANTE E come faccio a ripararmene, se lei me li tira così all'improvviso?

L'ATTRICE CARATTERISTA Quando se li merita, caro signore!

IL VECCHIO ATTORE BRILLANTE Già! Ma quando me li merito io non lo so, cara signora!

L'ATTRICE CARATTERISTA E allora se ne ripari sempre, perché per me se li merita sempre. E io, se si recita a soggetto, non posso tirarglieli a un punto segnato!

IL VECCHIO ATTORE BRILLANTE Non c'è però bisogno che me li tiri per davvero!

L'ATTRICE CARATTERISTA E come allora, per finta? Io non ho mica una parte a memoria: deve venire da qui (*fa un gesto dallo stomaco in su*) e andar tutto per le spicce, sa? Lei me li strappa, e io glieli do.

IL DOTTOR HINKFUSS Signori miei, signori miei, davanti al pubblico!

L'ATTRICE CARATTERISTA Siamo già nelle nostre parti, signor Direttore.

IL VECCHIO ATTORE BRILLANTE (*rimettendosi la mano sulla guancia*) E come!

IL DOTTOR HINKFUSS Ah, lei intende così?

L'ATTRICE CARATTERISTA Scusi, voleva far la presentazione? Ecco, ci stiamo presentando da noi. Uno schiaffo, e quest'imbecille di mio marito è già bell'e presentato.

Il vecchio Attore Brillante, da Sampognetta, si mette a fischiare.

Eccolo là, vede? fischia. Perfettamente nella sua parte.
IL DOTTOR HINKFUSS   Ma vi par possibile davanti a questa tenda, fuori d'ogni quadro e senz'alcun ordine?
L'ATTRICE CARATTERISTA   Non importa! Non importa!
IL DOTTOR HINKFUSS   Come non importa? Che vuol che ci capisca il pubblico?
IL PRIMO ATTORE   Ma sì che capirà! Capirà molto meglio così! Lasci fare a noi. Siamo tutti investiti delle nostre parti.
L'ATTRICE CARATTERISTA   Ci verrà, creda, molto più facile e naturale, senza l'impaccio e il freno d'un campo circoscritto, di un'azione preordinata. Faremo, faremo anche tutto quello che lei ha preparato! Ma intanto, guardi, permetta, presento anche le mie figliuole.

Scosta la tenda per chiamare:

Qua, ragazze! qua, ragazze! venite qua!

Prende per un braccio la prima e la tira fuori:

Mommina.

Poi, la seconda:

Totina.

Poi, la terza:

Dorina.

Poi, la quarta:

Nenè.

Tutte, tranne la prima, strisciano entrando una bella riverenza.

Tòcchi di ragazze, grazie a Dio, che meriterebbero di diventar tutt'e quattro regine! Chi le direbbe nate da un uomo come quello lì?

Il signor Palmiro, vedendosi indicato, volta subito la faccia e si mette a fischiettare.

Fischia, sì, fischia! Ah caro, un po' di *grisou*, guarda, così com'io mi prendo un pizzico di rapè, un po' di *grisou* nelle narici te lo dovrebbe mettere la tua zolfara: sì, caro, che ti lasci lì stecchito e mi ti levi una buona volta davanti agli occhi!

TOTINA (*accorrendo con Dorina a trattenerla*) Per carità, mammà, non cominciare!

DORINA (*a un tempo*) Lascialo perdere, lascialo perdere, mammà!

L'ATTRICE CARATTERISTA Fischia, lui, fischia.

Poi, levandosi dalla parte, al Dr. Hinkfuss:

Mi par che coli liscio com'un olio, no?

IL DOTTOR HINKFUSS (*con un lampo di malizia, trovando lì per lì la via di scampo per salvare il suo prestigio*) Come il pubblico avrà capito, questa ribellione degli attori ai miei ordini è finta, concertata avanti tra me e loro, per far più spontanea e vivace la presentazione.

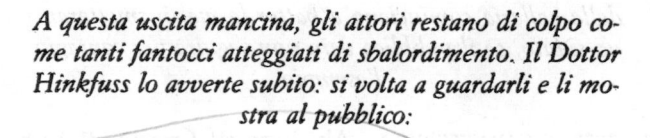

A questa uscita mancina, gli attori restano di colpo come tanti fantocci atteggiati di sbalordimento. Il Dottor Hinkfuss lo avverte subito: si volta a guardarli e li mostra al pubblico:

Finto anche questo sbalordimento.

IL PRIMO ATTORE (*scrollandosi, indignato*) Buffonate! Io prego il pubblico di credere che la mia protesta non è stata affatto una finzione. (*Scosta come prima la tenda, e se ne va furioso.*)

IL DOTTOR HINKFUSS (*sùbito, come in confidenza, al pubblico*) Finzione anche questo scatto. All'amor proprio d'un attore come il signor... (*ne pronuncia il nome*) tra i migliori della nostra scena, io dovevo pur concedere qualche soddisfazione. Ma voi capite che tutto quanto avviene quassù non può esser che finto. (*Voltandosi all'Attrice Caratterista.*) Séguiti, séguiti, signora... (*c. s.*) Va benissimo. Non potevo aspettarmi meno da lei.

L'ATTRICE CARATTERISTA (*sconcertata, quasi trasecolata da tanta improntitudine, non sapendo più che cosa fare*) Ah, vuole... vuole adesso ch'io séguiti? E... e... scusi, a far che?

IL DOTTOR HINKFUSS Ma la presentazione, santo Dio, cominciata così bene, secondo il nostro accordo.

L'ATTRICE CARATTERISTA No, senta, la prego, non dica accordo, signor Direttore, se non vuole ch'io resti qua senza sapermi più cavare una parola di bocca.

IL DOTTOR HINKFUSS (*di nuovo al pubblico, come in confidenza*) È magnifica!

L'ATTRICE CARATTERISTA Ma vuol sul serio dare a intendere, scusi, che ci sia stato un accordo tra noi per questa nostra uscita?

IL DOTTOR HINKFUSS Domandi al pubblico se non ha l'impressione che noi veramente in questo momento non stiamo recitando a soggetto.

Il signore delle poltrone, i quattro della platea, quello della galleria cominciano a batter le mani; smetteranno sùbito, se il pubblico vero non seguirà per contagio l'esempio.

L'ATTRICE CARATTERISTA Ah, bene sì! Questo sì! Veramente a soggetto! Siamo usciti e stiamo ora improvvisando tanto io che lei.

IL DOTTOR HINKFUSS E dunque séguiti, séguiti, chiami fuori gli altri attori per presentarli!

L'ATTRICE CARATTERISTA Sùbito!

Chiamando dalla tenda:

Ehi, giovanotti, qua, qua tutti!
IL DOTTOR HINKFUSS   S'intende, rientrando nella sua parte.
L'ATTRICE CARATTERISTA   Non dubiti, ci sono. Qua, qua, cari amici!

Entrano rumorosamente cinque giovani ufficiali aviatori in divisa. Prima salutano enfaticamente la signora Ignazia:

– Cara, cara signora!
– Viva la nostra Grande *Generala*!
– E la nostra Santa Protettrice!

E altre simili esclamazioni. Poi salutano le quattro ragazze, che rispondono festosamente. Qualcuno va a salutare anche il signor Palmiro. La signora Ignazia tenta d'interrompere tutto quel frastuono di saluti veramente a soggetto.

L'ATTRICE CARATTERISTA   Piano, piano, cari, non facciamo confusione! Aspettate, aspettate! Qua lei Pomàrici, mio sogno per Totina! Ecco, se la prenda a braccio – così! E lei Sarelli, qua con Dorina!
IL TERZO UFFICIALE   Ma no! Dorina è con me (*la trattiene per un braccio*), non facciamo scherzi!
SARELLI (*tirandola per l'altro braccio*)   Dàlla ora a me, se me l'assegna la madre!
IL TERZO UFFICIALE   Nient'affatto! Siamo d'accordo, la signorina e io.
SARELLI (*a Dorina*)   Ah, lei è d'accordo? Complimenti!

Denunziandoli:

Signora Ignazia, li sente?

L'ATTRICE CARATTERISTA Come, d'accordo?
DORINA (*seccata*) Ma sì, scusi, signora...

il nome dell'Attrice Caratterista

d'accordo, per recitare le nostre parti.
IL TERZO UFFICIALE La prego di non imbrogliare, signora, ciò che s'è concertato.
L'ATTRICE CARATTERISTA Ah, già, sì, scusate, ora mi rammento! Lei Sarelli è con Nenè.
NENÈ (*a Sarelli, aprendo le braccia*) Con me! Non si ricorda che s'è stabilito così?
SARELLI Ma tanto, sa? noi ci siamo soltanto per fare un po' di chiasso.
IL DOTTOR HINKFUSS (*all'Attrice Caratterista*) Attenzione, attenzione, signora, mi raccomando!
L'ATTRICE CARATTERISTA Sì sì, mi scusi; abbia pazienza; tra tanti, ho fatto un po' di confusione.

Voltandosi a cercare in giro:

Ma Verri? Dov'è Verri? Dovrebbe esser qua coi suoi compagni.
IL PRIMO ATTORE (*pronto, sporgendo il capo dalla tenda*) Sì, bravi compagni, che insegnano la modestia alle sue care figliuole!
L'ATTRICE CARATTERISTA Vorrebbe che le tenessi dalle monache a imparare il catechismo e il ricamo? Passò quel tempo, Enea...

Lo va a prendere e lo tira fuori per mano.

Via, venga qua, sia buono! Le guardi; non ne fanno esposizione, ma pure le hanno, sa? come poche al giorno d'oggi, le loro brave virtù di donnine di casa, lei che parla di modestia! Mommina sa stare in cucina –

MOMMINA (*con tono di rimprovero, come se la madre svelasse un segreto da vergognarsene*) Mammà!
LA SIGNORA IGNAZIA   – e Totina rammenda –
TOTINA (*c. s.*) Ma che dici!
LA SIGNORA IGNAZIA   – e Nenè, –
NENÈ (*sùbito, aggressiva, minacciando di turarle la bocca*) Ti vuoi star zitta, mammà?
LA SIGNORA IGNAZIA   – mi trovi l'uguale per far ritornare nuovi i vestiti –
NENÈ (*c. s.*) Ma insomma! basta!
LA SIGNORA IGNAZIA   – smacchiarli –
NENÈ (*le tura la bocca*) – basta così, mammà!
LA SIGNORA IGNAZIA (*liberandosi della mano di Nenè*) – rivoltarli – e per tenere i conti Dorina!
DORINA Hai finito di vuotare il sacco?
LA SIGNORA IGNAZIA A che siamo arrivati! Se ne vergognano –
SAMPOGNETTA – come di vizii segreti!
LA SIGNORA IGNAZIA Eppoi non son pretenziose, ché si contentano di poco; basta che abbiano il teatro, restan anche digiune! Il nostro vecchio melodramma: ah! piace tanto anche a me!
NENÈ (*che sarà entrata con una rosa in mano*) Ma no, anche la *Carmen*, mammà!

Si mette la rosa in bocca e canta, storcendosi procace sui fianchi:

È l'amore uno strano augello
che non si può domesticar...
L'ATTRICE CARATTERISTA Sì, va bene, anche la *Carmen*; ma il cuore non ti bolle come al fuoco del nostro vecchio melodramma, quando vedi l'innocenza che grida e non è creduta e la disperazione dell'amante: «*Ah quell'infame l'onore ha venduto...*» – Domandalo a Mommina! Basta.

Rivolgendosi al Verri:

Lei è venuto la prima volta in casa nostra presentato, se ne ricordi bene, da questi giovanotti –
IL TERZO UFFICIALE – e non l'avessimo mai fatto! –
L'ATTRICE CARATTERISTA – ufficiale di guarnigione al nostro campo d'aviazione –
IL PRIMO ATTORE – prego, ufficiale di complemento – per soli sei mesi – e poi finita, se Dio vuole, la cuccagna per costoro, di goder la vita a mie spese!
POMÀRICI Noi? A tue spese?
SARELLI Ma guardalo lì!
L'ATTRICE CARATTERISTA Questo non c'entra. Volevo dire che né io né le mie figliuole né quello lì –

Di nuovo il signor Palmiro, appena indicato, volta la faccia e si mette a fischiare.

Smettila, o ti tiro in faccia questa borsetta!

È una borsona. Il signor Palmiro smette sùbito.

– nessuno di noi s'accorse in prima che lei avesse nelle vene questo sanguaccio nero dei siciliani –
IL PRIMO ATTORE – io me ne vanto! –
L'ATTRICE CARATTERISTA – ah, ora lo so! – (e come lo so!)
IL DOTTOR HINKFUSS Non anticipiamo, signora, non anticipiamo nulla, per carità!
L'ATTRICE CARATTERISTA No, non tema, non anticipo nulla.
IL DOTTOR HINKFUSS Sola presentazione, chiarissima: e basta.
L'ATTRICE CARATTERISTA Chiarissima, sì, non dubiti. Dico, com'è vero, che prima non se ne vantava: era anzi con tutti noi a tener testa a questi selvaggi dell'isola che si recano quasi a onta il nostro innocente vivere *alla continentale*, l'accogliere in casa un po' di giovanotti, e permettere che si scherzi come, Dio mio, è proprio della

gioventù, senza malizia. Scherzava anche lui con la mia Mommina...

La cerca attorno.

Dov'è? – Ah, eccola qua! Vieni, vieni avanti, figliuola mia disgraziata; non è tempo ancora che tu te ne stia così.

La Prima Attrice che farà la parte di Mommina, tirata per mano, relutta.

Vieni, vieni.
LA PRIMA ATTRICE   No, mi lasci, mi lasci, signora...

Dirà il nome dell'Attrice Caratterista; poi, risolutamente, facendosi avanti al Dottor Hinkfuss:

Per me così non è possibile, signor Direttore! Glielo dico avanti. Non è possibile! Lei ha segnato una traccia, stabilito un ordine di quadri: bene: ci si stia! Io debbo cantare. Ho bisogno di sentirmi sicura, al mio posto, nell'azione che m'è stata assegnata. Così a vento io non vado.
IL PRIMO ATTORE   Già! Perché forse la signorina si sarà bell'e scritte e messe a memoria le parole da dire secondo questa traccia.
LA PRIMA ATTRICE   Certo, mi sono preparata. Lei forse no?
IL PRIMO ATTORE   Anch'io, anch'io; ma non le parole da dire. Oh, patti chiari, signorina, intendiamoci: non s'aspetti ch'io parli come lei mi vorrà tirare a parlare secondo le battute che s'è preparate, sa? Io dirò ciò che debbo dire.

Segue a questo battibecco un borbottìo di commenti simultanei tra gli attori.

– Già, sarebbe bella!
– Che l'uno tirasse l'altro a dire ciò che fa comodo a lui!
– Addio recita a soggetto allora!
– Poteva scriver lei, allora, anche le parti degli altri!

IL DOTTOR HINKFUSS (*troncando i commenti*) Signori miei signori miei, parlare il meno possibile, parlare il meno possibile, già ve l'ho detto! – Basta. Ora la presentazione è finita. – Più atteggiamenti, più atteggiamenti, e meno parole; date ascolto a me. Vi assicuro che le parole verranno da sé, spontanee, dagli atteggiamenti che assumerete secondo l'azione com'io ve l'ho tracciata. Seguite questa e non sbaglierete. Lasciatevi guidare e collocare da me, per come s'è stabilito... Su su. Ritiratevi adesso. Facciamo abbassare il sipario.

Il sipario è abbassato. Il Dottor Hinkfuss, restando alla ribalta, aggiunge, rivolto al pubblico:

Chiedo scusa, Signore e Signori. Lo spettacolo ora incomincia davvero. Cinque minuti, cinque soli minuti, con permesso, perché possa vedere se tutto è in ordine.

Si ritira, scostando il sipario. Cinque minuti di pausa.

II

Si riapre il sipario.

Il Dottor Hinkfuss comincia a menare il can per l'aja.

«Sarà bene in principio» avrà pensato «dare una rappresentazione sintetica della Sicilia con una processioncina religiosa. Farà colore.»

E ha tutto disposto perché questa processioncina muova dalla porta d'ingresso della sala verso il palcoscenico, attraversando il corridojo che divide nel mezzo in due ali le file della platea e delle poltrone, nell'ordine seguente:

1. *quattro chierichetti, in tonaca nera e càmice bianco con guarnizioni di merletti; due davanti e due dietro; reggeranno torcetti accesi;*

2. *quattro giovinette, dette «Verginelle», vestite di bianco e avvolte in veli bianchi, con guanti bianchi di filo, troppo grandi per le loro mani, apposta perché appajano un po' goffe; due davanti e due dietro anch'esse, reggeranno le quattro mazze d'un piccolo baldacchino di seta celeste;*

3. *sotto il baldacchino, la «Sacra Famiglia»; vale a dire, un vecchio truccato e parato da San Giuseppe, come si vede nei quadri sacri che rappresentano la Natività, con una spera di porporina attorno al capo e in mano un lungo bàcolo, fiorito in cima; accanto a lui, una bellissima giovinetta bionda, con gli occhi bassi e un dolce modestissimo sorriso sulle labbra, acconciata e parata da Vergine Maria, anche lei con la spera attorno al capo e in braccio un bel bambolone di cera che rappresenta il Bambino Gesù, come ancor oggi si posso-*

no vedere in Sicilia, per Natale, in certe rozze rappresentazioni sacre con accompagnamento di musiche e cori;

4. un pastore, con berretto di pelo e cappotto d'albagio, le gambe avvolte di pelli caprine, e un altro più giovane pastore; soneranno, quello la ciaramella, e questo l'acciarino;

5. un codazzo di popolani e popolane, d'ogni età; le donne, con le gonne lunghe, rigonfie ai fianchi, a piegoline, e la «mantellina» in capo; gli uomini, con giacche corte a vita e calzoni a campana, sorretti da larghe fasce di seta a colori; in mano i berretti a calza, di filo nero, con la nappina in punta; entreranno nella sala cantando, al suono della ciaramella e dell'acciarino, la cantilena:

Oggi e sempre sia lodato
nostro Dio sagramentato;
e lodata sempre sia
nostra Vergine Maria.

Sul palcoscenico, intanto, si vedrà una strada della città col muro bianco, grezzo, d'una casa, che correrà da sinistra a destra per più di tre quarti della scena, dove farà angolo in profondità. Allo spigolo, un fanale col suo braccio. Dopo lo spigolo, nell'altro muro della casa ad angolo ottuso, si vedrà la porta d'un Cabaret, illuminata da lampadine colorate; e, quasi dirimpetto, un po' più in fondo e di taglio, il portale d'un'antica chiesa, su tre scalini.

Un poco prima che si levi il sipario e che la processione entri nella sala, s'udrà sul palcoscenico il suono delle campane della chiesa e, appena percettibile, il rombo d'un organo sonato nell'interno di essa. Al levarsi del sipario e all'entrata della processione, si vedranno sul palcoscenico inginocchiarsi, lungo il muro e a destra, uomini e donne (non più di otto o nove) che si troveranno a passare per la strada: le donne, facendosi il segno della croce; gli uomini, scoprendosi il capo. Allorché la processione, salita sul palcoscenico, entrerà nella chiesa, questi uomini e queste donne s'aggiungeranno al co-

dazzo ed entreranno anche loro. Entrato l'ultimo, cesserà il suono delle campane; durerà ancora, nel silenzio, più distinto, quello dell'organo, per poi venir meno pian piano col graduale mancar della luce sulla scena.

Sùbito, appena estinto questo suono sacro, scatterà con violento contrasto il suono d'un jazz nel Cabaret, e, *nello stesso tempo, il muro bianco che corre per più di tre quarti della scena si farà trasparente*. Si vedrà l'interno del Cabaret sfolgorante di varie luci colorate. A destra, fin presso la porta d'ingresso, sarà il banco di méscita, dietro al quale si vedranno tre ragazze scollate, sguajatamente dipinte. Nella parete di fondo, presso il banco, sarà appesa una lunga stuoia di velluto rosso fiammante e sovr'essa, composta come un bassorilievo, una strana chanteuse *vestita di veli neri, pallida, il capo reclinato indietro e gli occhi chiusi, canterà lugubremente le parole del* jazz. Tre ballerinette bionde moveranno in cadenza le braccia e le gambe, voltando le spalle al banco, nel poco spazio tra quello e la prima fila dei tavolinetti tondi a cui seggono gli avventori (*non molti*) con le bibite davanti.

Tra questi avventori è Sampognetta col cappelluccio in capo e un lungo sigaro in bocca.

L'avventore che gli sta dietro, nella seconda fila dei tavolini, vedendolo intentissimo alle mosse di quelle tre ballerinette, gli sta preparando uno scherzo feroce: due lunghe corna ritagliate nel cartoncino ov'è stampata, col programma, la lista dei vini e delle altre bibite del Cabaret.

Gli altri avventori se ne sono accorti e ci prendono un gran gusto e fanno ammiccamenti e cenni di far presto.

Quando le due corna son ritagliate, belle lunghe e ritte nel giro di carta che fa da base, l'avventore si alza e con molta cautela le colloca sul cappelluccio di Sampognetta.

Tutti si mettono a ridere e a battere le mani.

Sampognetta, credendo che le risa e i battimani siano per le tre ballerinette che a tempo finiscono di ballare, comincia a ridere e a battere le mani anche lui, facendo così prorompere più che mai squacquerate le risa degli altri e fragorosi gli applausi. Ma non sa capacitarsi perché tutti guardino lui, an-

che le donne del banco, anche le tre ballerinette che, ecco, si buttano via dalle risa. Si smarrisce; il riso gli si rassega sulle labbra; l'applauso gli si spegne nelle mani.

Allora, quella strana chanteuse *ha un impeto d'indignazione; si stacca dalla stuoia di velluto e si muove per andare a strappare dalla testa di Sampognetta quello schernevole trofeo, gridando:*

LA CHANTEUSE No, povero vecchio, via! vergognatevi!

Gli avventori la parano, gridando a loro volta simultaneamente, in gran confusione.

GLI AVVENTORI – Sta' lì, stupida!
– Zitta e al tuo posto!
– Che povero vecchio!
– Chi ti c'immischia?
– Lascia fare!
– Se lo merita!
– Se lo merita!

E tra queste grida confuse, la Chanteuse *seguiterà a protestare, trattenuta, dibattendosi:*

LA CHANTEUSE Vigliacchi, lasciatemi! Perché se lo merita? Che male v'ha fatto?
SAMPOGNETTA (*alzandosi più che mai smarrito*) Che mi merito? Che mi merito?
L'AVVENTORE CHE GLI HA FATTO LO SCHERZO Ma niente, signor Palmiro, la lasci dire!
SECONDO AVVENTORE È ubriaca, al solito!
L'AVVENTORE CHE GLI HA FATTO LO SCHERZO Se ne vada, se ne vada, questo non è posto per lei!

E lo spinge con gli altri verso la porta.

TERZO AVVENTORE Lo sappiamo noi bene, quello che lei si merita, signor Palmiro!

Sampognetta è condotto fuori con le sue brave corna in testa. La trasparenza del muro si spegne. Si sentono ancora le grida di quelli che trattengono la Chanteuse; poi, una gran risata, e riattacca il jazz.

SAMPOGNETTA (*ai due o tre avventori che lo hanno spinto a uscire e che ora se lo godono incoronato sotto il fanale acceso*) Ma io vorrei sapere che cosa è successo.
SECONDO AVVENTORE Niente, è per la storia dell'altra sera.
TERZO AVVENTORE La sanno tutti affezionato a questa *chanteuse*...
SECONDO AVVENTORE Volevano, così per scherzo, che ella le désse uno schiaffo, come l'altra sera –
TERZO AVVENTORE – già! – dicendo che lei se lo merita!
SAMPOGNETTA Ah, ho capito! ho capito!
PRIMO AVVENTORE O oh! guardate! guardate! Su, in cielo! Le stelle!
SECONDO AVVENTORE Le stelle?
PRIMO AVVENTORE Si muovono! si muovono!
SECONDO AVVENTORE Ma va' là!
SAMPOGNETTA Possibile?
PRIMO AVVENTORE Sì, sì, guardate! Come se qualcuno le toccasse con due pertiche!

E alza le braccia facendo le corna.

SECONDO AVVENTORE Ma statti zitto! Tu hai le traveggole!
TERZO AVVENTORE Ti pajono lampioncini, le stelle?
SECONDO AVVENTORE Diceva, signor Palmiro?
SAMPOGNETTA Ah, ah sì, che io, questa sera, non so se ci avete fatto caso, apposta ho guardato sempre le ballerine, senza nemmeno voltare il capo verso di lei. Mi fa tan-

ta impressione, tanta! quella poverina, quando canta con gli occhi chiusi e con quelle lagrime che le sgocciolano per le guance!

SECONDO AVVENTORE Ma lo fa per professione, signor Palmiro! Non creda a quelle lagrime!

SAMPOGNETTA (*negando seriamente, anche col dito*) No no, ah, no no! Che professione! Che professione! Vi do la mia parola d'onore che quella donna soffre; soffre sul serio. E poi ha la stessa voce della mia figlia maggiore: tal quale! tal quale! E m'ha confidato ch'è figlia anche lei di buona famiglia...

TERZO AVVENTORE Ah sì? Oh guarda! Figlia anche lei di qualche ingegnere?

SAMPOGNETTA Questo non lo so. Ma so che certe sventure possono capitare a tutti. E, ogni volta, sentendola cantare, mi... mi prende un'angoscia, una costernazione...

Sopravvengono a questo punto da sinistra, a passo di marcia, Totina a braccio di Pomàrici, Nenè a braccio di Sarelli, Dorina a braccio del Terzo Ufficiale, Mommina accanto a Rico Verri e la signora Ignazia a braccio degli altri due giovani ufficiali. Pomàrici segna il passo per tutti, prima ancora che la compagnia entri in scena. I tre avventori, che saranno diventati anche quattro o più, sentendo la voce, si ritrarranno verso la porta del Cabaret, *lasciando solo il signor Palmiro sotto il fanale, sempre con le sue corna in testa.*

POMÀRICI Un due, – un due, – un due...

Sono diretti al teatro; le quattro ragazze e la signora Ignazia, in sgargianti abiti da sera.

TOTINA (*vedendo il padre con quelle corna in capo*) Oh Dio, papà! Che t'hanno fatto?
POMÀRICI Vigliacchi schifosi!
SAMPOGNETTA A me? Che cosa?

NENÈ Ma lèvati ciò che t'hanno messo sul cappello!
SIGNORA IGNAZIA (*mentre il marito annaspa con le mani sul cappello*) Le corna?
DORINA Mascalzoni, chi è stato?
TOTINA Ma guardate là!
SAMPOGNETTA (*levandosele*) A me, le corna? Ah, dunque per questo? Miserabili!
SIGNORA IGNAZIA E le tieni ancora in mano! Buttale via, imbecille! Buono soltanto a diventar lo zimbello di tutti i farabutti!
MOMMINA (*alla madre*) Non ci manca altro che tu ora, per giunta, te la pigli con lui –
TOTINA – mentre sono stati questi schifosi!
VERRI (*andando verso la porta del* Cabaret *incontro agli avventori che guardano e ridono*) Chi ha osato? Chi ha osato?

Ne prende uno per il petto.

È stato lei?
NENÈ Ridono...
L'AVVENTORE (*cercando di svincolarsi*) Mi lasci! Non sono stato io! E non s'arrischi a mettermi le mani addosso!
VERRI Mi dica allora chi è stato!
POMÀRICI No, via, Verri, lascia!
SARELLI È inutile star qui a far chiasso ancora!
SIGNORA IGNAZIA No no, io voglio soddisfazione dal padrone di questa tana di malviventi!
TOTINA Lascia andare, mammà!
SECONDO AVVENTORE (*facendosi avanti*) Badi come parla, signora! Qua ci sono anche gentiluomini!
MOMMINA Gentiluomini che agiscono così?
DORINA Mascalzoni farabutti!
TERZO UFFICIALE Lasci andare, lasci andare, signorina!
QUARTO AVVENTORE Giovinastri, hanno scherzato...
POMÀRICI Ah, lo chiama scherzo lei?
SECONDO AVVENTORE Stimiamo tutti il signor Palmiro –

TERZO AVVENTORE (*alla signora Ignazia*) – e non stimiamo lei, invece, per nient'affatto, cara signora!
SECONDO AVVENTORE   Lei è la favola del paese!
VERRI (*inveendo, con le braccia levate*)   Tenete la lingua a posto, o guai a voi!
QUARTO AVVENTORE   Noi faremo rapporto al signor Colonnello!
TERZO AVVENTORE   Vergogna, in divisa d'ufficiali!
VERRI   Chi farà rapporto?
GLI AVVENTORI (*anche da dentro il* Cabaret)   Tutti! Tutti!
POMÀRICI   Voi insultate le signore che passano per via in nostra compagnia, e noi abbiamo il dovere di prenderne le difese!
QUARTO AVVENTORE   Nessuno ha insultato!
TERZO AVVENTORE   Ha insultato lei, invece! la signora!
SIGNORA IGNAZIA   Io? No! Io non ho insultato! Io v'ho detto in faccia quello che siete: malviventi! mascalzoni! farabutti! degni di stare in gabbia come le bestie feroci! ecco quello che siete!

E siccome tutti gli avventori ridono sguajatamente:

Ridete, sì, ridete, manigoldi, selvaggi!
POMÀRICI (*con gli altri ufficiali e le figliuole, cercando di calmarla*)   Via, via, signora...
SARELLI   Ora basta!
TERZO UFFICIALE   Andiamo a teatro!
NENÈ   Non ti sporcar la bocca a rispondere a costoro!
QUARTO UFFICIALE   Andiamo, andiamo! S'è fatto tardi!
TOTINA   Sarà certo finito il primo atto!
MOMMINA   Sì, via, andiamo, mammà! Lasciali perdere!
POMÀRICI   Venga, venga a teatro con noi, signor Palmiro!
SIGNORA IGNAZIA   No, che teatro, lui! A casa! Via sùbito a casa! Domani si deve alzar presto per andare alla zolfara! A casa! A casa!

Gli avventori tornano a ridere a questo comando perentorio della moglie al marito.

SARELLI E noi, a teatro! Non perdiamo tempo!
SIGNORA IGNAZIA Imbecilli! Cretini! Ridete della vostra ignoranza!
POMÀRICI Basta! Basta!
GLI ALTRI UFFICIALI A teatro! A teatro!

A questo punto il Dottor Hinkfuss, che fin da principio è rientrato in sala in coda alla processione e s'è fermato a sorvegliare la rappresentazione, stando seduto in una poltrona di prima fila riservata per lui, s'alzerà per gridare:

IL DOTTOR HINKFUSS Sì sì, basta! basta così! A teatro! A teatro! Via tutti! Gli avventori rientrino nel *Cabaret*! Gli altri, via per la destra! E tirare un po' il sipario da una parte e dall'altra!

Gli attori eseguiscono. Il sipario è tirato un po' dalle due parti in modo da lasciare nel mezzo il muro bianco che deve fare da schermo alla projezione cinematografica dello spettacolo d'opera. Solo il vecchio Attore Brillante è rimasto lì davanti, quando tutti gli altri sono scomparsi.

IL VECCHIO ATTORE BRILLANTE (*al Dottor Hinkfuss*) Se non vado con loro a teatro, io debbo uscire per la sinistra, no?
IL DOTTOR HINKFUSS S'intende, lei per la sinistra! Vada, vada! Che domande!
IL VECCHIO ATTORE BRILLANTE No, volevo farle osservare che non m'han lasciato dire nemmeno una parola. Troppa confusione, signor Direttore!
IL DOTTOR HINKFUSS Ma nient'affatto! È andata benissimo! Via, via, se ne vada!

IL VECCHIO ATTORE BRILLANTE   Dovevo far notare che le pago io tutte, sempre!
IL DOTTOR HINKFUSS   Va bene, ecco che l'ha fatto notare; se ne vada! Ora è la scena del teatro!

Il vecchio Attore Brillante se ne va per la sinistra.

Il grammofono! E sùbito pronta la projezione! Tonfilm!

Il Dottor Hinkfuss torna a sedere alla sua poltrona. Intanto, a destra, dietro il sipario tirato fino a nascondere lo spigolo del muro col fanale, i servi di scena avranno collocato un grammofono a cui sia stato applicato un disco col finale del primo atto d'un vecchio melodramma italiano, «La forza del destino» o «Un ballo in maschera» o qualunque altro, purché se n'abbia sincronicamente la projezione su quel muro bianco che fa da schermo. Appena il suono del grammofono si fa sentire e la proiezione comincia, s'illumina il palco, lasciato vuoto nella sala, d'una calda luce speciale che non si scorga donde provenga; e si vedono entrare la signora Ignazia con le quattro figliuole, Rico Verri e gli altri giovani ufficiali. L'entrata sarà rumorosa e provocherà sùbito le proteste del pubblico.

SIGNORA IGNAZIA   Ecco se è vero! Siamo già al finale del primo atto!
TOTINA   Che corsa! Auff!

Siede nel primo posto del palco, dirimpetto alla madre:

Dio che caldo! Siamo tutte scalmanate!
POMÀRICI (*facendole vento sul capo con un ventaglino*) Eccomi pronto a servirla!
DORINA   Sfido! A marcia serrata! Un due, un due...
VOCI, NELLA SALA   — Ma insomma!
— Silenzio!

— Guardate se questa è la maniera d'entrare in un teatro!
MOMMINA (*a Totina*) Hai preso il mio posto, lèvati!
TOTINA Eh, se Dorina e Nenè si son sedute qua in mezzo...
DORINA Abbiamo creduto che Mommina se ne volesse star dietro con Verri come l'ultima volta.
VOCI, NELLA SALA — Silenzio! Silenzio!
— Son sempre loro!
— È una vera indecenza!
— La maraviglia è dei signori ufficiali!
— Non c'è nessuno che li richiami all'ordine?

Intanto nel palco sarà un gran tramestìo per il cambiamento dei posti: Totina avrà ceduto il posto a Mommina e preso quello di Dorina che sarà passata nella sedia accanto lasciata da Nenè, la quale sarà andata a sedere sul divano accanto alla madre. Rico Verri sederà accanto a Mommina sul divano dirimpetto; dietro Totina, Pomàrici; dietro Dorina, il Terzo Ufficiale; e in fondo, Sarelli e gli altri due ufficiali.

MOMMINA Piano, piano, per carità!
NENÈ Sì, piano! Prima porti lo scompiglio —
MOMMINA — io? —
NENÈ — mi pare! con tutti questi cambiamenti!
DORINA Ma lasciateli dire!
TOTINA Come se non avessero mai sentito...

nominerà il melodramma.

POMÀRICI Si dovrebbe pure avere qualche riguardo per le signore!
VOCI, NELLA SALA — Taccia lei!
— È una vergogna!
— Alla porta i disturbatori!
— Cacciateli via!

— Che proprio la barcaccia degli ufficiali debba dare questo scandalo?
— Fuori! Fuori!

SIGNORA IGNAZIA Cannibali! Non è colpa nostra se siamo arrivati così tardi! Oh vedete se questo dev'esser considerato come un paese civile! Prima un'aggressione sulla strada, e aggredite ora anche a teatro! Cannibali!

TOTINA Nel Continente si fa così!

DORINA Si viene a teatro quando si vuole!

NENÈ E qua c'è gente che lo sa, come si fa e si vive nel Continente!

VOCI Basta! Basta!

IL DOTTOR HINKFUSS (*alzandosi, rivolto al palco degli attori*) Sì, sì, basta! basta! Non eccedere, mi raccomando, non eccedere!

SIGNORA IGNAZIA Ma mi faccia il piacere, che eccedere! Il coraggio lo pigliamo da giù! È una persecuzione insopportabile, non vede? per un po' di rumore che s'è fatto entrando!

IL DOTTOR HINKFUSS Va bene! Va bene! Ma ora basta! Tanto, l'atto è finito!

VERRI È finito? Ah, sia lodato Dio! Usciamo, usciamo!

IL DOTTOR HINKFUSS Benissimo, sì, uscire, uscire!

TOTINA Ho una sete io!

Esce dal palco.

NENÈ Speriamo di trovare un gelato!

(*c. s.*)

SIGNORA IGNAZIA Via, via, usciamo presto, usciamo presto, o scoppio!

Finita la projezione, tace il grammofono. Il sipario si chiude del tutto. Il Dottor Hinkfuss sale sul palcoscenico e si rivolge al pubblico, mentre la sala si illumina.

IL DOTTOR HINKFUSS   Quella parte del pubblico che è solita uscire tra un atto e l'altro dalla sala potrà andare, se vuole, ad assistere allo scandalo che questa benedetta gente seguiterà a dare anche nel ridotto del teatro; non perché voglia, ma perché ormai, qualunque cosa faccia, dà nell'occhio, presa com'è di mira e condannata a far le spese della maldicenza generale. Vadano, vadano: ma non tutti, prego; anche per non trovarsi di là troppo pigiati, con tanti a ridosso che voglion vedere ciò che su per giù s'è già visto qua. Posso assicurare che nulla perderà di sostanziale chi rimarrà qua a sedere. Si seguiteranno a vedere di là, mescolati tra gli spettatori, quelli che avete veduto anche voi, uscire dal palco, per il solito intervallo tra un atto e l'altro.
Io trarrò profitto di quest'intervallo per il cambiamento di scena. E lo farò davanti a voi, ostensibilmente, per offrire anche a voi che restate nella sala uno spettacolo a cui non siete abituati.

Batte le mani, per segnale, e ordina:

Tirate il sipario!

Il sipario è riaperto.

INTERMEZZO

Rappresentazione simultanea, nel ridotto del teatro e sul palcoscenico.

Nel ridotto del teatro le attrici e gli attori figureranno con la massima libertà e naturalezza (ciascuno, s'intende, nella sua parte) da spettatori tra gli spettatori, durante l'intervallo tra un atto e l'altro.

S'aggrupperanno in quattro punti diversi del ridotto e là ciascun gruppo farà la sua scena indipendentemente dall'altro e contemporaneamente: Rico Verri con Mommina; la signora Ignazia con due degli ufficiali, che si chiamano l'uno Pometti e l'altro Mangini; sederà a qualche panca; Dorina passeggerà conversando col Terzo Ufficiale che si chiama Nardi; Nenè e Totina andranno con Pomàrici e Sarelli in fondo al ridotto dove sarà un banco di vendita con bibite, caffè, birra, liquori, caramelle e altre golerìe.

Queste scenette sparse e simultanee sono qui trascritte, per necessità di spazio, una dopo l'altra.

I

Nenè, Totina, Sarelli e Pomàrici, al banco in fondo al ridotto.

NENÈ Non c'è gelati? Peccato! Mi dia allora una bibita. Fresca, mi raccomando. Una menta, sì.
TOTINA A me, una limonata.
POMÀRICI Un sacchetto di cioccolattini; e caramelle, anche.
NENÈ No, non le prenda, Pomàrici! Grazie.
TOTINA Non saranno buone. Sono buone? E allora sì,

comprare, comprare! È una delle più grandi soddisfazioni –
POMÀRICI – il cioccolattino? –
TOTINA – no – di noi donne – far pagare gli uomini!
POMÀRICI – Per così poco! Peccato, non s'è fatto a tempo a passare dal caffè, venendo a teatro –
SARELLI – per quel maledetto incidente... –
TOTINA Ma è anche papà, santo Dio! pare vada cercando lui stesso di dar pretesto a quest'indegna persecuzione, frequentando certi posti!
POMÀRICI (*mettendole tra le labbra un cioccolattino*) Non s'amareggi! Non s'amareggi!
NENÈ (*aprendo la bocca come un uccellino*) E a me?
POMÀRICI (*imboccandola*) Sùbito: ma a lei, una caramella.
NENÈ Ed è proprio sicuro che nel Continente si fa così?
POMÀRICI Come no? Imboccare, dice, una caramella, alle belle signorine? – Sicurissimo!
SARELLI Questo, e ben altro!
NENÈ Che altro? che altro?
POMÀRICI Eh, se volessimo proprio fare in tutto come nel Continente!
TOTINA (*provocante*) Ma per esempio?
SARELLI Non possiamo portarglielo qua, l'esempio.
NENÈ E allora domani tutt'e quattro prenderemo d'assalto il campo d'aviazione!
TOTINA E guai a voi se non ci prendete in volo!
POMÀRICI La visita sarà graditissima; ma quanto a volare, purtroppo...
SARELLI Vietato dal regolamento!
POMÀRICI Col Comandante che c'è adesso...
TOTINA Non avevate detto che quest'orco sarebbe andato presto in licenza?
NENÈ Io non sento ragioni; voglio volare sulla città per il gusto di sputarci sopra. Si potrà?
SARELLI Volare, impossibile...
NENÈ No, dico, tirarci... *puh!* – così, uno sputo. Ne do l'incarico a lei.

II

Dorina e Nardi, passeggiando.

NARDI Ma sa che suo papà è innamorato pazzo della *chanteuse* del *Cabaret*?

DORINA Papà? Che mi dice?

NARDI Papà, papà; gliel'assicuro io; e lo sa del resto tutto il paese.

DORINA Ma dice sul serio? Papà innamorato?

Una risatona, che fa voltare tutti gli spettatori vicini.

NARDI Non ha visto ch'era là nel *Cabaret*?

DORINA Per carità, non ne faccia sapere nulla alla mamma; lo scorticherebbe! Ma chi è questa *chanteuse*? Lei la conosce?

NARDI Sì, l'ho vista una volta. Una matta accorata.

DORINA Accorata? Come sarebbe?

NARDI Dicono che piange sempre cantando, con gli occhi chiusi: lagrime vere; e che qualche volta casca a terra, anche, sfinita dalla disperazione che la fa piangere, ubriaca.

DORINA Ah sì? Ma allora sarà il vino!

NARDI Forse. Ma pare che beva perché disperata.

DORINA Oh Dio, e papà...? Oh poveretto! Ma sa ch'è davvero disgraziato, povero papà? No no, io non ci credo.

NARDI Non ci crede? E se le dicessi che una sera, forse un po' brillo anche lui, diede spettacolo a tutto il *Cabaret* andando con le lagrime agli occhi e un fazzoletto in mano ad asciugare le lagrime di quella che cantava con gli occhi chiusi?

DORINA Ma no! Sul serio?

NARDI E sa come gli rispose quella? Appioppandogli un solennissimo ceffone!

DORINA A papà? Anche quella? Gliene dà tanti la mamma, povero papà!

NARDI E proprio così le disse lui, là davanti a tutti gli avventori che ridevano: «Anche tu, ingrata? Me ne dà tanti mia moglie!».

Saranno, a questo punto, vicini al banco. Dorina vede le sorelle Totina e Nenè e corre a loro col Nardi.

III

Davanti al banco, Nenè, Totina, Dorina, Pomàrici, Sarelli e Nardi.

DORINA Ma sapete che mi dice Nardi? Che papà è innamorato della *chanteuse* del *Cabaret*!
TOTINA Ma no!
NENÈ Tu ci credi? è uno scherzo!
DORINA No no, è vero! è vero!
NARDI Posso garantire ch'è vero.
SARELLI Ma sì, l'ho saputo anch'io.
DORINA E se sapeste che ha fatto!
NENÈ Che ha fatto?
DORINA S'è preso uno schiaffo anche da quella, in pubblico caffè!
NENÈ Schiaffo?
TOTINA O perché?
DORINA Perché le voleva asciugare le lagrime!
TOTINA Le lagrime?
DORINA Già, perché è una donna, dice, che piange sempre...
TOTINA Avete capito? Avevo ragione di dirlo poco fa? È lui, è lui! Come volete che poi la gente non rida e non si faccia beffe di lui?
SARELLI Se ne volete una prova, cercategli in petto, nella tasca interna della giacca: deve averci il ritratto di quella *chanteuse*: lo mostrò a me una volta con certe esclamazioni che non vi dico, povero signor Palmiro!

IV

Rico Verri e Mommina, a parte.

MOMMINA (*un po' intimidita dall'aspetto fosco con cui il Verri è uscito dalla sala del teatro*) Che ha?
VERRI (*con mal garbo*) Io? Niente. Che ho?
MOMMINA E allora perché sta così?
VERRI Non lo so. So che se stavo un altro po' nel palco, finiva che la facevo davvero la pazzia.
MOMMINA Non è più vita da potersi reggere.
VERRI (*forte, aspro*) Se n'accorge ora?
MOMMINA Stia zitto, per carità! Tutti gli occhi sono addosso a noi.
VERRI È ben per questo! È ben per questo!
MOMMINA Sono arrivata al punto che non so più quasi muovermi né parlare.
VERRI Io vorrei sapere che hanno da guardar tanto e stare a sentire ciò che diciamo tra noi.
MOMMINA Stia buono, mi faccia questo piacere, non li provochi!
VERRI Non siamo qua come tutti gli altri? Che vedono di strano in noi in questo momento, da starci a guardare così? Io domando se è mai possibile –
MOMMINA – ma già – vivere – gliel'ho detto – far più un gesto, alzar gli occhi, così sotto la mira di tutti. Guardi là, anche attorno alle mie sorelle, e là attorno alla mamma.
VERRI Come se si stésse qua a dare uno spettacolo!
MOMMINA Ma già!
VERRI Purtroppo però, mi scusi, le sue sorelle là...
MOMMINA Che fanno?
VERRI Niente; non me ne vorrei accorgere, ma sembra che ci provino gusto...
MOMMINA A che cosa?
VERRI A farsi notare!
MOMMINA Ma non fanno nulla di male: ridono, ciarlano...
VERRI Sfidando, col loro contegno ardito!

MOMMINA Ma sono anche i suoi colleghi, scusi...
VERRI Lo so, a metterle su; e creda che cominciano a urtarmi seriamente, specie quel Sarelli, e anche Pomàrici e Nardi.
MOMMINA Fanno un po' d'allegria...
VERRI Potrebbero pensare che la fanno a spese della buona reputazione di tre ragazze perbene; e almeno astenersi da certi atti, da certe confidenze.
MOMMINA Questo sì, è vero.
VERRI Io, per esempio, non tollererei più che uno di loro si permettesse con lei –
MOMMINA – non lo permetterei io, prima di tutti, lo sa!
VERRI Lasciamo andare, lasciamo andare, per carità! Anche lei, anche lei prima l'ha permesso!
MOMMINA Ma ora non più, da un pezzo, mi pare! Dovrebbe saperlo.
VERRI Non basta però che lo sappia io: dovrebbero saperlo anche loro!
MOMMINA Lo sanno! Lo sanno!
VERRI Non lo sanno! Più d'una volta han tenuto anzi a dimostrarmi di non volerlo sapere; e proprio come per cimentarmi.
MOMMINA Ma no! Ma quando? Per carità, non si metta di queste idee per la testa!
VERRI Dovrebbero capire che con me non si scherza!
MOMMINA Lo capiscono, stia sicuro! Ma più lei dà a vedere d'aversi a male anche d'uno scherzo innocente, e più quelli seguitano, anche per dimostrare di non averci messo alcuna malizia.
VERRI Lei dunque li scusa?
MOMMINA Ma no! Dico questo per lei, perché stia tranquillo; e anche per me, che vivo, sapendola così, in uno stato di trepidazione continua. Andiamo, andiamo. La mamma s'è mossa; pare che voglia rientrare.

V

*La Signora Ignazia, su una panca, con Pometti
e Mangini ai due lati.*

LA SIGNORA IGNAZIA Ah voi vi dovreste acquistare una grande benemerenza, una grande benemerenza, cari miei, verso la civiltà!
MANGINI Noi! E come, signora Ignazia?
LA SIGNORA IGNAZIA Come? Mettendovi a dar lezione, al vostro circolo!
POMETTI Lezione? a chi?
LA SIGNORA IGNAZIA A questi zotici villani del paese! Almeno per un'ora al giorno.
MANGINI Lezione di che?
POMETTI Di creanza?
LA SIGNORA IGNAZIA No no, dimostrativa, dimostrativa. Una lezioncina al giorno, d'un'ora, che li informi di come si vive nelle grandi città del Continente. Lei di dov'è, caro Mangini?
MANGINI Io? Di Venezia, signora.
LA SIGNORA IGNAZIA Venezia? Ah Dio, Venezia, il mio sogno! E lei, lei, Pometti?
POMETTI Di Milano, io.
LA SIGNORA IGNAZIA Ah, Milano! *Milan*.... Figuriamoci! *El nost Milan*... E io sono di Napoli; di Napoli che – senza fare offesa a Milano – dico, – e salvando i meriti di Venezia – come natura, dico... un paradiso! Chiaja! Posillipo! Mi viene... mi viene da piangere, se ci penso... Cose! Cose!... Quel Vesuvio, Capri... E voi ci avete il Duomo, la Galleria, la Scala... E voi, già, Piazza San Marco, il Canal Grande... Cose! Cose!... Mentre qua, tutte queste *fetenzierìe*... E fossero soltanto fuori, nelle strade!
MANGINI Non lo dica loro in faccia così forte, per carità!
LA SIGNORA IGNAZIA No, no, io parlo forte. Santa Chiara di Napoli, cari miei. Ce l'hanno anche dentro, la *fetenzie*-

rìa. Nel cuore, nel sangue, ce l'hanno. Arrabbiati tutti sempre! Non vi fanno quest'impressione? che siano sempre tutti arrabbiati?

MANGINI Veramente, a me...

LA SIGNORA IGNAZIA — non vi pare? — ma sì, tutti sempre bruciati d'una... come debbo dire? ma sì, rabbia d'istinto, che li fa feroci l'uno contro l'altro; solo che uno, non so, guardi qua anziché là, o si soffi il naso un po' forte, o gli passi qualcosa per la testa e sorrida; Dio ne liberi e scampi! ha sorriso per me; s'è soffiato il naso così forte apposta per fare uno sfregio a me; ha guardato là anziché qua apposta per fare un dispetto a me! Non si può far nulla senza che sospettino che ci debba esser sotto chi sa che malizia; perché la malizia ce l'hanno loro, tutti, agguattata dentro. Guardateli negli occhi. Fanno paura. Occhi di lupo... Su su. Sarà tempo di rientrare. Andiamo da quelle povere figliuole.

Misurato il tempo che ci vorrà perché i quattro gruppi recitino simultaneamente le loro battute, ciascuno al suo posto indicato, si faccia in modo (anche tagliando o aggiungendo, ove occorra, qualche parola) che tutti alla fine contemporaneamente si muovano per rimettersi insieme e uscire dal ridotto. La simultaneità dovrà essere anche però regolata secondo il tempo che bisognerà al Dottor Hinkfuss per compiere i suoi prodigi sul palcoscenico. Tali prodigi potrebbero essere lasciati alla bizzarria del Dottor Hinkfuss. Ma poiché lui stesso, e non l'autore della novella, ha voluto che Rico Verri e gli altri giovani ufficiali fossero aviatori, è probabile che abbia voluto così per prendersi il piacere di preparare, davanti al pubblico rimasto nella sala, una bella scena che rappresenti un campo d'aviazione, messo con mirabile effetto in prospettiva. Di notte, sotto un magnifico cielo stellato, pochi elementi sintetici: tutto piccolo in terra, per dare la sensazione dello spazio sterminato con quel cielo seminato di stelle: piccola, in fondo,

la casina bianca degli ufficiali, con le finestrine illuminate, piccoli gli apparecchi, due o tre, sparsi sul campo qua e là: e una grande suggestione di luci cupe: e il ronzìo di un aeroplano invisibile, che voli nella notte serena. Si può lasciar prendere questo piacere al Dottor Hinkfuss, anche se nella sala non resterà nemmeno uno spettatore. In questo caso (che è pur da prevedere) non si avrebbe più la rappresentazione simultanea di questo intermezzo, là nel ridotto del teatro e qua sul palcoscenico. Ma il male sarebbe facilmente rimediabile. Il Dottor Hinkfuss, anche facendo riaprire il sipario, vedendo che il suo fervorino non sorte l'effetto di trattenere in sala nemmeno una piccola parte del pubblico, si ritirerà fra le quinte, un po' contrariato; e si sfogherà a dare il saggio della sua bravura quando la rappresentazione nel ridotto sarà finita e gli spettatori, richiamati dallo squillo dei campanelli, saranno rientrati nella sala a riprendere i loro posti.
Ciò che importa soprattutto è che il pubblico abbia sopportazione di queste cose che, se non proprio superflue, certo son di contorno. Ma dato che per tanti segni si può vedere che ci piglia gusto, e che anzi questo contorno va cercando con ingorda golosità più che le sane pietanze, buon pro gli faccia; il Dottor Hinkfuss ha ragione lui, e dunque gli scodelli, dopo questa scena del campo di aviazione, un'altra scena, dicendo pur chiaramente e con la sprezzatura del gran signore che può permettersi certi lussi, che in verità della prima si può anche fare a meno, perché non strettamente necessaria. Si sarà perduto un po' di tempo per ottenere un bell'effetto; si darà a intendere il contrario, che anzi non se ne vuol perdere, tant'è vero che s'è saltata una scena che, senza danno, poteva essere omessa. Ometteremo anche noi i comandi che il Dottor Hinkfuss potrà concertare da sé facilmente con gli apparatori e gli elettricisti e i servi di scena per l'allestimento di quel campo d'aviazione. Appena allestito, scenderà dal palcoscenico nella sala, si

metterà nel mezzo del corridojo a regolare bene con altri opportuni comandi gli effetti di luce, e quando li avrà ottenuti perfetti, rimonterà sul palcoscenico.

IL DOTTOR HINKFUSS No! No! Via tutto! Via tutto! Cessi quel ronzìo! Spegnere, spegnere. Sto pensando che di questa scena si può fare anche a meno. Sì, l'effetto è bello, ma coi mezzi che abbiamo a disposizione possiamo ottenerne altri non meno belli, che conducano avanti più speditamente l'azione. Per fortuna io stasera sono libero davanti a voi, e spero che a voi non dispiacerà vedere come si mette su uno spettacolo, non solo sotto i vostri stessi occhi, ma anche (perché no?) con la vostra collaborazione. Il teatro, voi vedete, signori, è la bocca spalancata d'un grande macchinario che ha fame; una fame che i signori poeti...

UN POETA, DALLE POLTRONE Per piacere, non dica signori ai poeti; i poeti non sono signori!

IL DOTTOR HINKFUSS (*pronto*) Neanche i critici sono in questo senso signori; e io li ho pur chiamati così, per una certa affettazione polemica che, senza offesa, credo in questo caso mi possa essere consentita. Una fame, dicevo, che i signori poeti hanno il torto di non saper saziare. Per questa macchina del teatro, come per altre macchine enormemente e mirabilmente cresciute e sviluppate, è deplorevole che la fantasia dei... poeti, arretrata, non riesca più a trovare un nutrimento adeguato e sufficiente. Non si vuole intendere che il teatro è soprattutto spettacolo. Arte sì, ma anche vita. Creazione, sì, ma non durevole: momentanea. Un prodigio: la forma che si muove! E il prodigio, signori, non può essere che momentaneo. In un momento, davanti ai vostri occhi, creare una scena; e dentro questa, un'altra, e un'altra ancora. Un attimo di bujo; una rapida manovra; un suggestivo gioco di luci. Ecco, vi fo vedere.

Batte le mani e ordina:

Bujo!

*Si fa bujo, il sipario vien silenziosamente tirato dietro le spalle del Dottor Hinkfuss. Si rifà la luce nella sala, mentre i campanelli squillano per richiamare gli spettatori ai loro posti.
Nel caso che tutto il pubblico fosse uscito dalla sala e che il Dottor Hinkfuss (venuta a mancare la simultaneità della doppia rappresentazione, là nel ridotto e qua sul palcoscenico) fosse costretto ad aspettare il ritorno del pubblico nella sala per dar principio alla manovra della prima scena del campo d'aviazione e alla chiacchierata successiva, s'intende che il sipario non verrebbe abbassato, e che, dopo ordinato il bujo, egli, davanti a tutto il pubblico presente nella sala, seguiterebbe a impartire gli altri ordini per il proseguimento dello spettacolo.
Qua si prevede il caso che la simultaneità, come sarebbe desiderabile, avvenga; e si dovrebbe trovar modo di farla avvenire. Calato allora il sipario e rifatta la luce nella sala, il Dottor Hinkfuss seguiterà a dire:*

IL DOTTOR HINKFUSS Aspettiamo finché il pubblico non sia rientrato. Dobbiamo anche dar tempo alla signora Ignazia e alle signorine La Croce che rientrino in casa dopo il teatro, accompagnate dai loro giovani amici ufficiali.

Rivolgendosi al Signore delle poltrone, che or ora rientra in sala:

E se intanto lei, Signore, mio imperterrito interruttore, volesse informare il pubblico rimasto qua a sedere, se nulla di nuovo è avvenuto là nel ridotto...

IL SIGNORE DELLE POLTRONE Dice a me?
IL DOTTOR HINKFUSS A lei, sì. Se volesse essere così gentile...

IL SIGNORE DELLE POLTRONE   No, nulla di nuovo. Un grazioso diversivo. Hanno chiacchierato. S'è soltanto saputo che quel buffo signor Palmiro, «Sampognetta», è innamorato della *chanteuse* del *Cabaret*.

IL DOTTOR HINKFUSS   Ah sì; ma questo s'era già potuto capire. Del resto, ha poca importanza.

IL GIOVANE SPETTATORE DELLA PLATEA   No, scusi, s'è ben capito anche che l'ufficiale Rico Verri...

IL PRIMO ATTORE (*sporgendo il capo dal sipario, alle spalle del Dottor Hinkfuss*)   Basta, basta con quest'*ufficiale*! Tra poco mi libero di questa divisa!

IL DOTTOR HINKFUSS (*rivolgendosi al Primo Attore, che ha già ritirato la testa*)   Ma scusi, perché interloquisce lei?

IL PRIMO ATTORE (*cacciando fuori di nuovo la testa*)   Perché mi irrita questa qualifica, e per mettere le cose a posto: non sono ufficiale di carriera.

Ritira di nuovo il capo.

IL DOTTOR HINKFUSS   L'aveva fatto notare fin da principio. Basta.

Rivolgendosi al Giovane Spettatore:

Scusi tanto! Diceva il signore...?

IL GIOVANE SPETTATORE (*intimidito e imbarazzato*)   Ma... niente... Dicevo che... che anche di là, nel ridotto, codesto signor Verri ha dimostrato il suo cattivo umore e che... e che pare cominci a essere stufo più d'un po' dello scandalo che dànno quelle signorine e la... signora madre...

IL DOTTOR HINKFUSS   Sì, sì, va bene; ma anche questo s'era potuto vedere fin da principio. Grazie a ogni modo.

Si sente dietro il sipario il pianoforte che suona l'aria di Siebel nel «Faust» di Gounod:

«Le parlate d'amor – o cari fior...»
Ecco: già il pianoforte: tutto pronto.

Scosta un po' il sipario e ordina nell'interno del palcoscenico.

Gong!

Al colpo di gong ridiscende alla sua poltrona, e si riapre il sipario.

III

A destra, in fondo, lo scheletro d'una parete vetrata, con uscio in mezzo, per modo che di là da esso si intravveda anche l'anticamera, ma appena, con qualche sapiente tocco di colore e qualche lampada accesa. A metà della scena, altro scheletro di parete, anch'esso con uscio in mezzo, aperto, il quale dal salotto, che resta a destra, immette nella sala da pranzo, accennata sommariamente, con una credenza pretenziosa e una tavola coperta da un tappeto rosso, su cui pende dal soffitto una lampada, ora spenta, con un enorme paralume a campana d'un bel colore arancione e verde. Sulla credenza ci sarà, tra l'altro, una bugia di metallo con la candela, una scatola di fiammiferi e un tappo di bottiglia, di sughero. Nel salotto, oltre il pianoforte, un divano, qualche tavolinetto, seggiole.

Aperto il sipario, si vedrà Pomàrici che seguita a sonare seduto al pianoforte, e Nenè che balla a quel suono con Sarelli, come Dorina con Nardi, a passo di walzer. Rientrano adesso dal teatro. La signora Ignazia ha legato intorno alla faccia un fazzoletto di seta nera, ripiegato a fascia, per un mal di denti che le è sopravvenuto. Rico Verri è corso a una farmacia notturna in cerca d'una medicina che glielo faccia passare. Mommina è seduta accanto alla madre, sul divano, presso al quale è anche Pometti. Totina è di là (fuori scena) con Mangini.

MOMMINA (*alla madre, mentre Pomàrici suona e le due coppie ballano*)   Ti fa molto male?

E le avvicina una mano alla guancia.

LA SIGNORA IGNAZIA   Arrabbio! Non mi toccare!

POMETTI   Verri è già corso alla farmacia: sarà qui a momenti.

LA SIGNORA IGNAZIA   Non gli apriranno! Non gli apriranno!

MOMMINA   Ma hanno l'obbligo d'aprire: farmacia notturna!

LA SIGNORA IGNAZIA   Già! Come se non sapessi in che paese viviamo! Ahi! Ahi! Non mi fate parlare; arrabbio! Capaci di non aprirgli, se sanno che è per me!

POMETTI   Oh, vedrà che Verri si farà aprire! Capace anche lui di buttare la porta a terra!

NENÈ (*placida, seguitando a ballare*)   Ma sì, stai sicura, mammà!

DORINA (*c. s.*)   Figurati se non gli aprono! Se ci si mette, è più bestia di loro!

LA SIGNORA IGNAZIA   No no, poverino, non dite così. È tanto buono! È corso sùbito.

MOMMINA   Mi pare! Lui solo. Mentre voi state a ballare.

LA SIGNORA IGNAZIA   Lasciale, lasciale ballare! Tanto, il dolore non mi passa, se mi stanno attorno a domandarmi come sto.

A Pometti:

È la furia, la furia che mi mette nel sangue questa gente, la cagione di tutti i miei mali.

NENÈ (*smettendo di ballare e accorrendo alla madre, tutta accesa della proposta che vuol fare*)   Mammà, e se tu dicessi l'*Ave Maria* come l'altra volta?

POMETTI   Ecco già! Benissimo!

NENÈ (*seguitando*)   Sai che, dicendola, il dolore ti passò!

POMETTI   Si provi, signora, si provi!

DORINA (*mentre seguita a ballare*)   Sì sì, dilla, dilla, mammà! Vedrai che ti passa.

NENÈ   Già! ma voi smettete di ballare!

POMETTI   Certo! E anche tu di sonare, oh! Pomàrici.

NENÈ La mamma dirà l'*Ave Maria* come l'altra volta!
POMÀRICI (*levandosi dal pianoforte e accorrendo*) Ah, brava, sì! Vediamo, vediamo se il miracolo si ripete.
SARELLI La dica in latino, in latino, signora Ignazia!
NARDI Certo! Farà più effetto.
LA SIGNORA IGNAZIA Ma no, lasciatemi stare! Che volete che dica!
NENÈ Hai la prova dell'altra volta, scusa! Ti passò!
DORINA Al bujo! Al bujo!
NENÈ Raccoglimento! Raccoglimento! Pomàrici, spenga la luce!
POMÀRICI Ma Totina dov'è?
DORINA È di là con Mangini. Non pensi a Totina e spenga la luce!
LA SIGNORA IGNAZIA Nient'affatto! Ci vorrà almeno una candela. E le mani a posto! E Totina venga qua.
MOMMINA (*chiamando*) Totina! Totina!
DORINA La candela è di là!
NENÈ Va' a prenderla tu; io vado a prendere la statuina della Madonna!

Via di corsa per il fondo: mentre Dorina va nella sala da pranzo con Nardi a prendere la candela sulla credenza. Prima d'accenderla, al bujo, Nardi abbraccia forte forte Dorina e le dà un bacio in bocca.

LA SIGNORA IGNAZIA (*gridando dietro a Nenè che è scappata via*) Ma no, lascia! Non c'è bisogno! Che statuina! Se ne può fare a meno!
POMÀRICI (*c. s.*) Faccia venire qua Totina piuttosto!
LA SIGNORA IGNAZIA Sì sì, Totina qua! sùbito qua!
POMETTI Un tavolinetto che faccia da altarino!

E lo va a prendere.

DORINA (*rientrando con la candela accesa, mentre Pomàrici spegne la luce*) Ecco qua la candela!

POMETTI Qua sul tavolino!
NENÈ (*dal fondo, con la statuina della Madonna*) Ed ecco la Madonna!
POMÀRICI E Totina?
NENÈ Ora viene, ora viene! Non secchi lei, con Totina!
LA SIGNORA IGNAZIA Ma si può sapere che fa di là?
NENÈ Niente, prepara una sorpresa, ora vedrete!

Poi, invitando tutti col gesto:

Qua dietro, qua dietro tutti, e attorno! Raccogliti, mammà!

Quadro. Nel bujo appena allargato da quel lume tremolante di candela, il Dottor Hinkfuss ha preparato un delicatissimo effetto: la soffusione d'una soavissima «luce di miracolo» (luce psicologica), verde, quasi emanazione della speranza che il miracolo si compia. Questo, appena la signora Ignazia, davanti alla Madonnina posata con la candela sul tavolinetto, si metterà a recitare a mani giunte, con lenta e profonda voce, le parole della preghiera, quasi aspettandosi che, dopo ognuna, le debba passare il dolore.

LA SIGNORA IGNAZIA *Ave Maria, gratia plena, Dominus tecum...*

D'improvviso, un tuono e il guizzo diabolico d'un violentissimo lampo rosso fracassa tutto. Totina, vestita da uomo, con la divisa d'ufficiale di Mangini, entra cantando, seguita da Mangini che ha indossato una lunghissima veste da camera del signor Palmiro. Il tuono diventa subito la voce di Totina che canta; come il lampo rosso, la luce che Mangini ridà al salotto, entrando.

TOTINA «Le parlate d'amor – o cari fior...»

Grido unanime, altissimo, di protesta.

NENÈ Sta' zitta, stupida!
MOMMINA Ha guastato tutto!
TOTINA (*stordita*) Che cos'è?
DORINA La mamma stava recitando l'*Ave Maria*.
TOTINA (*a Nenè*) Potevi dirmelo!
NENÈ Già! Dovevo figurarmi che tu dovessi piombare proprio in questo momento!
TOTINA Ero già bell'è vestita, quando sei entrata a prendere la Madonnina!
NENÈ E dunque potevi immaginartelo!
DORINA Basta! Basta! Che si fa adesso?
POMÀRICI Si ripiglia! si ripiglia!
LA SIGNORA IGNAZIA (*balorda, in attesa, come se già avesse il miracolo in bocca*) No... Aspettate... Io non so...
MOMMINA (*felice*) T'è passato?
LA SIGNORA IGNAZIA (*c. s.*) Non so... sarà stato il diavolo... o la Madonna...

Strizza tutta la faccia per una nuova fitta del male.

No no... ahi... di nuovo... che passato! Ahiii... Dio, che spasimo...

D'un tratto vincendosi, pestando un piede, impone a se stessa:

No! Non gliela voglio dar vinta! Cantate, cantate, figliuole! Cantate, figliuoli! Fatemi questo piacere, cantate, cantate! Guai a me, se m'avvilisco sotto questo porco dolore! Su, su, Mommina: «*Stride la vampa*»!
MOMMINA (*mentre tutti gridano applaudendo: «Sì, sì! Benissimo! il coro del "Trovatore"!*») No, no, mammà, io non mi sento! no!
LA SIGNORA IGNAZIA (*pregando con rabbia*) Fammi questa carità, Mommina! È per il mio dolore!

MOMMINA Ma se ti dico che non mi sento!
NENÈ Eh via! Contentala una volta!
TOTINA Ti dice che non vuole avvilirsi sotto il dolore!
SARELLI e NARDI – Sì, sì, via!
– La contenti, signorina!
DORINA Dio, come ti fai pregare!
NENÈ Ti figuri che non lo supponiamo perché non vuoi più cantare?
POMÀRICI Ma no, la signorina canterà!
SARELLI Se è per Verri, non dubiti che penseremo noi a tenerlo a posto!
POMÀRICI Cantando le giuro che il dolore le s'incanta.
LA SIGNORA IGNAZIA Sì, sì, fallo, fallo per la tua mamma!
POMETTI Che coraggio questa nostra Generala!
LA SIGNORA IGNAZIA Tu Totina, *Manrico* eh?
TOTINA S'intende! Sono già vestita!
LA SIGNORA IGNAZIA Fatele i baffi, fatele i baffi a questa figliuola!
MANGINI Ecco, sì, glieli faccio io!
POMÀRICI No! Se permetti, glieli faccio io!
NENÈ Qua c'è il tappo di sughero, Pomàrici! Corro a prenderle un gran cappello piumato! E un fazzoletto giallo e uno scialle rosso per Azucena!

Scappa per il fondo, e ritorna poco dopo con quanto ha detto.

POMÀRICI (*a Totina, mentre le fa i baffi*) E stia un po' ferma, per piacere!
LA SIGNORA IGNAZIA Benissimo! Mommina, *Azucena*...
MOMMINA (*ormai quasi tra sé, senza più forza d'opporsi*) No, io no...
LA SIGNORA IGNAZIA (*seguitando*) ... Totina, *Manrico*...
SARELLI – e noi tutti, il coro degli zingari!
LA SIGNORA IGNAZIA (*accennandolo*).
«All'opra, all'opra! Dàgli. Martella.
Chi del gitano la vita abbella?»

Lo domanda, cantando, ad alcuni, che restano a guardarla, non sapendo se lo domandi sul serio o per ischerzo; e allora, rivolgendosi ad altri, ridomanda:

«Chi del gitano la vita abbella?»

ma anche questi altri la guardano come i primi; non ne può più dal dolore e, arrabbiatissima, ridomanda a tutti, per avere la risposta:

«Chi del gitano la vita abbella?»

TUTTI (*comprendendo alla fine, intonano la risposta*).
«La zingarèèèè – eeeélla!»
LA SIGNORA IGNAZIA (*prima rifiatando, per essere stata finalmente compresa*) Ahhh!

poi, mentre gli altri tengono la nota, tra sé, storcendosi dal dolore:

Mannaggia! mannaggia! Non resisto più! – Forza! Forza, figliuoli, presto, cantate!
POMÀRICI Ma no, aspettate, santo Dio, che abbia finito.
DORINA Ancora? Basta così!
SARELLI Sta benissimo!
NENÈ Un amore! Il cappello adesso! il cappello!

Glielo dà e si rivolge a Mommina:

E tu, senza storie! Il fazzoletto in capo!

A Sarelli:

Glielo leghi dietro!

Sarelli eseguisce.

E lo scialle addosso, così!

DORINA (*con una spinta a Mommina che resta inerte*)   Ma muoviti!
POMÀRICI   Oh, ma ci vorrebbe qualcosa da battere!
NENÈ   Ho trovato! Le vaschette d'ottone!

Va a prenderle dalla credenza nella sala da pranzo; ritorna e le distribuisce.

POMÀRICI (*andando al pianoforte*)   Ecco, attenti! Attacchiamo da capo! «Vedi le fosche notturne spoglie...»

Si mette a sonare il coro degli zingari, con cui comincia il secondo atto del "Trovatore".

CORO (*all'attacco*).
 «Vedi le fosche notturne spoglie
 de' cieli sveste l'immensa volta:
 sembra una vedova che alfin si toglie
 i bruni panni ond'era involta.»

Poi, picchiando le vaschette:

 «All'opra, all'opra! Dàgli. Martella.
 Chi del gitano la vita abbella?»

Tre volte:

 «La zingarella!»
POMÀRICI (*a Mommina*)   Ecco, attenta, signorina! A lei! E voi tutti attorno!
MOMMINA (*facendosi avanti*)
 «Stride la vampa! la folla indomita
 corre a quel foco, lieta in sembianza!
 Urli di gioja intorno echeggiano;
 cinta di sgherri donna s'avanza.»

Mentre gli altri cantano, prima a coro e ora Mommina

a solo, la signora Ignazia, seduta su una seggiola, agitandosi come un'orsa, pestando ora una cianca e ora l'altra, borbotterà in cadenza, come se dicesse in suo suffragio una litania:

LA SIGNORA IGNAZIA   Ah Dio, sto morendo! Ah Dio, sto morendo! Penitenza dei miei peccati! Dio, Dio, che spasimo! Forza, Dio, colpiscimi! E fai soffrire me sola! Scontare a me sola, Dio, lo spasso delle mie figliuole! Cantate, cantate, sì sì, godete, figliuole! lasciate arrabbiare me sola per questo dolore ch'è penitenza di tutti i miei peccati! Io vi voglio contente, festanti, festanti, così! – Sì, *dàgli, martella*, addosso a me! a me soltanto, Dio, e lascia godere le mie figliuole! – Ah Dio, la gioia che non potei avere io – mai, mai, Dio, mai, mai – voglio che l'abbiano le mie figliuole! – Debbono averla! debbono averla! Sconto io, sconto io per loro, anche se mancano, Dio, ai tuoi santi comandamenti.

E intona con gli altri, mentre le lagrime le grondano dagli occhi:

La zingarèèèè – eeeèllaaa!... – Silenzio! Ora canta Mommina, voce di cartello!... *La vampa*, sì! – Ah... ce l'ho io in bocca, la vampa... *Lieta, sì, lieta in sembianza...*

Sopravviene a questo punto dal fondo Rico Verri. Resta dapprima sospeso, come se lo sbalordimento spalanchi davanti alla sua ira un precipizio; poi spicca un salto e s'avventa contro Pomàrici; lo strappa al seggiolino del pianoforte e lo scaraventa a terra, gridando:

RICO VERRI   Ah, perdio! Così vi fate beffe di me?

Succede in prima uno sbalordimento in tutti, che si esprime con qualche sciocca esclamazione incongrua.

NENÈ Ma guarda che modi!
DORINA È pazzo?

Poi, un parapiglia, col rialzarsi di Pomàrici che si avventa su Verri, mentre gli altri si fanno in mezzo, a dividerli e trattenerli, parlando tutti simultaneamente, in gran confusione.

POMÀRICI Mi risponderai di quello che hai fatto!
VERRI (*respingendolo violentemente*) Non ho ancora finito!
SARELLI e NARDI – Ci siamo anche noi!
– Ne risponderai a tutti!
VERRI A tutti, a tutti! Son buono da rompervi il grugno a quanti siete!
TOTINA Chi l'ha fatto padrone in casa nostra?
VERRI Mi si manda a prendere la medicina...
LA SIGNORA IGNAZIA ... la medicina: e poi?
VERRI (*indicando Mommina*) – me la fate trovare mascherata così!
LA SIGNORA IGNAZIA Lei va sùbito via dalla mia casa!
MOMMINA Io non volevo, non volevo! L'ho detto a tutti che non volevo!
DORINA Ma guarda che s'ha da vedere! Questa stupida che si scusa!
NENÈ S'approfitta che non abbiamo un uomo in casa, che lo cacci via a pedate per come si merita!
LA SIGNORA IGNAZIA (*a Nenè*) Va a chiamar tuo padre, sùbito! Salti il letto e venga qua, sùbito!
SARELLI Ma s'è per questo, possiamo cacciarlo via noi!
NENÈ (*correndo a chiamare il padre*) Papà! Papà!

Via.

VERRI (*a Sarelli*) Voi? Voglio vedervi! Cacciatemi via!

A Nenè che corre:

Chiami, sì, chiami papà: rispondo al capo di casa di quello che faccio! se pretendo da costoro il rispetto per voi tutte!
LA SIGNORA IGNAZIA Chi glien'ha dato l'incarico? Come osa pretenderlo?
VERRI Come, la signorina lo sa!

Indica Mommina.

MOMMINA Ma non così, con la violenza!
VERRI Ah, è mia la violenza? Non degli altri su lei?
LA SIGNORA IGNAZIA Le ripeto che non voglio saper nulla. Quella è la porta: via!
VERRI No. Questo non me lo deve dir lei.
LA SIGNORA IGNAZIA Glielo dirà anche mia figlia! E del resto la padrona, a casa mia, sono io!
DORINA Glielo diciamo noi tutte!
VERRI Non basta! Se la signorina è con me! Io sono qua il solo che abbia intenzioni oneste!
SARELLI Ma guarda, oneste!
NARDI Qua non si fa nulla di male!
VERRI La signorina lo sa!
POMÀRICI Buffone!
VERRI Buffoni vojaltri!

Brandendo una seggiola:

E guardatevi bene dall'intromettervi ancora, o finisce male ora stesso!
POMETTI (*ai compagni*) Via, via, andiamo, ritiriamoci!
DORINA Ma no! Perché?
TOTINA Non ci lascerete sole! Non è mica lui il padrone in casa nostra!
VERRI Non ti buttar malato, tu, Nardi, domani! Ci rivedremo!
NENÈ (*rientrando, in grande ansia*) Papà non è in casa!
LA SIGNORA IGNAZIA Non è in casa?

NENÈ L'ho cercato da per tutto! Non si trova!
DORINA Ma come? Non è rientrato?
NENÈ Non è rientrato!
MOMMINA E dove sarà?
LA SIGNORA IGNAZIA Ancora fuori, a quest'ora?
SARELLI Sarà tornato al *Cabaret*!
POMÀRICI Signora, noi ce n'andiamo.
LA SIGNORA IGNAZIA Ma no, aspettate...
MANGINI Per forza! Aspettate! Non posso mica venir via così!
TOTINA Ah già! Scusi. Non pensavo più d'avere indosso la sua divisa. Vado sùbito a levarmela.

Scappa via.

POMÀRICI (*a Mangini*) Aspetta tu, che la signorina te la ridia; noi intanto ce n'andiamo.
LA SIGNORA IGNAZIA Ma scusate, non vedo...
VERRI Vedono, vedono loro; se non vuole veder lei!
LA SIGNORA IGNAZIA Io torno a dirle che deve andar via lei! non loro, ha capito?
VERRI No, signora: loro! Perché di fronte alla serietà del mio proposito, sanno che ormai non c'è più posto qua per il loro indegno scherzo.
POMÀRICI Sì, sì, lo vedrai domani come scherziamo noi!
VERRI Non mi par l'ora di vederlo!
MOMMINA Per carità, per carità, Verri!
VERRI (*fremendo*) Lei non stia a pregar nessuno!
MOMMINA No, non prego! Voglio dire soltanto che la colpa è mia, che mi sono arresa! Non dovevo, sapendo che lei...
NARDI ... da siciliano serio, non poteva più stare allo scherzo!
SARELLI Ma non ci stiamo più neanche noi, ora!
VERRI (*a Mommina, come Prima Attrice, uscendo spontaneamente dalla sua parte, con la stizza del Primo Attore*

tirato a dire quello che non vuole) Benissimo! È contenta?
MOMMINA (*da Prima Attrice, sconcertata*) Di che?
VERRI (*come sopra*) D'aver detto quello che non doveva! Che c'entrava quest'incolparsi, così all'ultimo?
MOMMINA (*c. s.*) M'è venuto spontaneo...
VERRI E intanto ha fatto riprender ansa a costoro! Devo essere io l'ultimo a gridare che l'hanno a che fare con me, tutti quanti!
MANGINI Anch'io, così in veste da camera?

E si scoscia goffamente per mettersi in guardia:

Pronto! Oplà!
NENÈ e DORINA (*ridendo e battendo le mani*) Benissimo! Bravissimo!
VERRI (*c. s. indignato*) Ma che bravissimo! Scempiaggini! Così si guasta tutta la scena! E non la finiamo più.
IL DOTTOR HINKFUSS (*sorgendo dalla sua poltrona*) Ma no, perché? Filava tutto così bene! Avanti, avanti!

Si comincia a sentir picchiare sempre più forte, nell'interno, in fondo, come all'uscio di strada.

MANGINI (*scusandosi*) Mi trovo in veste da camera, può anche venirmi di scherzare!
NENÈ Ma naturalmente!
VERRI (*sdegnoso, a Mangini*) Vada a giocare alla morra lei! Non venga qua a recitare!
MOMMINA Se il signor...

dirà il nome del Primo Attore

vuol rappresentare lui solo la sua parte e noi niente, lo dica e ce n'andiamo via tutti!
VERRI No, me ne vado io, invece, se gli altri vogliono fare a modo loro e come loro accomoda; anche a sproposito.

LA SIGNORA IGNAZIA Ma è venuta così bene e opportuna, santo cielo, quell'implorazione della signorina: «La colpa è mia, che mi sono arresa!».
POMÀRICI (*a Verri*) Oh sa, ci siamo infine anche noi!
SARELLI Dobbiamo vivere anche noi le nostre parti!
NARDI Vuol fare bella figura lui solo! Ognuno deve dire la sua!
IL DOTTOR HINKFUSS (*gridando*) Basta! Basta! Si prosegua la scena! Mi pare che sia proprio lei adesso, signor...

il nome del Primo Attore

a guastar tutto!
VERRI No, non io, prego! Io vorrei anzi che parlasse chi deve, e mi rispondesse a tono!

Allude alla Prima Attrice.

Tre ore che mi batto a ripetere «la signorina lo sa! la signorina lo sa!» e la signorina non trova una parola per sostenermi! Sempre con codesto atteggiamento da vittima!
MOMMINA (*esasperata, quasi fino a piangere*) Ma sono, sono la vittima! vittima delle mie sorelle, della casa, di lei; vittima di tutti!

A questo punto, tra gli attori che parlano alla ribalta rivolti al Dottor Hinkfuss, si fa largo il vecchio Attore Brillante, ossia «Sampognetta», con un viso da morto, le mani insanguinate sul ventre ferito di coltello, e insanguinati anche il panciotto e i calzoni.

SAMPOGNETTA Ma insomma, signor Direttore, io picchio, picchio, picchio, così tutto insanguinato; ho le budella in mano; devo venire a morir sulla scena, che non è facile per un attore brillante; nessuno mi fa entrare; trovo qua lo scompiglio; gli attori smontati; mancato l'effetto che mi ripromettevo di cavar fuori dalla mia entrata, perché, pur così grondante sangue e moribondo, sono anche ubriaco; domando a lei come si rimedia adesso!

IL DOTTOR HINKFUSS Ma è subito fatto. S'appoggi alla sua *chanteuse*: dov'è?

LA CHANTEUSE Sono qua.

UNO DEGLI AVVENTORI DEL CABARET E ci sono anch'io a sorreggerlo.

IL DOTTOR HINKFUSS Va bene, lo sorregga!

SAMPOGNETTA Avevo le scale da fare, portato in collo da tutt'e due...

IL DOTTOR HINKFUSS Supponga d'averle fatte, santo Dio! – E voi tutti, a posto! E levate le disperazioni! – Possibile, affogare così in un bicchier d'acqua?

Ritorna alla sua poltrona, brontolando:

Per uno sciocco puntiglio senza ragione!

Si riprende la scena.
Il signor Palmiro compare dal fondo, sostenuto dalla Chanteuse da una parte e dall'Avventore del Cabaret dall'altra.
Sùbito, appena la moglie e le figlie lo vedono, alzano le grida. Ma il vecchio Attore Brillante è smontato e le lascia sfogare per un pezzo, con un sorriso di sopportazione sulle labbra e con l'aria di dire: «Quando avrete finito voi, parlerò io». Alle domande angosciose da cui è affollato, lascia che rispondano un po' la Chanteuse, un po' l'Avventore del Cabaret, benché vorrebbe che stessero zitti, in attesa della risposta vera che si riserva di dar lui alla fine. Gli altri, nel vederselo davanti con quell'aria scanzonata, non sanno dove voglia andare a parare, e seguitano alla meglio le loro parti.

LA SIGNORA IGNAZIA Ah Dio, ch'è stato?
MOMMINA Papà! Papà mio!

NENÈ Ferito?
VERRI Chi l'ha ferito?
DORINA Dov'è ferito? Dove?
L'AVVENTORE Al ventre!
SARELLI Di coltello?
LA CHANTEUSE Squarciato! Ha perduto per via tutto il sangue!
NARDI Ma chi è stato? Chi è stato?
POMETTI Al *Cabaret*?
MANGINI Adagiatelo, per amor di Dio!
POMÀRICI Qua, qua sul divano!
LA SIGNORA IGNAZIA (*mentre la Chanteuse e l'Avventore adagiano il signor Palmiro, sul divano*) Era dunque tornato al *Cabaret*?
NENÈ Ma non pensare al *Cabaret*, adesso, mammà! Non vedi com'è?
LA SIGNORA IGNAZIA Eh, mi vedo entrare in casa... e guarda, guarda là, come se la tiene stretta! – Chi è?
LA CHANTEUSE Una donna, signora, che ha più cuore di lei!
L'AVVENTORE DEL CABARET Pensi, signora, che suo marito, qua, sta morendo!
MOMMINA Ma com'è stato? Com'è stato?
L'AVVENTORE DEL CABARET Ha voluto prendere le difese di lei...

indica la Chanteuse.

LA SIGNORA IGNAZIA (*con un ghigno*) – ecco, eh già! il cavaliere!
L'AVVENTORE DEL CABARET (*seguitando*) – è nata una lite... –
LA CHANTEUSE – e quell'assassino... –
L'AVVENTORE DEL CABARET – ha lasciato lei e s'è rivoltato contro di lui!
VERRI Dica un po', l'hanno preso?

L'AVVENTORE DEL CABARET   No, è fuggito, minacciando tutti, col coltello in mano.
NARDI   Ma si sa almeno chi è?
L'AVVENTORE DEL CABARET (*indicando la Chanteuse*)   Lei lo sa bene...
SARELLI   Il suo amante?
LA CHANTEUSE   Il mio carnefice! Il mio carnefice!
L'AVVENTORE DEL CABARET   Voleva fare un macello!
NENÈ   Ma bisogna mandar sùbito per un medico!

Sopravviene Totina ancora mezza discinta.

TOTINA   Ch'è stato? ch'è stato? Oh Dio, papà? Chi l'ha ferito?
MOMMINA   Parla, parla, di' almeno qualche cosa, papà!
DORINA   Perché ci guardi così?
NENÈ   Guarda e sorride.
TOTINA   Ma dov'è stato? Com'è stato?
LA SIGNORA IGNAZIA (*a Totina*)   Al *Cabaret*! Eh, non vedi?

Indica la Chanteuse.

Sfido!
NENÈ   Un medico! Un medico! Non lo lasceremo morire così...
MOMMINA   Chi corre, chi corre a chiamarlo?
MANGINI   Andrei io, se non fossi così...

mostra la veste da camera.

TOTINA   Ah, già, vada, vada a prendere la sua divisa: è di là.
NENÈ   Lei, Sarelli, per carità!
SARELLI   Sì, sì, corro io, corro io.

Via, dal fondo, col Mangini.

VERRI Ma com'è che non dice nulla?

Allude al signor Palmiro.

Dovrebbe pur dire qualche cosa...
TOTINA Papà! Papà!
NENÈ Seguita a guardare e a sorridere.
MOMMINA Siamo qua tutte attorno a te, papà!
VERRI Possibile che voglia morire senza dir nulla?
POMÀRICI Comodo! Se ne sta lì, né morto né vivo. Che aspetta?
NARDI Io non so più che altro aggiungere! Sarelli è corso per il medico, beato lui! e Mangini per la sua divisa...
LA SIGNORA IGNAZIA (*al marito*) Parla! Parla! Non sai dir nulla? Se avessi obbedito... pensato che avevi quattro figliuole, a cui ora può anche venire a mancare il pane!
NENÈ (*dopo avere atteso un po', con tutti*) Niente. Eccolo là. Sorride.
MOMMINA Non è naturale.
DORINA Tu non puoi sorridere così, papà, guardando noi! Ci siamo anche noi!
L'AVVENTORE DEL CABARET Forse perché ha bevuto un po'...
MOMMINA Non è naturale! Quand'uno ha bevuto, se ha il vino triste, sta zitto: ma se fa tanto di mettersi a ridere, parla! Non dovrebbe ridere allora!
LA SIGNORA IGNAZIA Si può sapere almeno perché sorridi così?

Ancora una volta restano tutti sospesi in una breve pausa d'attesa.

SAMPOGNETTA Perché mi compiaccio di come siete tutti più bravi di me.
VERRI (*mentre gli altri si guardano negli occhi, d'un tratto freddati nel loro giuoco*) Ma che dice?
SAMPOGNETTA (*rizzandosi a sedere sul divano*) Dico che

io, così, senza sapere come sono entrato in casa, se nessuno è venuto ad aprirmi, dopo aver tanto picchiato alla porta –
IL DOTTOR HINKFUSS (*levandosi dalla poltrona, adiratissimo*) Ancora? Daccapo?
SAMPOGNETTA ...non riesco a morire, signor Direttore; mi viene da ridere, vedendo come tutti son bravi, e non riesco a morire. La cameriera

si guarda in giro

– dov'è? non la vedo – doveva correre ad annunziare: «Oh, Dio, il padrone! oh Dio, il padrone! lo portano su ferito!».
IL DOTTOR HINKFUSS Ma che va più contando adesso? Non s'era già data per avvenuta la sua entrata in casa?
SAMPOGNETTA E allora, scusi, tanto vale che mi dia anche per morto e non se ne parli più.
IL DOTTOR HINKFUSS Nient'affatto! Lei deve parlare, far la scena, morire!
SAMPOGNETTA E va bene! Ecco fatta la scena:

s'abbandona sul divano

sono morto!
IL DOTTOR HINKFUSS Ma non così!
SAMPOGNETTA (*sorgendo in piedi e venendo avanti*) Caro signor Direttore, venga su e finisca d'ammazzarmi lei, che vuole che le dica? le ripeto che così, da me, io non riesco a morire. Non sono mica una fisarmonica, scusi, che s'allarga e si stringe e, a pigiar sui tasti, vien fuori la sonatina.
IL DOTTOR HINKFUSS Ma i suoi compagni –
SAMPOGNETTA (*pronto*) – sono più bravi di me; l'ho detto e me ne sono compiaciuto. Io non posso. Per me l'entrata era tutto. Lei l'ha voluta saltare... Avevo bisogno, per montarmi, di quel grido della cameriera. E la Morte

doveva entrare con me, presentarsi qua tra la baldoria svergognata di questa mia casa: la Morte ubriaca, com'avevamo stabilito: ubriaca d'un vino che s'era fatto sangue. E dovevo parlare, sì, lo so; attaccare io a parlare tra l'orrore di tutti – io – prendendo coraggio dal vino e dal sangue, appeso a questa donna

si tira accanto la Chanteuse e le s'appende con un braccio al collo

– così! – e dir parole insensate, sconnesse e terribili, per quella moglie, per le mie figliuole, e anche per questi giovani, a cui devo dimostrare che se ho fatto la figura del grullo è perché loro sono stati cattivi: cattiva moglie, cattive figliuole, cattivi amici; e non io grullo, no; io solo, buono; e loro, cattivi; io solo, intelligente; e loro stupidi; io, nella mia ingenuità; ed essi, nella loro bestialità perversa; sì, sì;

arrabbiandosi, come se qualcuno lo contraddicesse:

intelligente, intelligente, come sono intelligenti i bambini (non tutti; quelli che crescono tristi tra la bestialità dei grandi). Ma devo dir queste cose da ubriaco, in delirio; e passarmi le mani insanguinate sulla faccia – così – e sporcarmela di sangue

domanda ai compagni:

– s'è sporcata?

e come quelli gli fanno cenno di sì:

– bene –

e riattacca:

– e atterritvi e farvi piangere – ma piangere davvero – col fiato che non trovo più, appuntando le labbra così –

si prova a formare un fischio che non viene: fhhh, fhhh

– per fare la mia ultima fischiatina; e poi, ecco

chiama a sé l'Avventore del Cabaret:

– vieni qua anche tu –

gli s'appende al collo con l'altro braccio:

così – tra voi due – ma più accosto a te, bella mia – chinare il capo – come fanno presto gli uccellini – e morire.

China il capo sul seno della Chanteuse; allenta poco dopo le braccia; casca a terra, morto.

LA CHANTEUSE   Oh Dio,

cerca di sostenerlo, ma poi lo lascia andare

è morto! è morto!
MOMMINA (*buttandosi su lui*)   Papà, papà mio, papà mio...

e si mette a piangere davvero.

Quest'impeto di vera commozione nella Prima Attrice provoca la commozione anche nelle altre attrici, che si buttano a piangere sinceramente anche loro. E allora il Dottor Hinkfuss sorge a gridare:

L DOTTOR HINKFUSS   Benissimo! Spegnere il quadro! Spegnere il quadro! – Bujo!

Si fa bujo.

Via tutti! – Le quattro sorelle e la madre, attorno alla tavola della sala da pranzo – sei giorni dopo – spento il salotto, luce alla lampada della sala da pranzo!

MOMMINA (*nel bujo*) Ma signor Direttore, dobbiamo andare a vestirci di nero.

IL DOTTOR HINKFUSS Ah già! Di nero. Doveva abbassarsi il sipario dopo la morte. Non importa. Andate a vestirvi di nero. E s'abbassi il sipario. Luce alla sala!

Il sipario è abbassato. Si ridà luce alla sala. Il Dottor Hinkfuss sorride, dolente.

L'effetto è in parte mancato; ma prometto che s'otterrà domani sera, potentissimo. Capita, anche nella vita, signori, che un effetto preparato con diligenza, e su cui contavamo, venga sul meglio a mancare e seguano naturalmente i rimproveri alla moglie, alle figliuole: «*Tu dovevi far questo*» e «*Tu dovevi dire così!*». È vero che qui era un caso di morte. Peccato, che il mio bravo...

dirà il nome dell'Attore Brillante

si sia così impuntato sulla sua entrata! Ma l'attore è valente; saprà certo domani sera disimpegnarsi di questa scena a maraviglia. Scena capitale, signori, per le conseguenze che porta. L'ho trovata io; nella novella non c'è; e son certo anzi che l'autore non l'avrebbe mai messa, anche per uno scrupolo ch'io non avevo motivo di rispettare: di non ribadire, cioè, la credenza, molto diffusa, che in Sicilia si faccia tant'uso del coltello. Se l'idea di far morire il personaggio gli fosse venuta, l'avrebbe forse fatto morire d'una sincope o d'altro accidente. Ma voi vedete che altro effetto teatrale consegue una morte come io l'ho immaginata, col vino e il sangue e un braccio al collo di quella *chanteuse*. Il personaggio deve morire;

la famiglia piombare per questa morte nella miseria; senza queste condizioni non mi par naturale che la figlia Mommina possa consentire a sposar Rico Verri, quell'energumeno, e resistere alle persuasioni contrarie della madre e delle sorelle, le quali han già chiesto informazioni nella vicina città sulla costa meridionale dell'Isola e saputo ch'egli è, sì, d'agiata famiglia, ma che il padre ha fama in paese d'usurajo e di uomo così geloso che in pochi anni fece morir la moglie di crepacuore. Come non si figura questa benedetta ragazza la sorte che l'attende? i patti, i patti a cui Rico Verri, sposandola per la picca di spuntarla contro quei suoi compagni ufficiali, si sarà arreso con quel padre geloso e usurajo, e quali altri patti avrà con se stesso stabiliti, non solo per compensarsi del sacrifizio che gli costa quel puntiglio, ma anche per rialzarsi di fronte ai suoi compaesani a cui è ben nota la fama che gode la famiglia della moglie? Chi sa come le farà scontare i piaceri che ha potuto darle la vita come finora l'ha vissuta in casa, con la sua mamma e le sue sorelle! Persuasioni, come vedete, validissime. La mia eccellentissima Prima Attrice, signorina...

dirà il nome della Prima Attrice

non è veramente del mio parere. Mommina è per lei la più saggia delle quattro sorelle, la sacrificata, colei che ha sempre preparati per gli altri i divertimenti e non ne ha mai goduto se non a costo di fatiche, di veglie, di tormentosi pensieri; il peso della famiglia è tutto addosso a lei; e capisce tante cose, e prima di tutto che gli anni passano; e che il padre, con tutto quel disordine in casa, non ha potuto mettere nulla da parte; che nessun giovine del paese si prenderà mai in moglie qualcuna di loro; mentre il Verri, eh il Verri farà per lei, non uno, ma tre duelli con quegli ufficiali che sùbito, al primo colpo della sventura, si sono tutti squagliati: la passione dei melodrammi, in fondo, ce l'ha anche lei in comune con le sorelle: Raul, Ernani, don Alvaro...

«né toglier mi potrò
l'immagin sua dal cuor...»

tiene duro e lo sposa.

Il Dottor Hinkfuss ha parlato, parlato per dar tempo alle attrici di rivestirsi di nero; ora non ne può più: ha uno scatto; scosta un poco un'ala del sipario e grida dentro:

Ma insomma, questo gong? Possibile che non siano ancora pronte le signore attrici?

E aggiunge, fingendo di parlare con qualcuno dietro il sipario:

No? – Che altro c'è? – Che? Non vogliono più recitare? – Come sarebbe a dire? – Col pubblico che aspetta? – Venga, venga avanti!

Si presenta il Segretario del Dottor Hinkfuss, tutto imbarazzato e smarrito.

IL SEGRETARIO Mah, dicono...
IL DOTTOR HINKFUSS Che dicono?
IL PRIMO ATTORE (*dietro il sipario, al Segretario*) Parli, parli forte, gridi le nostre ragioni!
IL DOTTOR HINKFUSS Ah, ancora il signor...?

dirà il nome del Primo Attore; ma verranno fuori del sipario anche gli altri attori e attrici, a cominciare dalla Caratterista che si toglierà la parrucca davanti al pubblico, come l'Attore Brillante. Il Primo Attore si sarà spogliato della divisa militare.

Questa sera si recita a soggetto

L'ATTRICE CARATTERISTA   No no, siamo tutti, siamo tutti, signor Direttore!
LA PRIMA ATTRICE   Così è impossibile andare avanti!
GLI ALTRI   Impossibile! Impossibile!
L'ATTORE BRILLANTE   Io ho finito la mia parte, ma eccomi qua –
IL DOTTOR HINKFUSS   Si può sapere, in nome di Dio, che altro è successo?

Viene fuori, tranquilla, con effetto di doccia fredda, la fine della frase dell'Attore Brillante:

L'ATTORE BRILLANTE   – solidale coi miei colleghi!
IL DOTTOR HINKFUSS   Solidale? Che significa?
L'ATTORE BRILLANTE   Che ce n'andiamo via tutti, signor Direttore!
IL DOTTOR HINKFUSS   Ve n'andate? Dove?
ALCUNI   Via! Via!
IL PRIMO ATTORE   Se non se ne va via lei!
ALTRI   O via lei, o via noi!
IL DOTTOR HINKFUSS   Via io? Come osate? A me, una simile intimazione?
GLI ATTORI   – E allora, via noi!
– Ma sì, via! via!
– Finiamo di far le marionette!
– Andiamo, andiamo via!

E si muovono concitatamente.

IL DOTTOR HINKFUSS (*parandoli*)   Dove? Siete matti? Qua c'è il pubblico che ha pagato! Che volete farvene, del pubblico?
L'ATTORE BRILLANTE   Lo decida lei! Noi le diciamo: O via lei, o via noi!
IL DOTTOR HINKFUSS   Io torno a domandarvi che altro è successo?

IL PRIMO ATTORE   Che altro? Le par dunque poco quel ch'è successo?
IL DOTTOR HINKFUSS   Ma non s'era già tutto rimediato?
L'ATTORE BRILLANTE   Come, rimediato?
ATTRICE CARATTERISTA   Lei pretende che si reciti a soggetto –
IL DOTTOR HINKFUSS   – per come v'eravate impegnati!
L'ATTORE BRILLANTE   Ah, ma non così, scusi, saltando le scene, comandando a bacchetta di morire –
L'ATTRICE CARATTERISTA   – con la scena ripresa a mezzo e a freddo!
LA PRIMA ATTRICE   Non si trovano più le parole –
IL PRIMO ATTORE   – ecco! come gli ho detto io in principio! – le parole bisogna che nascano!
LA PRIMA ATTRICE   Ma è stato pur lei il primo, scusi, a non rispettare quelle che m'erano nate da un moto spontaneo!
IL PRIMO ATTORE   Ha ragione, sì! Ma la colpa non è mia!
POMÀRICI   Già, ha cominciato proprio lui!
IL PRIMO ATTORE   Mi lasci dire! Non è mia la colpa: è di lui!

indica il Dottor Hinkfuss.

IL DOTTOR HINKFUSS   Mia? come, mia? Perché?
IL PRIMO ATTORE   Perché è qua tra noi, col suo maledetto teatro che Dio lo sprofondi!
IL DOTTOR HINKFUSS   Mio teatro? Ma siete ammattiti? Dove siamo? Non siamo a teatro?
IL PRIMO ATTORE   Siamo a teatro? Bene! Ci dia allora le parti da recitare –
LA PRIMA ATTRICE   – atto per atto, scena per scena –
NENÈ   – le battute scritte, parola per parola –
L'ATTORE BRILLANTE   – e tagli, allora, sì, finché vuole; e ci faccia saltare, come vuole; ma a un punto segnato e stabilito avanti!
IL PRIMO ATTORE   Lei prima scatena in noi la vita –

LA PRIMA ATTRICE – con tanta furia di passioni –
L'ATTRICE CARATTERISTA – più si parla, più ci si monta, sa! –
NENÈ – siamo tutte in subbuglio! –
LA PRIMA ATTRICE – tutte un fremito! –
TOTINA (*indicando il Primo Attore*) – io l'ammazzerei! –
DORINA – prepotente, che viene a dettar legge in casa nostra!
IL DOTTOR HINKFUSS Ma tanto meglio, tanto meglio così!
IL PRIMO ATTORE Che tanto meglio, se poi pretende insieme che si stia attenti alla scena –
L'ATTORE BRILLANTE – che non venga a mancare quel tale effetto –
IL PRIMO ATTORE – perché siamo a teatro! – Come vuole che pensiamo più al suo teatro noi, se dobbiamo vivere? Vede che n'è seguìto? che ho pensato anch'io per un momento alla scena da finire come voleva lei, con l'ultima battuta per me e me la son presa a torto con la signorina

indica la Prima Attrice

che aveva ragione, sì, ragione, di pregare in quel punto –
LA PRIMA ATTRICE – ho pregato per lei! –
IL PRIMO ATTORE – ma sì, perfettamente –

all'attore che ha fatto la parte di Mangini

come lei di scherzare con quella veste da camera – e le chiedo scusa: lo sciocco sono stato io che ho badato a lui

indica il Dottor Hinkfuss.

IL DOTTOR HINKFUSS Badi come parla, sa!
IL PRIMO ATTORE (*lo scarta, e si rivolge di nuovo, con foga, alla Prima Attrice*) Non mi frastorni adesso! – Lei è veramente la vittima; vedo, sento che è piena della sua parte com'io della mia; soffro, a vedermela davanti

le prende la faccia tra le mani

con questi occhi, con questa bocca, tutte le pene dell'inferno; lei trema, muore di paura sotto le mie mani; qua c'è il pubblico che non si può mandar via; teatro no, non possiamo più, né io né lei, metterci a fare adesso il solito teatro; ma come lei grida la sua disperazione e il suo martirio, ho anch'io da gridare la mia passione, quella che mi fa commettere il delitto: bene: sia qua, come un tribunale che ci senta e ci giudichi!

Di scatto, rivolgendosi al Dottor Hinkfuss:

Ma bisogna che lei se ne vada!
IL DOTTOR HINKFUSS (*sbalordito*) Io?
IL PRIMO ATTORE – sì – e che ci lasci soli! noi due soli!
NENÈ Benissimo!
L'ATTRICE CARATTERISTA A fare come sentono!
L'ATTORE BRILLANTE Ciò che nasce in loro – benissimo!
TUTTI GLI ALTRI (*spingendo il Dottor Hinkfuss giù dal palcoscenico*) Sì, sì, se ne vada! se ne vada!
IL DOTTOR HINKFUSS Mi cacciate via dal mio teatro?
L'ATTORE BRILLANTE Non c'è più bisogno di lei!
TUTTI GLI ALTRI (*spingendolo ora per il corridojo*) Vada via! Vada via!
IL DOTTOR HINKFUSS Questa è una soperchieria inaudita! Volete fare il tribunale?
IL PRIMO ATTORE Il vero teatro!
L'ATTORE BRILLANTE Quello che lei butta all'aria ogni sera, per far che ogni scena sia per gli occhi soltanto uno spettacolo!
L'ATTRICE CARATTERISTA Quando si vive una passione, ecco il vero teatro; e basta allora un cartellino!
LA PRIMA ATTRICE Non si può scherzare con le passioni!
IL PRIMO ATTORE Manomettere tutto per ottenere un effetto, lo può fare soltanto con le farsette!
TUTTI GLI ALTRI Via! Via!

IL DOTTOR HINKFUSS   Io sono il vostro direttore!
IL PRIMO ATTORE   La vita che nasce non la comanda nessuno!
L'ATTRICE CARATTERISTA   Le deve obbedire lo stesso scrittore!
LA PRIMA ATTRICE   Ecco, obbedire, obbedire!
L'ATTORE BRILLANTE   E via chi vuol comandare!
TUTTI GLI ALTRI   Via! Via!
IL DOTTOR HINKFUSS (*con le spalle alla porta d'ingresso della sala*)   Protesterò! È uno scandalo! Sono il vostro diret...

È spinto fuori della sala. Intanto, il sipario è stato riaperto, sul palcoscenico sgombro e bujo; il Segretario del Dottor Hinkfuss, gli apparatori, gli elettricisti, tutto il personale di scena è venuto ad assistere allo straordinario spettacolo del Direttore del teatro cacciato via dai suoi attori.

IL PRIMO ATTORE (*alla Prima Attrice, invitandola a ritornare sul palcoscenico*)   Andiamo, andiamo, ritorniamo su, presto!
L'ATTRICE CARATTERISTA   Faremo tutto da noi!
IL PRIMO ATTORE   Non ci sarà bisogno di nulla!
POMÀRICI   Metteremo su da noi le scene –
L'ATTORE BRILLANTE   – bravi! e governerò io le luci!
L'ATTRICE CARATTERISTA   No, meglio così, tutto sgombro e bujo! meglio così!
IL PRIMO ATTORE   Appena tanto di luce da isolare in questo nero le figure!
LA PRIMA ATTRICE   E senza la scena?
L'ATTRICE CARATTERISTA   Non importa la scena!
LA PRIMA ATTRICE   Nemmeno le pareti della mia carcere?
IL PRIMO ATTORE   Sì; ma che s'intravvedano appena – là – un momento; se lei le tocca; e poi basta: bujo; da far capire, insomma, che non è più lei, la scena, quella che comanda!

L'ATTRICE CARATTERISTA Basta che tu ti ci senta, figlia, dentro la tua carcere; apparirà, la vedranno tutti, come se l'avessi attorno!
LA PRIMA ATTRICE Ma bisogna che mi faccia almeno un po' il viso...
L'ATTRICE CARATTERISTA Aspetta! Ho un'idea! un'idea!

A un servo di scena:

Qua una sedia, sùbito!
LA PRIMA ATTRICE Che idea?
L'ATTRICE CARATTERISTA Vedrai!

Agli attori:

Voi intanto preparate, preparate, ma solo quel poco di cui non si può fare a meno. Le sedioline delle due bimbe. E vedere se sono di là, già pronte.

Il servo di scena porta la sedia.

LA PRIMA ATTRICE Io dicevo, farmi la faccia...
L'ATTRICE CARATTERISTA (*dandole la sedia*) Sì, siedi qua, figlia mia.
LA PRIMA ATTRICE (*perplessa, come smarrita*) Qua?
L'ATTRICE CARATTERISTA Sì, qua, qua! e sentirai che strazio! – Corri, Nenè, va' a prendere la scatola del trucco, una tovaglietta... – Oh, badate! Con le camicine lunghe da notte, le bimbe!
LA PRIMA ATTRICE Ma che volete fare? come?
L'ATTRICE CARATTERISTA Lascia che ci pensiamo noi, io tua madre, e le tue sorelle: te la faremo noi la faccia! – Va', Nenè.
TOTINA Prendi anche uno specchio!
LA PRIMA ATTRICE Ma anche l'abito, allora!
DORINA (*a Nenè che già corre verso i camerini*) Anche l'abito! anche l'abito!

LA PRIMA ATTRICE La gonna e la casacca; nel mio camerino!

Nenè fa cenno di sì col capo, e via per la sinistra.

L'ATTRICE CARATTERISTA Dev'essere strazio nostro, capisci? mio, di tua madre che sa che cos'è la vecchiaja – prima del tempo, figlia, invecchiarti –
TOTINA – e di noi che t'abbiamo ajutato a farti bella – ora, farti brutta –
DORINA – sciuparti –
LA PRIMA ATTRICE – darmi la condanna d'aver voluto quell'uomo? –
L'ATTRICE CARATTERISTA – sì, ma con strazio, con strazio, la condanna –
TOTINA – d'esserti staccata da noi –
LA PRIMA ATTRICE – ma non crediate per paura della miseria che ci attendeva, morto nostro padre – no! –
DORINA – e perché, allora? per amore? ma davvero t'eri potuta innamorare d'un mostro come quello?
LA PRIMA ATTRICE – no; per gratitudine –
TOTINA – di che? –
LA PRIMA ATTRICE – d'aver creduto – lui solo – con tutto lo scandalo che s'era seminato –
TOTINA – che una di noi si potesse ancora sposare?
DORINA – sì, gran guadagno sposarlo!
L'ATTRICE CARATTERISTA – che te n'è venuto? – Ora – ora lo vedrai!
NENÈ (*ritornando con la scatola del trucco, uno specchio, una tovaglietta, la gonna e la casacca*) Ecco qua tutto! Non trovavo...
L'ATTRICE CARATTERISTA A me! a me!

Apre la scatola e comincia a truccare Mommina.

Alza la faccia. Oh figlia, figlia mia, sai quanti ancora dicono nel paese, come si dice d'una morta: «bella giovine che era! e il cuore che aveva!» – Spenta ora – così, ecco...

così... così... la faccia, di chi non batte più l'aria, né vede più il sole –

TOTINA – e le borse agli occhi, le borse agli occhi, ora –

L'ATTRICE CARATTERISTA – sì – ecco – così –

DORINA – non molto! –

NENÈ – ma no, anzi molto, molto –

TOTINA – gli occhi di chi morrà di crepacuore! –

NENÈ – e ora, qua su le tempie i capelli –

L'ATTRICE CARATTERISTA – sì sì –

DORINA – non bianchi! non bianchi! –

NENÈ – no, non bianchi –

LA PRIMA ATTRICE – cara mia Dorina...

TOTINA – ecco – bene – così... – a poco più di trent'anni –

L'ATTRICE CARATTERISTA – impolverati di vecchiaja! –

LA PRIMA ATTRICE – non vorrà più nemmeno che me li pettini, i capelli!

L'ATTRICE CARATTERISTA (*scompigliandoglieli*) – e allora, aspetta; così... così...

NENÈ (*porgendole lo specchio*) E ora guardati!

LA PRIMA ATTRICE (*sùbito allontanando con ambo le mani lo specchio*) No! Li ha tolti via, via tutti gli specchi dalla casa. Sai dove mi son potuta ancora guardare? come un'ombra nei vetri, o deformata nel tremolare dell'acqua in una conca – e son rimasta allibita!

L'ATTRICE CARATTERISTA Aspetta, la bocca! la bocca!

LA PRIMA ATTRICE Sì – via tutto il rosso; non ho più sangue nelle vene...

TOTINA E le pieghe, le pieghe agli angoli...

LA PRIMA ATTRICE Anche qualche dente, a trent'anni, può essermi caduto...

DORINA (*in un impeto di commozione, abbracciandola*) No no, Mommina mia, no, no!

NENÈ (*quasi irosa, presa anche lei dalla commozione, scostando Dorina*) Via il busto! Via il busto! Svestiamola!

L'ATTRICE CARATTERISTA No; soprammesse, soprammesse la gonna e la casacca!

TOTINA Sì, benissimo; per parer più goffa!
L'ATTRICE CARATTERISTA Ti scivoleranno le spalle, dietro, come a me vecchia –
DORINA – ansante, andrai per casa –
LA PRIMA ATTRICE – imbalordita dal dolore –
L'ATTRICE CARATTERISTA – strascicando i piedi –
NENÈ – carne inerte –

Ciascuna, dicendo la sua ultima battuta, si ritrarrà nel bujo, a destra. La Prima Attrice, rimasta sola, fra le tre nude pareti della sua carcere che, durante la truccatura e la vestizione, saranno state drizzate nel bujo della scena, verrà con la fronte a battere prima su quella di destra, poi su quella di fondo, poi su quella di sinistra. Al tocco della fronte, la parete si farà per un attimo visibile per un tagliente colpo di luce dall'alto, come un freddo guizzo di lampo, e tornerà a scomparire nel bujo.

LA PRIMA ATTRICE (*con lugubre cadenza, crescendo di profonda intensità, picchiando alle tre pareti la fronte, come in una gabbia una bestia impazzita*) Questo è muro! – Questo è muro! – Questo è muro!

E andrà a sedere su la sedia con l'aria e l'atteggiamento di un'insensata. Resterà un pezzo così. Da destra, dove si son ritratte nel bujo la madre e le sorelle, sorgerà da quel bujo una voce: la voce della madre che dirà, come se leggesse una storia in un libro:

L'ATTRICE CARATTERISTA «– Fu imprigionata nella più alta casa del paese. Serrata la porta, serrate tutte le finestre, vetrate e persiane; una sola, piccola, aperta alla vista della lontana campagna e del mare lontano. Di quel paese, alto sul colle, non poteva vedere altro che i tetti delle case, i campanili delle chiese: tetti, tetti che sgrondavano chi più e chi meno, tesi in tanti ripiani, tegole, tegole, nient'altro che tegole. Ma solo la sera poteva affacciarsi a prendere un po' d'aria a quella finestra.»

Nella parete di fondo si fa trasparente una piccola finestra, come velata e lontana, da cui traspare un blando chiarore lunare.

NENÈ (*dal bujo, piano, contenta, con tono di maraviglia infantile, mentre da lontano lontano s'udrà un suono fievole, come d'una serenata remota*)   Uh, la finestra, guarda, davvero la finestra...

L'ATTORE BRILLANTE (*piano, dal bujo anche lui*)   Eh, c'era; ma chi l'ha illuminata?

DORINA   Zitti!

La prigioniera è rimasta immobile. La madre ripiglia a dire, sempre come se leggesse:

L'ATTRICE CARATTERISTA   «Tutti quei tetti, come tanti dadi neri, le vaneggiavano sotto, nel chiarore che sfumava dai lumi delle strade anguste del paese in pendìo; udiva nel silenzio profondo delle viuzze più prossime qualche rumor di passi che facevano l'eco; la voce di qualche donna che forse aspettava come lei; l'abbajare d'un cane e, con più angoscia, il suono dell'ora dal campanile della chiesa più vicina.
Ma perché séguita a misurare il tempo quell'orologio? A chi segna le ore?
Tutto è morto e vano.»

Dopo una pausa, si sentono cinque tocchi di campana, velati, lontani. Le ore. Compare, fosco, Rico Verri. Rincasa adesso. Ha il cappello in capo; il bavero del soprabito alzato, una sciarpa al collo. Guarda la moglie, là sempre immobile sulla sedia; poi guarda, sospettoso, la finestra.

VERRI Che stai a far lì?
MOMMINA Niente. T'aspettavo.
VERRI Eri alla finestra?
MOMMINA No.
VERRI Ci stai ogni sera.
MOMMINA Questa sera, no.
VERRI (*dopo aver buttato su una sedia il soprabito, il cappello, la sciarpa*) Non ti stanchi mai di pensare?
MOMMINA Non penso nulla.
VERRI Le bambine sono a letto?
MOMMINA Dove vuoi che siano, a quest'ora?
VERRI Te lo domando per richiamarti all'unico pensiero che dovresti avere: quello di loro.
MOMMINA Ho pensato a loro tutta la giornata.
VERRI E ora a che pensi?
MOMMINA (*comprendendo la ragione per cui con tanta insistenza le rivolge quella domanda, prima lo guarda con sdegno, poi, rimettendosi nell'atteggiamento d'apatica immobilità, gli risponde*) D'andare a buttare a letto questa mia carne sfatta.
VERRI Non è vero! Voglio sapere a che pensi! A che hai pensato tutto questo tempo, aspettandomi?

Pausa d'attesa, poiché lei non risponde.

Non rispondi? Eh sfido! Non me lo puoi dire!

Altra pausa.

Dunque confessi?
MOMMINA Che confesso?
VERRI Che pensi a cose che non mi puoi dire!
MOMMINA Te l'ho detto, a che penso: d'andare a dormire.
VERRI Con questi occhi, a dormire? con questa voce...? Vuoi dire, a sognare!
MOMMINA Non sogno.

VERRI Non è vero! Sogniamo tutti. Non è possibile, dormendo, non sognare.

MOMMINA Io non sogno.

VERRI Tu mentisci! Ti dico che non è possibile.

MOMMINA E allora sogno; come vuoi tu...

VERRI Sogni, eh?... Sogni... Sogni, e ti vendichi! – Pensi, e ti vendichi! – Che sogni? dimmi che sogni!

MOMMINA Non lo so.

VERRI Come non lo sai?

MOMMINA Non lo so. Lo dici tu che sogno. Tanto greve è il mio corpo e tanto stanca mi sento, che cado, appena a letto, in un sonno di piombo. Non so più che voglia dire sognare. Se sogno e, svegliandomi, non ricordo più i sogni che ho fatto, mi pare che sia lo stesso che non aver sognato. E forse è Dio che m'ajuta così!

VERRI Dio? T'ajuta Dio?

MOMMINA Sì, a farmi sopportare questa vita, che aprendo gli occhi mi parrebbe più atroce, se per poco nel sogno mi fossi illusa d'averne un'altra! Ma lo capisci, lo capisci, che vuoi da me? Tu morta mi vuoi; morta; che non pensi più; che non sogni più... E ancora ancora, pensare, può dipendere dalla volontà; ma sognare (se sognassi) sarebbe senza volerlo, dormendo; come potresti impedirmelo?

VERRI (*smaniando, agitandosi, lui, adesso, come una belva in gabbia*) È questo! È questo! È questo! Serro porte e finestre, metto sbarre e spranghe, e che mi vale se è qua, qua dentro la stessa carcere, il tradimento? qua in lei, dentro di lei, in questa sua carne morta – vivo – vivo – il tradimento – se pensa, se sogna, se ricorda? Mi sta davanti; mi guarda – posso spaccarle la testa per vederle dentro, ciò che pensa? Glielo domando; mi risponde: «niente»; e intanto pensa, intanto sogna, ricorda, sotto i miei stessi occhi, guardando me, e forse avendo un altro, dentro, nel suo ricordo; come posso saperlo? come posso vederlo?

MOMMINA Ma che vuoi che abbia più dentro, se non sono più niente, non mi vedi? neanche un'altra, più niente! Con l'anima spenta, che vuoi che ricordi più?

VERRI Non dire così! Non dire così! Lo sai che è peggio quando dici così!

MOMMINA Ebbene, no, non lo dico, non lo dico, stai tranquillo!

VERRI Anche se t'accecassi, ciò che i tuoi occhi hanno veduto, i ricordi, i ricordi che hai qua negli occhi, ti resterebbero nella mente; e se ti strappassi le labbra, queste labbra che hanno baciato, il piacere, il piacere, il sapore che hanno provato baciando, seguiteresti sempre a provarlo, dentro di te, ricordando, fino a morirne, fino a morirne di questo piacere! Non puoi negare; se neghi, mentisci; tu non puoi altro che piangere e spaventarti di quello ch'io soffro insieme con te, del male che hai fatto, che ti hanno indotto a fare tua madre e le tue sorelle; non lo puoi negare; l'hai fatto, l'hai fatto, questo male; e lo sai, lo vedi ch'io ne soffro, ne soffro fino a diventarne pazzo; senza colpa, per la sola pazzia che ho commessa, d'averti sposata.

MOMMINA Pazzia, sì, pazzia; e sapendo com'eri, non dovevi commetterla...

VERRI Com'ero io? ah sì? com'ero io, dici? Sapendo com'eri tu, dovresti dire: la vita che avevi fatta con tua madre e le tue sorelle!

MOMMINA Sì, sì, anche questo, anche questo! Ma pensa che t'accorgesti pure ch'io non approvavo la vita che si viveva a casa mia –

VERRI – se l'hai vissuta anche tu! –

MOMMINA – per forza! ero là –

VERRI – e solo quando conoscesti me, non l'approvasti più –

MOMMINA – no, anche prima, anche prima! – tant'è vero che tu stesso mi credesti migliore – non ti dico questo per me, per accusare gli altri e scusare me, no; lo dico per te, perché tu abbia pietà, non di me, non di me, se per te è come una soddisfazione non averne, o anche mostrare agli altri di non averne; sii crudele, sii crudele con me; ma abbi pietà almeno di te stesso pensando che mi credesti migliore; che pure tra quella vita credesti di potermi amare –

VERRI – tanto che ti sposai! – certo, che ti credetti migliore! – e con questo? – che pietà di me? – se penso che t'amai, che potei amarti là tra la vita che avevi vissuto... – che pietà?

MOMMINA – ma sì – riconoscendo che c'era almeno in me tanto da scusarti in parte della pazzia commessa d'avermi sposata, ecco – lo dico per te!

VERRI E non è peggio? Cancello forse con questo la vita che facesti prima che io m'innamorassi di te? L'averti sposata perché eri migliore non può scusare la mia pazzia, anzi l'aggrava, perché più grave, tanto più grave diventa il male di quella tua vita, quanto più tu eri migliore. Te n'ho ritratta io da quel male, ma pigliandomelo tutto, insieme con te, e portandomelo a casa, qua in prigione, per scontarlo insieme con te, come se lo avessi commesso anch'io; e sentendomene divorare, sempre vivo, mantenuto sempre vivo da quello che so di tua madre e delle tue sorelle!

MOMMINA Io non ne so più nulla!

NENÈ (*dal bujo, insorgendo*) Oh vile! Adesso le parla di noi!

VERRI (*gridando, terribile*) Silenzio! Voi qua non ci siete!

LA SIGNORA IGNAZIA (*venendo verso la parete, dal bujo*) Belva, belva, te la tieni addentata, lì dentro la gabbia, a dilaniarla.

VERRI (*toccando la parete due volte con la mano, e due volte, al tocco, rendendola visibile*) Questo è muro! Questo è muro! – Voi non ci siete!

TOTINA (*venendo anche lei, con le altre verso la parete, aggressiva*) E te n'approfitti, vile, per dirle vituperii di noi?

DORINA Eravamo alla fame, Mommina!

NENÈ Avevamo toccato l'ultimo fondo!

VERRI E come ve ne siete rialzate?
LA SIGNORA IGNAZIA Canaglia! Osi rinfacciarlo, tu che la stai facendo morire disperata!
NENÈ Noi godiamo!
VERRI Vi siete vendute! Disonorate!
TOTINA E l'onore che le hai conservato, come glielo stai facendo scontare?
DORINA La mamma ora sta bene, Mommina! Vedessi come sta bene! Com'è vestita! che bella pelliccia di castoro!
LA SIGNORA IGNAZIA Merito di Totina, sai! divenuta una grande cantante!
DORINA Totina La Croce!
NENÈ Tutti i teatri la vogliono!
LA SIGNORA IGNAZIA Feste! Trionfi!
VERRI E il disonore!
NENÈ Viva il disonore! se l'onore è questo che tu dài a tua moglie!
MOMMINA (*sùbito, con impeto d'affetto e di pietà, al marito che s'accascia con le mani sulla testa*) No, no, non lo dico io, questo, non lo dico io; non rimpiango nulla io...
VERRI Vogliono farmi condannare...
MOMMINA No, no, io sento che tu lo devi gridare, lo devi gridare per sfogo, tutto il tuo tormento!
VERRI Me lo tengono acceso loro! Se tu sapessi lo scandalo che seguitano a dare! Ne parlano tutti in paese, e figurati la mia faccia... La vittoria che hanno ottenuto le ha sfrenate, le ha rese più spudorate...
MOMMINA Anche Dorina?
VERRI Tutte! Anche Dorina; ma specialmente quella Nenè. Fa la *cocotte*, –

Mommina si copre la faccia.

– sì, sì – pubblica!
MOMMINA E Totina s'è messa a cantare?
VERRI Già, nei teatri – (di provincia, s'intende) – dove lo

scandalo diventa più grosso, con quella madre e le sorelle...
MOMMINA Se le porta dietro?
VERRI Dietro, tutte, in baldoria! – Che cos'è? Ti infiammi?
MOMMINA No... Vengo a saperlo adesso... Non ne sapevo nulla...
VERRI E ti senti tutta rimescolare? Il teatro, eh? Quando cantavi anche tu... Con la bella voce! La più bella voce era la tua! Pensa che altra vita! Cantare, in un gran teatro... La tua passione, cantare... Lumi, splendori, delirii...
MOMMINA Ma no...
VERRI Non dire di no! Lo stai pensando!
MOMMINA Ti dico di no!
VERRI Come no? Se fossi rimasta con loro... fuori di qua... Che altra vita sarebbe la tua... invece di questa...
MOMMINA Ma me lo fai pensar tu! Che vuoi che pensi più io, ridotta come sono?
VERRI Ti piglia l'affanno?
MOMMINA Ho il cuore che mi salta in gola...
VERRI Eh sfido! Ecco qua, l'affanno...
MOMMINA Tu vuoi farmi morire!
VERRI Io? Le tue sorelle, quella che fosti, il tuo passato che ti si sommuove tutto dentro e ti fa saltare il cuore in gola!
MOMMINA (*ansimando, con le mani al petto*) Per carità.. te ne scongiuro... non respiro più...
VERRI Ma lo vedi ch'è vero, lo vedi ch'è vero quello che ti dico?
MOMMINA Abbi compassione...
VERRI Quella che fosti – gli stessi pensieri, gli stessi sentimenti – li credevi cancellati in te, spenti? – non è vero! Il più piccolo richiamo – e rieccoli in te, vivi, quegli stessi!
MOMMINA Li richiami tu...
VERRI No, un niente li richiama, perché vivono sempre – tu non lo sai, ma ti vivono sempre – appiattati sotto la coscienza! L'hai viva sempre, dentro di te, tutta la vita

che hai vissuta! Basta un niente, una parola, un suono – la più piccola sensazione – guarda, in me, l'odore della salvia, e sono in campagna, d'agosto, ragazzo d'otto anni, dietro la casa del garzone, all'ombra d'un grande olivo, con la paura d'un grosso calabrone azzurro, fosco, che ronza ingordo dentro il calice bianco di un fiore; lo vedo tremare sul gambo quel fiore violentato, all'urto della voracità feroce di quella bestia che mi fa paura; e l'ho qua ancora, alle reni, questa paura, l'ho qua! – Figuriamoci tu, tutta quella tua bella vita, le cose che avvenivano tra voi ragazze e tutti quei giovanotti per casa, chiusi in questa, in quella camera... – non negare! – ho visto io – cose... quella Nenè, una volta con Sarelli... – si credevano soli, e avevano lasciato l'uscio accostato – li potei vedere – Nenè finse di scappargli verso l'altro uscio in fondo – c'era una tenda, verde – uscita, riapparve sùbito, tra le ali di quella tenda – s'era scoperto il seno, tirando giù la maglietta di seta rosa – e con la mano faceva segno d'offrirglielo e sùbito con la stessa mano se lo nascondeva... L'ho vista io; una meraviglia di seno, sai? piccolo, da chiuderlo tutto in una mano! Licenza di far tutto... Prima che venissi io, tu con quel Pomàrici... – l'ho saputo! – ma anche prima che col Pomàrici chi sa con quanti altri! Per anni, quella vita, con la casa aperta a tutti...

Le si fa sopra, fremente, contraffatto.

Tu, certe cose... certe cose... le prime, con me... se veramente, come mi dicesti, le avessi fin'allora ignorate... non avresti potuto farle...
MOMMINA No, no, ti giuro, mai, mai prima che a te, mai!
VERRI Ma abbracci, stringimenti, quel Pomàrici, sì – le braccia, le braccia, come te le stringeva? così? così?
MOMMINA Ahi, mi fai male!
VERRI E quello ti faceva piacere, eh? E la vita, la vita, come te la stringeva? Così? così?
MOMMINA Per carità, lasciami! Io muojo!

VERRI (*acchiappandola con una mano alla nuca, furibondo*)   E la bocca, la bocca? come te la baciava, la bocca? Così?... Così?... Così?

E la bacia, e la morde, e sghignazza, e le strappa i capelli, come impazzito; mentre Mommina, cercando di svincolarsi, grida disperatamente.

MOMMINA   Ajuto! Ajuto!

Accorrono, con le camicine lunghe da notte, le due bambine, spaventate, e s'aggrappano alla madre, mentre Verri fugge, prendendo dalla seggiola soltanto il cappello, e gridando:

VERRI   Impazzisco! Impazzisco! Impazzisco!
MOMMINA (*riparandosi, facendosi scudo delle due bambine*)   Via! Via! Va' via, bruto, va' via! Lasciami con le mie bambine!

S'accascia, sfinita, sulla sedia; le due bambine le sono accosto, e lei se le tiene strette abbracciate, una di qua, l'altra di là.

Figlie mie, figlie mie, che cosa vi tocca di vedere! Chiuse qua con me, con questi visini di cera e questi occhi grandi, sbarrati dalla paura! Se n'è andato, se n'è andato; non tremate più così, restate un po' con me, qua... Non avete freddo, no?... La finestra è chiusa. È già sera tardi. State sempre attaccate là, voi, a quella finestra, come due poverelle a mendicare la vista del mondo... Contate nel mare le vele bianche delle paranze, e le villette bianche nella campagna, dove non siete mai state; e lo volete sapere da me come sono il mare e la campagna. Oh figlie, figlie mie, che sorte è stata la vostra! peggio della mia! ma voi almeno non lo sapete! E la vostra mamma ha tanto male, tanto male qua al cuore; mi batte, ho qua nel petto come un galoppo, come un galoppo di cavallo scappato. Qua qua, datemi le manine, sentite, sentite... – Dio non gliela faccia scontare: per voi, figlie! Ma darà il martirio anche a voi, perché non può farne a meno; è la sua natura; se lo dà lui, anche a se stesso, il martirio! Ma voi siete innocenti... voi siete innocenti...

Accosta alle sue guance le due testine delle bimbe e rimane così. S'appressano, come congiurate, da destra, alla parete, venendo fuori dal bujo, la madre e le sorelle, sfarzosamente parate, così che facciano un quadro di vivacissimo colore, illuminato dall'alto opportunamente.

LA SIGNORA IGNAZIA (*chiamando, piano*) Mommina... Mommina...
MOMMINA Chi è?
DORINA Siamo noi, Mommina!
NENÈ Siamo qua! Tutte.
MOMMINA Qua, dove?
TOTINA Qua – in paese: sono venuta a cantare qua!
MOMMINA Totina – tu? – a cantare qua?
NENÈ Qua, sì, al teatro di qua!
MOMMINA Ah Dio, qua? e quando? quando?
NENÈ Questa sera, questa sera stessa.
LA SIGNORA IGNAZIA Lasciate dire anche a me qualche cosa, benedette ragazze! Senti, Mommina... guarda... – che volevo dire? – ah sì... guarda, vuoi averne la prova? – Tuo marito ha lasciato lì il soprabito, lì sulla sedia...
MOMMINA (*voltandosi a guardare*) Sì, è vero.
LA SIGNORA IGNAZIA Cerca, cerca in una delle tasche di quel soprabito, e guarda quello che ci trovi!

Piano alle ragazze:

(Bisogna ajutarla a fare la scena, adesso; siamo alla fine!)
MOMMINA (*alzandosi e andando a frugare febbrilmente nelle tasche di quel soprabito*) Che cosa? che cosa?

NENÈ (*piano, all'Attrice Caratterista*) (Risponde lei?)
L'ATTRICE CARATTERISTA (Ma no, dica... Che storie!)
NENÈ (*forte, a Mommina*) L'annunzio del teatro... uno di quei manifestini gialli, sai? che qua in provincia si distribuiscono nei caffè...
LA SIGNORA IGNAZIA Ci troverai il nome di Totina, stampato grande... il nome della Prima-donna!

Scompajono.

MOMMINA (*trovandolo*) Eccolo! Eccolo qua...

Lo apre; legge:

Il *TROVATORE*... Il *TROVATORE*... *Leonora* (*soprano*), Totina La Croce... Questa sera... – La zia, figliuole mie, la zia, la zia che canta... e la nonna e le altre ziette... Sono qua! sono qua! Voi non le conoscete, non le avete mai vedute... e neppure io da tanti anni... Sono qua!

Pensando alle furie del marito.

(Ah, per questo... – qua, in paese – Totina che canta al teatro di qua...) C'è anche qua dunque un teatro?... io non lo sapevo... La zia Totina... dunque è vero! Forse con lo studio, la voce... Eh, se può cantare a teatro... – Ma voi non sapete neppure che cosa sia un teatro, povere figlie mie... Il teatro, il teatro, ora ve lo dico io com'è... Ci canta la zia Totina questa sera... Chi sa come sarà bella, da *Leonora*...

Si prova a cantare:

«Tacea la notte placida
e bella in ciel sereno
la luna il viso argenteo
mostrava lieto e pieno...»

Vedete che so cantare anch'io? Sì, sì, anch'io, anch'io so cantare; cantavo sempre, io, prima; lo so tutto a memoria *Il Trovatore*; e ve lo canto io! ve lo faccio io, ve lo faccio io ora il teatro; voi che non l'avete mai veduto, povere piccine mie, imprigionate qua con me. Sedete, sedete, qua davanti a me, tutt'e due accanto sulle vostre seggioline. Ve lo faccio io il teatro! Prima vi dico com'è:

siede davanti alle due bambine sbalordite; è tutta un tremito, e di punto in punto andrà sempre più eccitandosi finché il cuore, mancandole, non la farà cadere di schianto, morta:

Una sala, una sala grande grande, con tante file di palchi tutt'intorno, cinque, sei file piene di belle signore galanti, piume, gemme preziose, ventagli, fiori; e i signori in frak, lo sparato della camicia con le perline per bottoni e la cravatta bianca; e tanta, tanta gente anche giù, nelle poltrone tutte rosse e nella platea: un mare di teste; e lumi, lumi da per tutto; un lampadario nel mezzo, che pende come dal cielo e pare tutto di brillanti; una luce che abbaglia, che inebria, come non vi potete immaginare; e un brusio, un movimento; le signore parlano coi loro cavalieri, si salutano da un palco all'altro, chi prende posto giù nelle poltrone, chi guarda col binocolo... – quello di madreperla con cui v'ho fatto guardare la campagna – quello! – lo portavo io, lo portava la mamma vostra quand'andava a teatro, e ci guardava anche lei, allora... – I lumi a un tratto si spengono; restano accese solo le lampadine verdi sui leggii dell'orchestra ch'è davanti le poltrone, sotto il sipario; ci sono già i sonatori, tanti! che accordano i loro strumenti; e il sipario è come una tenda, ma grande, pesante, tutta di velluto rosso e frange d'oro, una magnificenza; quando s'apre (perché è venuto il maestro con la sua bacchetta a comandare ai sonatori) comincia l'opera; si vede il palcoscenico dove c'è un bosco o una piazza o una reggia; e la zia Totina ci viene a cantare con gli altri, mentre l'orchestra suona. – Questo è il teatro. – Ma io, prima, avevo io prima la voce più bella, non la zia Totina; io, io, più bella assai, una voce avevo che lo dicevano tutti allora che avrei dovuto andare a cantare nei teatri; io, la vostra mamma; e ci è andata la zia Totina, invece... Eh, lei n'ha avuto il coraggio... – S'apre il sipario, dunque, sentite – lo tirano da una parte e dall'altra – s'apre, si vede sul palcoscenico un atrio, l'atrio d'un gran palazzo, con uomini d'arme che passeggiano in fondo, e tanti cavalieri, con un certo Ferrando, che aspettano il loro capo, il Conte di Luna. Sono tutti vestiti all'antica, con mantelli di velluto, cappelli piumati, spade, gambali... È notte; sono stanchi d'aspettare il Conte che, innamorato d'una gran dama della corte di Spagna che si chiama Leonora, ne è geloso, e sta in agguato a spiare sotto i balconi di lei, nei giardini della reggia; perché sa che a Leonora, ogni notte, il Trovatore (che vuol dire uno che canta e che è anche guerriero) viene a cantare la canzone:

Canta:

«Deserto sulla terra...»

S'interrompe un momento per dire, quasi tra sé:

Ah Dio, il cuore...

e sùbito riprende a cantare, ma a stento, lottando con l'affanno che le è dato anche dalla commozione di sentire se stessa che canta:

«Col rio destino in guerra,
È sola speme un cor (*tre volte*)
– un cor – al Trovator...»

Non posso più cantare... mi... mi manca il fiato... il cuore... il cuore mi dà l'affanno... non canto più da tanti anni... – Ma forse a poco a poco il fiato, la voce mi rivengono... – Dovete sapere che questo Trovatore è fratello del Conte di Luna – sì – ma il Conte non lo sa, e non lo sa nemmeno lui, il Trovatore, perché fu rubato da una zingara quando era bambino. È una storia terribile, state a sentire! La racconta nel secondo atto la stessa zingara, che si chiama Azucena. Sì, era mia, era mia, la parte d'Azucena. Rubò il bambino, questa Azucena, per vendicare la madre bruciata viva, innocente, dal padre del Conte di Luna. Sono vagabonde che leggono la ventura, le zingare, e ci sono ancora, e hanno fama veramente che rubino i bambini, tanto che ogni mamma se ne guarda. Ma questa Azucena il figlio del Conte lo ruba, come v'ho detto, per vendicare la madre, e gli vuol dare la stessa morte che ha avuto la madre innocente; accende il fuoco, ma nel furore della vendetta, quasi pazza, scambia il suo proprio figlio per il figlio del Conte e brucia il suo proprio figlio, capite? il suo proprio figlio!... «*Il figlio mio... il figlio mio...*» Non posso, non posso cantarvelo... Voi non sapete che cosa è per me questa sera, figliuole mie... Proprio *Il Trovatore*... questa canzone della zingara... mentr'io, una notte, la cantavo con tutti attorno...

Canta tra le lagrime:

«Chi del gitano la vita abbella?
La zingarella!»

mio padre, quella notte, mio padre... il vostro nonno... ci fu riportato a casa tutto insanguinato... e aveva accanto una specie di zingara... e quella notte, quella notte, figliuole mie, si compì, si compì il mio destino... il mio destino...

S'alza, disperata, e canta con tutta la voce:

«Ah! che la morte ognora
è tarda nel venir

a chi desia
a chi desia morir!
Addio,
addio, Leonora, addio...»

Cade, di schianto, morta. Le due bambine, più che mai sbalordite, non ne hanno il minimo sospetto; credono che sia il teatro che la mamma sta loro rappresentando; e restano lì immobili sulle loro sedioline ad aspettare. Il silenzio, in quell'immobilità, si fa mortale. Finché, nel bujo, dal fondo, a sinistra, non sopravvengono ansiose le voci di Rico Verri, della signora Ignazia, di Totina, Dorina e Nenè.

VERRI Canta: avete sentito? era la sua voce...
LA SIGNORA IGNAZIA Sì, come l'uccello in gabbia!
TOTINA Mommina! Mommina!
DORINA Eccoci, siamo qua con lui: s'è arreso...
NENÈ Col trionfo di Totina... avessi inteso!... il paese in de...

Vuol dire «in delirio», ma resta in tronco, esterrefatta con gli altri alla vista del corpo inerte lì per terra, e delle due bambine, che aspettano ancora, immobili.

VERRI Che cos'è?
LA SIGNORA IGNAZIA Morta?
DORINA Faceva il teatro alle bambine!
TOTINA Mommina!
NENÈ Mommina!

Quadro. Dalla porta d'ingresso alla sala, sopravviene entusiasta, correndo per il corridoio, il Dottor Hinkfuss, diretto al palcoscenico.

IL DOTTOR HINKFUSS Magnifico! Magnifico quadro! Avete fatto come dicevo io! Questo, nella novella, non c'è!

L'ATTRICE CARATTERISTA   Eccolo qua di nuovo!
L'ATTORE BRILLANTE (*sopravvenendo da sinistra*)   Ma è stato sempre qua, con gli elettricisti, a governar di nascosto tutti gli effetti di luce!
NENÈ   Ah, per questo, così belli...
TOTINA   L'ho sospettato, quando siamo apparse là in gruppo...

Indica, dall'altra parte, a destra, dietro la parete:

...chi sa che bell'effetto da giù!
DORINA (*indicando l'Attore Brillante*)   Mi pareva assai che l'avesse ottenuto lui!
L'ATTRICE CARATTERISTA (*mostrando la Prima Attrice ancora a terra*)   Ma perché non s'alza la signorina? Se ne sta ancora lì...
L'ATTORE BRILLANTE   Ohè, non sarà morta per davvero?

Tutti si chinano premurosi su la Prima Attrice.

IL PRIMO ATTORE (*chiamandola e scotendola*)   Signorina... signorina...
L'ATTRICE CARATTERISTA   Si sente male davvero?
NENÈ   Oh Dio, è svenuta! Solleviamola!
LA PRIMA ATTRICE (*sollevandosi da sé col solo busto*)   No... grazie... È il cuore, davvero... Mi lascino, mi lascino respirare...
L'ATTORE BRILLANTE   Eh, sfido! Se vuole che si viva... Ecco le conseguenze! Ma noi non siamo qua per questo, sa! Noi siamo qua per recitare, parti scritte, imparate a memoria. Non pretenderà mica che ogni sera uno di noi ci lasci la pelle!
IL PRIMO ATTORE   Ci vuole l'autore!
IL DOTTOR HINKFUSS   No, l'autore no! Le parti scritte, sì, se mai, perché riabbiano vita da noi, per un momento, e...

rivolto al pubblico

senza più le impertinenze di questa sera, che il pubblico ci vorrà perdonare.

Inchino.

Tela

TROVARSI

tre atti

a Marta Abba

PERSONAGGI

Donata Genzi, *attrice*
Elj Nielsen
Il conte Gianfranco Mola
Elisa Arcuri
Carlo Giviero
La marchesa Boveno
Nina, *sua nipote*
Salò
Volpes
Un dottore
Enrico, *cameriere di Elisa*
Una cameriera
Un'altra cameriera d'albergo

Tempo presente
Il primo e il secondo atto, in Riviera; il terzo, nella camera d'un ricco albergo in una grande città

ATTO PRIMO

Atrio della villa Arcuri in Riviera. A sinistra, la scala scoperta, di legno, con guida, che conduce ai piani superiori. Si vede, del primo, il ballatojo su cui dànno gli usci delle stanze sovrapposte. Sotto questo ballatojo, nel fondo, in mezzo, l'uscio che immette nella sala da pranzo: uscio a vetri smerigliati. A destra, appartato, un angolo, le cui pareti son formate da scaffalature di libri, intorno alle quali corre una panconata di cuojo. Un tavolino è nel mezzo, con portafiori, portasigarette, portacenere, ecc.
Ricchi mobili moderni, da atrio.

Sono in iscena, al levarsi della tela, il cameriere Enrico e la cameriera, presso l'entrata per ricevere gl'invitati. Il primo ad arrivare è Carlo Giviero, giovane maturo, vicino alla quarantina, molto elegante, in smoking, *viso pallido, di quelli che oggi in società si sogliono definire «interessanti», bella capigliatura nera, abbondante, bene acconciata, con la civetteria di qualche filo d'argento, statura alta, smilzo, aria annojata, leggermente ironica. Il Giviero è dottore di medicina; ma, ricco, non esercita la professione, studia e scrive per diletto saggi di psicologia molto letterarii. Appena entrato, si sbarazza del soprabito leggero e del cappello, e domanda, ma come se già sapesse, tant'è vero che s'avvia alla scala:*

GIVIERO Su?
ENRICO Su, sissignore.
GIVIERO (*alla cameriera*) Meglio?
LA CAMERIERA S'è levata; scenderà per la cena.

GIVIERO Bene bene.

Dalla scala, salendo:

E l'ospite – la Genzi – è arrivata?
LA CAMERIERA Sì, oggi, alle quattro.
GIVIERO Col vento...

Picchia a uno degli usci sul ballatojo, apre, entra.

ENRICO (*alla cameriera, rimasti soli*) Chi sia poi, l'ho ancora da capire.
LA CAMERIERA La Genzi? Come! Non l'hai mai sentita?
ENRICO Io no, mai. Che fa, canta?
LA CAMERIERA Ma no, che canta! Rècita.
ENRICO Ah. Credevo artista di canto.

Entrano la marchesa Boveno con la nipote Nina. Quella, enorme, pesante, ma vera signora; questa, una tombolina, vivace e arguta, con due occhi che fórano e un nasino ritto che fiuta e frugola da per tutto. Nina è afflitta e stizzita per la sua statura da bamboccetta, più proclive ad allargarsi in formosità da donna che ad allungarsi in flessuosità da fanciulla. La trattano da bambina, un po' buffa, e questo la tiene in continua irritazione. Nina vorrebbe essere una signorina «sportiva». La nonna, anch'essa un po' buffa nella sua sapiente antichità, sebbene spregiudicata, la comanda a bacchetta. Tutt'e due entrano con gli scialli, la nonna col cappello, Nina in capelli. La nonna ha l'affanno.

LA MARCHESA BOVENO Buona sera.

A Nina.

Dài dài, Nina, sbaràzzati.

Alla cameriera.

Ho voluto portarli. Tira un ventaccio!
NINA   Potevi, il tuo soltanto.
LA MARCHESA BOVENO   Anche tu, all'uscita, ti rimetterai il tuo; senza no no; sì sì; e finiscila, perché comando io!

Ai camerieri.

Non c'è più estate; più stagioni! Anche il tempo è diventato impertinente.

Botta a Nina.

NINA   Devo sentir freddo per forza...
LA MARCHESA BOVENO   Devi, sicuro, se lo fa! Ragazzine moderne, tutte caldo. Lo sport! (Impudiche!).

Ai camerieri.

Ma come? Non c'è ancora nessuno?
LA CAMERIERA   Sì, signora marchesa: su.
LA MARCHESA BOVENO   Oh Dio mio, salire? Io, le scale...
LA CAMERIERA   Ma no, se vuole, può trattenersi anche qua.
ENRICO   Scenderanno tra poco per la cena.
LA MARCHESA BOVENO   Ah, bene.
NINA   È arrivata la Genzi?
LA CAMERIERA   Sì, signorina.
NINA   Oh guarda. Credevo di no.
LA CAMERIERA   Con la corsa delle quattro.
LA MARCHESA BOVENO (*a Nina, deridendola*) «Credevo di no»! Perché credevi di no?
NINA   Non so... Così... Allora vado su!
LA MARCHESA BOVENO   Aspetta! Dove su, se non la conosci?
NINA   Ma no, su dalla signora Elisa dico.

LA MARCHESA BOVENO Ah, bene. Di' all'Elisa...

Alla cameriera.

Non sarà mica ancora a letto?
LA CAMERIERA No, signora marchesa; s'è levata dopo mezzogiorno.
ENRICO È anche andata alla stazione...
LA MARCHESA BOVENO A ricevere l'amica, ho capito.

A Nina.

Bene, va' su...

Alla cameriera.

Chi c'è?
LA CAMERIERA Il conte Mola. –
ENRICO – ed è salito adesso il signor Giviero.
LA MARCHESA BOVENO Se c'è Mola, sono tranquilla. Be', di' all'Elisa che aspetto qua per non fare le scale.

Nina comincia a salire, e la marchesa va a sedere, dicendo:

Una volta o l'altra, di questo passo, divento tartaruga.

Si apre sul ballatojo l'uscio per cui poc'anzi è entrato Giviero, e il conte Mola comincia a discendere, fermando Nina che sale. Il conte Mola è sulla cinquantina, bruno, robusto, capelli d'argento, piccoli ma folti baffi ancora neri, forse un po' con l'ajuto di qualche mistura, elegantissimo; dotato di una fine assennata bonomia.

IL CONTE MOLA No, no, giù Nina, giù. S'aspetta tutti giù.

Ai camerieri.

Contrordine. Non sale più nessuno.

Dirà questo ancora dalla scala, sporgendosi dalla ringhiera. I camerieri, da giù, s'inchineranno e si ritireranno per l'uscio in fondo, ov'è la sala da pranzo.

NINA (*ancora col conte sulla scala, ma cominciando a ridiscendere*) Ma è salito Giviero...
LA MARCHESA BOVENO (*da giù, udendola*) (Stupida!).
IL CONTE MOLA Vedi intanto che io discendo...
NINA Perché Giviero è salito?
LA MARCHESA BOVENO (Stùùùpida!).
IL CONTE MOLA (*già disceso con Nina*) Queste ragazze sono terribili, cara marchesa!
LA MARCHESA BOVENO (*a Nina*) Domando come fai a pensare che il conte sia disceso perché è salito Giviero?
NINA (*con aria ingenua*) Ma no, io non l'ho pensato, nonna. Giviero è salito; il conte è disceso, dicendo che non deve più salire nessuno...
LA MARCHESA BOVENO E allora?
NINA Niente, nonna. Giviero è salito; il conte è disceso.
LA MARCHESA BOVENO E lo ripete!
NINA Non è così?
IL CONTE MOLA Sarà così; ma non c'è proprio bisogno che tu lo dica, ragazza mia!

Pausa. Il conte va a prendere da un tavolino una sigaretta e l'accende.

NINA (*rimasta assorta, coi tondi occhi invagati e nasino all'erta*) Deve avere una gran paura la signora Elisa dell'incontro di questa sera di Giviero con la Genzi.
IL CONTE MOLA Oh là là!
LA MARCHESA BOVENO Quest'altra! Sei matta?
NINA Alla spiaggia hanno detto che Giviero aveva pri-

ma la sua *garçonnière* tutta parata dei ritratti della Genzi...

IL CONTE MOLA Ma non s'è mai sentito dire che ne sia stato...

NINA – l'amante: lo dica!

LA MARCHESA BOVENO Ma Nina!

NINA Oh Dio, nonna, si sa!

IL CONTE MOLA Io avrei detto l'amico... Ma non si sa nient'affatto: né di lui, né d'altri, del resto.

LA MARCHESA BOVENO Uh, poi! non esageriamo: un'attrice... amanti...

IL CONTE MOLA Ne avrà avuti; ma il fatto è che non s'è mai potuto attribuirgliene uno con precisione.

LA MARCHESA BOVENO Saprà fare, Mola, saprà fare; non chiudiamo gli occhi! La virtù, oggi, come va vestita...

IL CONTE MOLA (*cavalleresco*) Non è propriamente un abito, marchesa!

LA MARCHESA BOVENO Ma non dovete neppure lasciarla nuda, caro, se volete che si difenda!

Occhiata alla Nina, che rimane impassibile come un fantoccio.

Basta. Cambiamo discorso.

NINA (*dopo una pausa, sempre come un fantoccio*) La mia paura è invece un'altra: dell'incontro di Elj con la Genzi.

LA MARCHESA BOVENO Elj? o dov'è Elj?

IL CONTE MOLA Toh, guarda! Pensavo proprio a lui...

NINA (*strana, come assente*) Lo so.

IL CONTE MOLA Come fai a saperlo?

NINA (*c. s.*) Perché non è qua; e lei vuole che venga.

IL CONTE MOLA Appunto! Ma si figuri, marchesa, che s'è messo in testa d'andar di sera, e con questo mare, sulla sua lancia a vela!

LA MARCHESA BOVENO Pazzia! Tira un vento...

IL CONTE MOLA E ha visto che mare?

NINA   Ma lo lasci andare! Meglio cento volte per lui che vada sul mare, anziché venire qua!
LA MARCHESA BOVENO   Questa è matta! Farnetica! Che ti scappa di bocca, stasera? Guardate, Signore Iddio, come parla!
NINA (*c. s. assorta*)   Perché vedo!
LA MARCHESA BOVENO   Che vedi? La finisci? Ma guardate che occhi! Oh, ti scuoto io, sai!

E la scuote.

NINA   Inutile: vedo, vedo...
IL CONTE MOLA   Che Elj corre pericolo?
NINA   Sì.
IL CONTE MOLA   Se va sul mare!
NINA   No, se viene qua.
IL CONTE MOLA (*scrollandosi*)   Ma fa' il piacere!

Facendosi alla porta in fondo e chiamando.

Ehi, Enrico!
NINA   Oh Dio, lo fa venire, nonna, lo fa venire!
IL CONTE MOLA   Sicuro che lo faccio venire!
LA MARCHESA BOVENO   O che importa a te, se lo fa venire?
IL CONTE MOLA   Me l'aveva giurato, che sarebbe venuto. E ho il permesso d'Elisa di mandarlo a chiamare.

A Enrico, che s'è presentato sulla soglia.

Fatemi il favore, Enrico...
NINA   No, no...
LA MARCHESA BOVENO   Oh insomma, la smetti, Nina?
IL CONTE MOLA (*seguitando, ad Enrico*)   Sì, mio nipote. Credo sia ancora a casa. O sarà andato al Bar del Sole.

Insomma, cercatelo e ditegli a mio nome che non tardi ancora a venire, anche così come si trova, non importa... e che avete l'ordine di non ritornare senza di lui.

Enrico annuisce, s'inchina ed esce.

NINA   Dio volesse che s'adirasse per un ordine così ridicolo!
IL CONTE MOLA   S'adirerà senza dubbio; ma verrà, per non darmi un dispiacere. Credi che s'adirerà di più sapendo la ragione per cui tu vorresti che non venisse.
NINA   Lei non sarà così ingeneroso da dirglielo!
IL CONTE MOLA   Glielo dirò! Glielo dirò!
NINA   Se lei glielo dice, io –
LA MARCHESA BOVENO (*subito, minacciosa, come a parare che dica*) Tu?
NINA (*è per piangere*) Niente. Lo farò pentire.

E scappa, convulsa, nel giardino.

LA MARCHESA BOVENO   Ohi, dico...
IL CONTE MOLA   Lasciate, marchesa! Bisogna rispettare le grandi infelicità dei bambini. Ne sono commosso.
LA MARCHESA BOVENO   È incredibile! Non l'ho mai veduta così!

Entrano Volpes e Salò. Il primo, sui cinquant'anni, piccolino e baffuto, coi capelli grigi ferruginei, a spazzola, che pare abbiano avuto un colpo di vento di traverso; bruno, sporco, si stira spesso con due dita il labbro inferiore grosso e pendente; l'altro, d'uguale statura e fors'anche più piccolo, ha invece, sotto i capelli grigi, alti ed estrosi, un'aria arguta e chiara, giovanile; naso erto, aquilino, che dà l'impressione di non esser messo bene a posto, per cui tiene la testa piegata indietro e il mento in fuori, quasi a sorreggerlo senza farlo cadere.

VOLPES (*salutando*) Buona sera, marchesa. Caro Gianfranco.
SALÒ (*salutando la sola marchesa*) Marchesa...
LA MARCHESA BOVENO Ah, giusto voi due! Fa piacere vedervi insieme. Polo Sud – Polo Nord.
VOLPES Siamo stati sempre in ottimi rapporti...
LA MARCHESA BOVENO ...personali, lo credo bene. Ma quando scrivete...
VOLPES Naturale, marchesa. Io, Sud, trapassato; lui, Nord, ultragiovine!

Al conte Mola, indicando Salò.

Ma tu non conosci?...
IL CONTE MOLA Non ho l'onore...
VOLPES (*presentando*) Il conte Gianfranco Mola. Salò.

I due si stringono la mano.

IL CONTE MOLA L'arte, come eterna, non dovrebbe avere età.
SALÒ Ma il guajo è che poi, come donna, ama la moda.

Alla marchesa.

E la Genzi?
VOLPES Ah, già, la Donata?
LA MARCHESA BOVENO Ancora non è discesa.

A Volpes.

Lei che la chiama «la Donata»...
VOLPES Oh, così per uso... tutti...
LA MARCHESA BOVENO Ma dica, come donna... che tipo è?
IL CONTE MOLA Una buona figliuola, dicono.
LA MARCHESA BOVENO Voi tacete!

VOLPES Sì... forse...
LA MARCHESA BOVENO (*a Mola*) Ah, ecco, vedete che dice «forse»?
VOLPES L'ho avvicinata poco, veramente... È venuta su, da poco... Da quando io sto giù... Ma non è per questo. Ha fama di...
LA MARCHESA BOVENO ...leggera?
VOLPES (*subito*) No no! Piuttosto...
LA MARCHESA BOVENO ...capricciosa?
VOLPES Ma non nel senso di fatua, no! Scontenta. Inquieta. Ecco, insomma... una donna difficile, direi... non... non certo «amabile».
LA MARCHESA BOVENO Ho capito. Superba, scontrosa.
VOLPES No no: scontrosa, forse; ma non superba; non per carattere, almeno. È l'animo in lei... – come potrei dire?
SALÒ Permetti? La marchesa vuol sapere che tipo è «come donna». L'errore è qui, mi scusi, marchesa.
LA MARCHESA BOVENO O perché?
SALÒ Perché un'attrice non è più definibile «come donna».
LA MARCHESA BOVENO Volete dire che recita anche nella vita?
IL CONTE MOLA Senza volerlo, per deformazione professionale...
SALÒ Ma no, nient'affatto! Non ho voluto dir questo. Sarebbe allora definibilissima: «una donna che recita anche fuori della scena». Genere esecrabile. Io dico l'attrice, una vera attrice, com'è la Genzi, cioè che «viva» sulla scena, e non che «reciti» nella vita.
LA MARCHESA BOVENO Be', sarà pure in qualche modo, nella vita; e si potrà dir come! Tranne che per voi una «vera» attrice non sia più una donna!
SALÒ Una no; ecco: tante donne! E per sé, forse, nessuna.

Scende dalla scala col Giviero la signora Elisa Arcuri, sui trent'anni, magra, capelli biondi innaturali, naso accentuato, occhi di turchese, aria di donna molto vissuta. Sente, scendendo, le ultime parole della marchesa, e quelle di Salò, e dice, salutando:

ELISA Oh povera la mia marchesa, alle prese con questo cattivone di Salò! Caro Volpes! E Nina?
IL CONTE MOLA In giardino.
ELISA La mia Donata? Non dia ascolto a Salò, marchesa. È la più cara e semplice creatura di questo mondo.
LA MARCHESA BOVENO Ma mi vuoi dire – scusa – come tu l'hai conosciuta?
ELISA Come? Eh, da piccola; compagne di scuola!
LA MARCHESA BOVENO Ah, ma allora... Credevo da poco tempo...
ELISA Amica, sì, da poco tempo. Posso dire, ritrovata. N'avevo perduto quasi ogni memoria. Quando cominciò a essere per tutti «la Genzi», mi ricordai d'un tratto che avevo avuto da piccola per compagna di scuola una di questo nome, Genzi, e che si chiamava proprio Donata: una ragazzina timida, gracile, sempre appartata... Tanto che non mi parve in prima ammissibile che potesse esser lei. Le scrissi. Era lei! M'invitò ad andarla a trovare una sera nel suo camerino a teatro. Si ricordava di me anche lei, non solo, ma mi fece sovvenire di tante cose ch'io avevo dimenticate e lei no – piccole cose d'infanzia... cose da nulla, ingenue... Per dirvi com'è!
LA MARCHESA BOVENO E ti s'è affezionata?
ELISA Subito! Ma sempre in giro, capirà... ci scriviamo! Ora l'ho invitata a passare qua da me qualche settimana, con la promessa che non l'avrebbe vista nessuno, perché ha veramente bisogno di riposo.
GIVIERO Nostalgia...
ELISA (*urtata*) Che c'entra «nostalgia»? Di che?
GIVIERO Dico, questa sua amicizia per voi... Nostalgia della sua anima bambina... della freschezza dell'infanzia lontana...

SALÒ Possibile, sì... Il piacere di ritrovarsi, con voi, in un ricordo lontano di se stessa.
ELISA Ma quando? ma dove? Non pensiamo più, né io né lei, alle bambinate nostre d'allora...
NINA (*che sarà rientrata dal giardino, senza farsene accorgere*) Io non la posso credere sincera.

Sorpresa di tutti.

SALÒ Oh Nina! E di dove scappi fuori?
LA MARCHESA BOVENO Ha sentenziato! Sentenzia, lei. Tutta questa sera non ha fatto altro che sentenziare.
SALÒ Ma tu hai gli occhi rossi!
NINA Sfido! Ho pianto.
ELISA Oh povera Nina! E chi t'ha fatto piangere?
NINA Il conte.
ELISA Oh cattivo!
LA MARCHESA BOVENO Non è vero! Io, se mai, e giustamente.
IL CONTE MOLA No, scusate, marchesa: se mai, la Genzi, di cui dice d'avere una gran paura.
LA MARCHESA BOVENO Ah, già!
ELISA Tu, paura, Nina?
NINA Io, no. Non ho paura di nessuno, io.
IL CONTE MOLA Ha paura per Elj... – che intanto mi tiene veramente in pensiero!
SALÒ Dov'è?
IL CONTE MOLA Non lo so! Dovrebbe essere qua. Mi promise che sarebbe venuto...
ELISA Ha mandato a chiamarlo?
IL CONTE MOLA Ma sì, da un pezzo... Non vedo ancora nessuno...
SALÒ Be', verrà...
NINA Speriamo di no!
ELISA Ma che paura hai, tu, Nina, per Elj della mia povera Donata?

NINA (*impronta, rivolgendosi a Giviero*) Ecco, lo dica lei, Giviero, che paura ho.
GIVIERO (*restando, con tutti gli altri*) Io? Oh bella! E come posso saperlo? perché lo domandi a me?
NINA Perché tutti, questa mattina alla spiaggia, hanno detto che nessuno la conosce meglio di lei.
GIVIERO (*prendendola in ridere*) Ah, in effigie, ho capito: la storia dei ritratti! Qualche stupido che ha veduto e ha voluto malignare. Fortuna che li ho ancora tutti e potrei mostrarli! Nessuno che abbia una dedica o una firma; ritratti in vendita...
NINA Ma tanti, Dio mio!
GIVIERO Tanti – appunto – tanti – non uno solo – e tutti diversi l'uno dall'altro. Mi son serviti per uno dei miei studii sulla mimica dei sentimenti...
VOLPES Oh guarda, non lo sapevo... Pubblicato?
GIVIERO No, lasciato lì...
ELISA E Donata lo sa?
GIVIERO Ma no, come volete che lo sappia? Mai avvicinata, mai parlato con lei.
NINA Ma che fa, non scende?
ELISA M'aveva promesso che sarebbe scesa; ma non so... È arrivata molto stanca, e anche... m'è parso... turbata... Non deve star bene.
LA MARCHESA BOVENO Soffre di qualche male?
SALÒ Ah sì, d'un gran male, per la sua età: insidiosissimo e irrimediabile.
GIVIERO (*ironico*) L'amore?
SALÒ No. Perfettamente il contrario.
LA MARCHESA BOVENO Come sarebbe?
SALÒ È semplice, marchesa. Mancanza d'intimità.
NINA Ecco lui, adesso!
SALÒ Che, io?
NINA Eh, nonna dice che sentenzio io! Sentenzi tu, adesso, mi pare.
SALÒ Rispondo a tua nonna che ha domandato di che male.

IL CONTE MOLA   Vive sola?
VOLPES   Ch'io sappia...
ELISA   Sì, sola, sola.
LA MARCHESA BOVENO   Non ha parenti?
VOLPES   Ah sì, la madre che vive, credo, con un fratello.
SALÒ   Ne parla qualche volta, ma nessuno li ha mai veduti.
VOLPES   Dicono che il fratello...
ELISA   Ma sì, ma sì! Per carità, non ne parlate davanti a lei!
VOLPES   Oh, io non so neppure se sia vero! Me l'hanno raccontato.
ELISA   È vero, è vero; e non potete immaginare quant'ella ne abbia sofferto.
IL CONTE MOLA   Perché, il fratello... che cosa?
VOLPES   Mah! pare che sia stato il primo ad ammettere...
LA MARCHESA BOVENO (*seguitando la frase*) ...che quando una si mette a far l'attrice... ma sì, via, si sa!
ELISA (*risentita; poi, per cortesia, attenuando*) Che si sa? Non si il nulla invece, creda, marchesa; proprio nulla!
IL CONTE MOLA   Ve lo dicevo, io...
ELISA (*a Volpes, seguitando*) E lei, poiché ha parlato del fratello, dovrebbe anche raccontare il seguito di codesta storia.
VOLPES   Ma io non la so!
ELISA   Lo so io! E non me la piglio neanche tanto col fratello, che infine, sciocco, sapendo com'è facile malignare, parlandosi d'attrici... – per metter le mani avanti a difesa del suo stupido amor proprio maschile, ammise... sì, che le attrici... «ma sì, perché no? anche mia sorella!» – tutto questo, così, leggermente, in un crocchio d'amici, ridendo e scrollando le spalle! Come Donata venne a saperlo, ne fu... oh! ferita nel più profondo dell'anima. Non volle più vederlo. E non ha più riveduto d'allora in poi neanche la madre.
LA MARCHESA BOVENO   Ammiro, ma... è un'assoluta anormalità, ne converrete!

IL CONTE MOLA   Già, e poi... la madre... dico...

ELISA   La madre, messa al bivio, preferì di seguitare a vivere col figlio.

SALÒ   Ecco, «normalmente», marchesa! In una casa costituita «normalmente», forse dicendole: «Ti sarei d'impaccio, carina mia»... «Tu hai certo bisogno di tutta la tua libertà...». Cose vere, badiamo, verissime. Non c'è da darle torto. C'è soltanto da negare che la «normalità» delle galline possa intendere il volo disperato d'una gru.

LA MARCHESA BOVENO   Grazie, Salò, per le galline.

SALÒ   Ma no, marchesa, Dio me ne guardi, non dicevo per lei! La gallina è la morale comune, borghese, con tutti i suoi preconcetti e pregiudizii. Si giudica dalla professione: un'attrice!

LA MARCHESA BOVENO   Ma no, caro, si giudica naturalmente anche da ciò che si vede e che tutti sanno...

SALÒ   Bravo! Appunto! E quando non si sa nulla? Si séguita a credere lo stesso; perché, comunemente, un'attrice... Ecco il preconcetto, il pregiudizio!

LA MARCHESA BOVENO   Sarà il caso d'una rara eccezione...

SALÒ   Ma una vera attrice, creda marchesa, è sempre una rara eccezione. – Quando diventa donna come tutte le altre e si fa una vita per sé e se la vuol godere, nella misura che se ne lascia prendere finisce d'essere attrice.

LA MARCHESA BOVENO   Come se ci fosse un'incompatibilità!

SALÒ   C'è! E si chiama «abnegazione», nel senso più proprio della parola: «negare se stessa, la propria vita, la propria persona, per darsi tutta e darla tutta ai personaggi che rappresenta». Invece comunemente si crede che per l'attrice l'arte sia soltanto una scusa al malcostume.

VOLPES   Permetti? Vorrei domandarti come fa una attrice a dar vita ai suoi personaggi, se non ne ha nessuna per sé, né sa che cosa sia: amare, per esempio, se non ha mai amato?

SALÒ   Ah già! Tu sei quello dell'esperienza, me ne scordavo! Che, per sapere, bisogna prima provare. Io so invece

che ho provato sempre soltanto ciò che m'ero prima immaginato.
LA MARCHESA BOVENO Oh bella! Non ha mai dunque provato una disillusione, lei?
VOLPES Ecco appunto l'esperienza!
SALÒ La disillusione? Ah, grazie! Per te sono queste le esperienze?
VOLPES I fatti – certo – non l'immaginazione!
SALÒ Ma, caro mio, quando m'è arrivato qualcosa che non m'aspettavo – da una persona – da una sensazione – io non ho fatto nessuna esperienza; al contrario!
LA MARCHESA BOVENO E che ha fatto?
SALÒ Non ho compreso più nulla.

Tutti scoppiano a ridere, come per una battuta spiritosa; invece Salò ha risposto sul serio; tant'è vero che rincalza.

Sì, marchesa; appunto perché il fatto non ha risposto all'idea che me n'ero formata. Non ho compreso più nulla.

A Volpes.

Te ne farai, al più, un'altra idea, che non sarà più quella; finché non t'avvenga il caso favorevole che ti farà esclamare: «Ah, ecco, è così, questo è l'amore», perché l'amore l'avrai riconosciuto, questa volta, nell'idea che te n'eri già formata. Ed ecco allora la vera esperienza per te; mentre l'altro resterà il caso contrario, la prova fallita, il disinganno. Ma credi sul serio, scusa, che per amare ci sia bisogno di sapere come si ama?
LA MARCHESA BOVENO Dio mio, saperlo non sarà come non saperlo!
VOLPES E tutte le donne lo vogliono sapere, e come!
SALÒ D'accordo! Chi ti dice di no? Ma quando una attrice l'avrà saputo? Siamo sempre lì: o una disillusione o proprio quello che s'era immaginato. Non c'è bisogno

ch'ella «sappia» l'amore per sé; basta che intuisca come lo sente il personaggio da rappresentare. Per lei, se lo sente, non lo vedrà mai. Il sentimento è cieco. Chi ama, chiude gli occhi.

NINA Ah, eccola che scende.

Si fa silenzio.

Donata Genzi appare sulla scala, in abito da sera, e comincia a discendere. È pallida, turbata in volto, con una piega dolorosa nella strana bocca tragica. Negli occhi grandi, dalle ciglia molto lunghe, ha un che di fosco e di smarrito. Tutti si voltano a guardarla, alzandosi. Elisa si muove per accoglierla e far le presentazioni.

ELISA Permetti, cara, che ti presenti la marchesa Boveno – Il conte Mola – (Salò, Volpes, li conosci).
SALÒ Cara Donata...
VOLPES Lietissimo, signorina, d'averla tra noi...
ELISA Carlo Giviero, tuo «studioso» ammiratore...
LA MARCHESA BOVENO Ah già, brava, «studioso»; perché pare abbia fatto uno studio sulle sue immagini, sa?
DONATA Ah sì? Non ne ho una sola che mi contenti...
NINA Le ha tutte!
GIVIERO Non tutte! Quasi tutte. Le più espressive.

Pausa di sopravvenuto imbarazzo.

ELISA (*finendo, in quest'imbarazzo, le presentazioni*) ...E Nina, nipote della marchesa.
SALÒ (*tanto per rompere il silenzio*) La terribile Nina!
NINA (*scattando, tutt'accesa in volto*) Senti, Salò, non cominciare, o me ne vado!
LA MARCHESA BOVENO (*riprendendola, aspramente*) Nina!
NINA Ma no, scusa, nonna, non voglio essere la pietra d'affilare, se non sapete più parlare davanti a lei, come avete fatto finora.

ELISA (*con tono di lieve rimprovero*)   Ma che cos'è?
SALÒ   Non sappiamo più parlare? Chi te l'ha detto? Possiamo invece seguitare benissimo...
ELISA (*a Donata*)   Si parlava naturalmente di te...
VOLPES   O piuttosto, dell'attrice in generale...
IL CONTE MOLA   E non si diceva altro che bene...
NINA   Di lei, sì! non dell'attrice in generale.
SALÒ   Non è vero! Di quelle, se mai, che non sono da considerare vere attrici, sostenevo io. Ma del resto, tu che hai il tupè di sbattere in faccia a tutti la verità, perché non confessi d'aver sentenziato che per te la Donata non può essere sincera?
LA MARCHESA BOVENO   Bravo, Salò!
DONATA (*a Nina, divertendocisi*)   Non si confonda! È bello! Risponda, subito! su!
NINA   Non mi confondo! Non mi confondo! È per la nonna...

La guarda, come trasecolata.

Tu approvi...? tu che dicevi?...
LA MARCHESA BOVENO   Che dicevo? Sono pronta a ripetere tutto quello che ho detto...

A Donata.

La conosco come attrice, non come donna; e volevo sapere...
DONATA (*con semplicità sorridente*)   Se sono sincera?
NINA (*subito*)   No no! questo lo negavo io; e sa perché? perché le ho visto sostenere le parti più opposte, e tutte con lo stesso calore di verità. E allora ho pensato che lei...
DONATA   ...non possa essere ugualmente vera nelle parti più opposte? Perché no? Io non c'entro... Sono ogni volta come mi vuole la parte, con la massima sincerità.
GIVIERO   Salò sosteneva una cosa molto interessante: che

un'attrice non ha bisogno di conoscere per propria esperienza la vita; basta che sappia intuire quella del personaggio che deve rappresentare.

DONATA Mi par giusto.

NINA Veramente Salò diceva «amore», non la vita!

GIVIERO È lo stesso!

DONATA «Chi ama, chiude gli occhi», ho inteso. Molto grave, per me, se è così; perché io, gli occhi...

SALÒ Non li chiuderete mai? È naturale! Siete attrice per questo.

DONATA Ma no, io dico nella vita...

SALÒ Sì, cara. Perché avete questo in più di tutti noi: che potete vivere davanti ad uno specchio!

DONATA Come, davanti a uno specchio?

SALÒ Ma sì, guardate; se a uno di noi per caso avviene di sorprendersi di sfuggita in uno specchio nell'atto di piangere per il dolore più cocente, o di ridere per la gioia più spensierata; subito il pianto o il riso ci son troncati dall'immagine che n'abbiamo, riflessa in quello specchio.

GIVIERO Verissimo! Ne può far la prova ognuno. Basta vedersi: non si può più né piangere né ridere. L'immagine arresta.

SALÒ (*a Donata*) Ebbene, voi avete al contrario questo dono: di poter vivere sulla scena, sapendovi guardata da tutti, cioè con tanti specchi davanti, quanti sono gli occhi degli spettatori.

DONATA Ma io non vedo gli spettatori, né penso mai che ci sono, recitando.

SALÒ Ecco: potete vivere davanti a loro, come se non ci fossero! E credete pure che gli occhi li chiudete anche voi, istintivamente, nelle scene d'amore, quando v'abbandonate.

DONATA Ah sì? Io non lo so...

SALÒ Senza saperlo, senza volerlo, li chiudete.

GIVIERO Ho io una sua immagine così...

DONATA Con gli occhi chiusi?

GIVIERO Sì, presa in gruppo, in un finale d'atto.

SALÒ E se poi un giorno, nella vita, come vi auguro, vi avverrà di chiuderli davvero, per conto vostro, mia cara amica, ebbene **voi vi copierete**. Ecco tutto!

A Volpes.

Tant'è vero che non c'entra l'esperienza!
LA MARCHESA BOVENO Però, scusate, è pure una bella condanna, io dico, amare in pubblico, alla vista di tutti, senza poi saperne nulla per sé!
DONATA (*sorridendo, mentre gli altri ridono*) Ma è pur l'unica possibilità di vivere tante vite...
LA MARCHESA BOVENO Ah, sulla scena, grazie! In finzione!
DONATA Perché finzione? No. È tutta vita in noi. Vita che si rivela a noi stessi. Vita che ha trovato la sua espressione. Non si finge più, quando ci siamo appropriata questa espressione fino a farla diventare febbre dei nostri polsi... lagrima dei nostri occhi, o riso della nostra bocca... Paragoni queste tante vite che può avere un'attrice con quella che ciascuno vive giornalmente: un'insulsaggine, spesso, che ci opprime... Non ci si bada, ma tutti disperdiamo ogni giorno... o soffochiamo in noi il rigoglio di chi sa quanti germi di vita... possibilità che sono in noi... obbligati come siamo a continue rinunzie, a menzogne, a ipocrisie... Evadere! Trasfigurarsi! diventare altri!
LA MARCHESA BOVENO E non essere mai niente per noi stessi, Dio mio, in una «nostra» segreta vita?
GIVIERO Certo, un'attrice non può più avere segreti per nessuno.
DONATA (*facendosi più fosca*) Perché non può?
GIVIERO Eh, scusi, se lei stessa dice che sulla scena si rivela tutta in tutte le possibilità d'essere che sono in lei, che segreti vuole più avere? Noi la conosciamo, non solo com'è, ma anche come potrebbe essere!
DONATA No! Solo come potrei essere, se mai! Perché,

sulla scena, non sono mai io. Come io sono veramente, scusi, vuol saperlo lei, se non lo so io stessa?
GIVIERO   Ma sì, certo!
NINA   Ha le fotografie!
GIVIERO   No: ho gli occhi!

A Donata

Lei non può vedersi; mentre noi spettatori la abbiamo veduta.
DONATA   Non me! Come amerei io, per esempio, la prego di credere! Lei vede come ama questo o quel personaggio ch'io rappresento!
GIVIERO   Se lei gli dà il suo corpo, scusi! le sue labbra per baciare... le sue braccia per abbracciare... la sua voce per dire le parole d'amore... noi sappiamo come lei respinge o s'abbandona... le parole nel vario tono con cui le dice... le espressioni dei suoi occhi, della sua bocca... il suo riso... il modo – per esempio, ho notato – come carezza i capelli o li scompone sul capo dell'uomo che le piace...
DONATA   Io le dico che vivo in quei momenti la vita del mio personaggio! Non sono io!
GIVIERO   Ma lei non può essere diversa, mi scusi se insisto, perché nel personaggio è lei stessa! Una attrice è di tutti. Tanto vero – lei deve sentirlo – che s'innamorano di lei, gli spettatori; non del personaggio!
SALÒ   E il più grave è questo, amica mia: che quando creerete a voi stessa il vostro dramma, non vi vedrete più!
DONATA   Io vedrò sempre! E forse è proprio questo il mio dramma.
GIVIERO   Di non poter chiudere gli occhi?
DONATA   Forse, davanti a un pericolo... chi sa!
VOLPES   Ecco, buttarsi! buttarsi là, e addio!
DONATA   Buttarsi... Ma è questo: l'orrore di... Finché si resta così... sospesi... da potersi volgere con la mente... qua, là... a ogni richiamo in noi d'una sensazione, d'una

impressione... a tante immagini che un desiderio momentaneo può accendere... o un ricordo rievocare... con quest'alitare in noi... sì, di ricordi indistinti... non d'atti, forse nemmeno di aspetti... ma, appunto, di desiderii quasi prima svaniti che sorti... cose a cui si pensa senza volerlo, quasi di nascosto da noi stessi... sogni... pena di non essere... come dei fiori che non han potuto sbocciare... – ecco, finché si resta così, certo non si ha nulla; ma si ha almeno questa pienezza di libertà... di vagare con lo spirito... di potersi immaginare in tanti modi... Ora, compiere un atto, già non è mai tutto lo spirito che lo compie... tutta la vita che è in noi... ma ciò che siamo solo in quel momento... – eppure ecco che quell'atto d'un momento – compiuto – c'imprigiona, ci ferma lì... con obblighi, responsabilità, in quel dato modo e non più altrimenti... E di tanti germi che potevano creare una selva, un germe solo cade lì, l'albero sorge lì, non potrà più muoversi di lì... tutto lì, per sempre... Quest'orrore, ecco, io lo sto vivendo con gli occhi bene aperti, ogni notte, e proprio davanti a uno specchio, appena – finita la rappresentazione – vado a chiudermi nel mio camerino per struccarmi.

SALÒ Dev'essere effettivamente per voi il momento più triste; tornare voi...

DONATA ...E non trovarmi!

LA MARCHESA BOVENO Ma come non trovarsi, mi scusi? perché? Davanti a quello specchio si troverà, Dio mio, ancora così giovane,... bella... Verranno a trovarla amici...

DONATA Sì, qualcuno, qua e là... M'accompagnano all'albergo... a qualche caffè, a far quattro chiacchiere... Ma ne ho così poca voglia... e sono spesso così stanca... Per fortuna, ho tante cure e così poco tempo da badare a me... Ma quel momento

si volge a Elisa

ah sai, cara... è veramente orribile... Il teatro s'è vuotato... e tu non puoi immaginare che squallore spaventoso... Tutti se ne sono andati, con qualche cosa di me viva nel ricordo – sì – e io, entrando nel mio camerino, sono ancora accesa del respiro caldo della folla che s'è levata ad applaudirmi un'ultima volta sulla scena. Ma ora lì, sola, a mani vuote, in quel silenzio, davanti a quel grande specchio sulla tavola che mi rappresenta intorno quegli abiti vani, che pendono immobili, e me seduta in mezzo, le spalle curve, le mani in grembo, e gli occhi aperti, aperti, a fissarmi in quel vuoto... Non li chiuderò mai – mai!

Tutti restano per un momento in silenzio turbati. Donata, più turbata di tutti, lo nota; non può più trattenersi; si alza e, provandosi a sorridere, dice a Elisa:

Senti, cara, non ti dispiacerà... Sarà perché sono così stanca – devi scusarmi – non mi sento proprio in condizione stasera di restare in mezzo a voi. Scusatemi anche voi tutti. Mi ritiro.

Si sono alzati a poco a poco tutti. Donata s'avvia per la scala; comincia a salire.

ELISA Se vuoi che ti faccia portare su qualcosa...
DONATA No, grazie. Non potrei. Buona notte a tutti.

Sale tutta la scala, apre sul ballatojo l'uscio della sua camera. E via. Tutti restano per un momento in un mortificato imbarazzo.

ELISA Vi avevo tanto raccomandato di non parlare davanti a lei...
SALÒ (*scherzoso*) Tutta colpa di Nina!
NINA Mia?
LA MARCHESA BOVENO Tua! tua! perché hai lasciato intendere che stavamo parlando...

GIVIERO ...di ciò che duole di più in lei, in questo momento, a vedersi guardata...
LA MARCHESA BOVENO ...la donna! ecco, ci siamo –

A Salò

Caro mio, avete un bel dire «l'attrice»... «tante vite»... quando poi non se ne ha una propria per sé, bene o male!
VOLPES Ma se è lei a non volerla...
IL CONTE MOLA Ah, ma ne soffre! È così chiaro che ne soffre!
VOLPES (*scrollando le spalle*) Ne soffre... ne soffre... Basterebbe che si risolvesse a far come le altre...
ELISA E non capisce che la trattiene proprio questo? – di fronte a ciò che tutti s'attendono? il suo stesso fratello per il primo?
VOLPES Ma non solamente, santo Dio, perché è «come le altre», ma perché è naturale! Allora, scusate, è puntiglio?
SALÒ Sì: se tu la vuoi diminuire. Potrebbe anche essere un diverso sentire di sé, rispetto alle altre –
ELISA – ecco! ecco! –
SALÒ – per cui «far come le altre» non le sarebbe possibile. Si può anche avere sdegno d'una necessità, quanto più si riconosca comune e naturale.
IL CONTE MOLA Ah, ma non è allora più l'amore!
SALÒ Scusate: mi pare che finora non abbiate inteso parlare d'altro: «prova», «esperienza», «bocca per baciare»...
GIVIERO Perché appunto credo che non sia questione d'altro. Dignità, intelligenza, non escludono l'ardore del sangue. Anche la sua carne sarà carne, perdio! È bella, è giovane...
NINA (*con voce nuova, che stona*) Perché non si sposa?
SALÒ Ecco che Nina ha risolto il problema!

ELISA   Eppure è la stessa domanda che le feci io in una lettera, or è qualche mese.
VOLPES   Ma non ci sarebbe neanche bisogno che sposasse! Prima di tutto, non le sarebbe facile, volendo seguitare a far l'attrice. Io per me, marito, non lo consentirei. Né lei del resto sarebbe disposta, credo, a rinunziare, per ridursi moglie soltanto.
SALÒ   Non potrebbe!
VOLPES   D'accordo!
IL CONTE MOLA   Ma sposare un attore, per esempio?
VOLPES   Con l'esperienza che si ha sul palcoscenico, dei matrimonii tra artisti? Si sa come vanno a finire tutti quanti. E poi una come la Genzi non lo farebbe mai. Secondo me, abbiate pazienza: va bene, non «come le altre»... ma c'è modo e modo...
GIVIERO   Questione degli occhi, non avete inteso? Non li vuole, o non li può chiudere!
NINA   Ah! Ecco Elj finalmente! Dio sia lodato...

Entra Elj, seguito da Enrico che, attraversata la scena, esce per l'uscio in fondo. Elj ha ventisei anni, biondissimo, ma bruciato dal sole, occhi chiari, aspetto esotico, veste da spiaggia, molto sportivo. È senza cerimonie. Brusco, e tuttavia, sognante.

IL CONTE MOLA (*subito*)   Oh! C'è stato proprio bisogno che ti si mandasse a cercare!
ELJ (*a Elisa*)   Buona sera, signora. Buona sera a tutti.

A Gianfranco

T'avevo pur detto, mi pare, che sarei andato prima da quello che doveva riparare la vela.
LA MARCHESA BOVENO   Speriamo bene che non gliel'abbiano riparata!
ELJ   Mi dispiace, marchesa: è perfettamente in ordine e già armata.

IL CONTE MOLA Ah ma resterà lì, per questa sera, mi farai questo santo piacere!

ELJ Ma sì, ma sì, eccomi qua, difatti! Sono venuto e me ne starò qua! Che vuoi di più?

ELISA Non è grazioso per me, caro Elj, come lo dice... e per tutti questi miei amici...

ELJ Domando scusa; ma non è per lei, signora, né per gli amici. Avevo detto che sarei venuto più tardi, per passare la sera in loro compagnia; non c'era dunque bisogno che mi si mandasse a cercare, ecco! Cenare, ho cenato.

Entra dal fondo Enrico ad annunziare.

ENRICO La signora è servita.
ELISA Ah, bene, andiamo.

A Elj

Vuol restare qua? vuol venire ad assistere alla nostra cena?

ELJ Se mi permette, guarderò qua qualche libro.
IL CONTE MOLA Ma no! ma no! Vieni di là con noi!
ELJ Temi che scappi?
ELISA Sarebbe bella! Ma sì, faccia come vuole... Noi siamo di là; quando vuol venire... Prego, marchesa...

Via tutti per l'uscio in fondo. Enrico spegne la luce nell'atrio, che resta in penombra; rimane illuminato l'angolo dei libri, dove è Elj. Questi sbuffa, tentennando il capo, come per dire: «Ma guardate un po', non son padrone di fare come mi pare e piace!». Si volta a scorrere con gli occhi i libri nelle scaffalature, alla fine ne prende uno, che è un album di riproduzioni di quadri, e si butta a sedere per guardarle. Poco dopo rientra Nina, cauta, a spiarlo.

NINA (*piano*) Elj...
ELJ Ah, tu? Che vuoi? Vieni a vedere se sono ancora qua? Sono qua! Sono qua! Dìgli che mangi in pace! Auff!
NINA No; ti volevo domandare se volevi che il cameriere ti portasse qualche liquore.
ELJ Ah... Liquore?

Ci pensa un po'.

Sì.
NINA Se è vero che hai cenato...
ELJ Ho cenato! ho cenato! Un po' di Cognac! Ma fammi portare da Enrico la bottiglia! Così almeno, per dispetto, mi ubriacherò!
NINA Bravo, sì, subito! Ubriàcati, ubriàcati; ma davvero, sai! Se t'ubriachi, è proprio quello che ci vuole.

E scappa via, in silenzio.

ELJ Perché quello che ci vuole?

Si volta; non la vede più.

Ah, se n'è andata...

Si rimette a sfogliare il libro.

È pazza...

come sopra

Una volta o l'altra, finisce che l'acchiappo e la sbatto al muro come una gatta...

come sopra

Toh, guarda... pare lei, ballerinetta...

Posa sulla tavola il libro aperto; vede sulla panconata un grammofono, di quelli a valigetta, portatile, col disco già pronto, e lo fa sonare. Si rimette a sedere e a sfogliare il libro mentre il grammofono suona un jazz. A un certo punto Elj si alza sbuffando per interrompere il grammofono. Entra Enrico con una bottiglia di Cognac e un bicchierino sul vassojo.

ELJ (*indicando il tavolino*) Ah, bravo. Posa lì.
ENRICO Mi scusi se ho tardato. Sto servendo in tavola.
ELJ Oh, non t'arrischiare a dire che m'hai ajutato ad armar la vela e a portar la lancia qua allo scalo.
ENRICO Ma che le pare! Stia tranquillo. Badi però, signor Elj, che non voglio responsabilità, io – Il mare, ha visto, si fa sempre più cattivo.
ELJ Non mi seccare anche tu col mare! Che responsabilità vuoi avere, se nessuno saprà che m'hai ajutato?
ENRICO Ma io dico per la coscienza...
ELJ Va' là, non mi far ridere!
ENRICO Non voglio rimorsi. Io ho obbedito a un suo ordine. Ma le dico di non mettere a repentaglio la pelle, appena suo zio se ne sarà andato a dormire.

Ride sotto il naso.

Lo so che vuol fare così... E già tenere il segreto è per me una grossa responsabilità.
ELJ Tu non sai nulla di nulla; e il resto è affar mio. Basta così.
ENRICO Almeno, signor Elj, non beva troppo...
ELJ Ti puoi pur portare la bottiglia.
ENRICO Oh sa? me la riporto davvero!

Via, col vassojo e la bottiglia.

ELJ Guarda un po'...

Donata ridiscende dalla scala. Pare un'altra, tanta è la sua facoltà di trasformarsi tutta. Ha un grazioso impermeabile verde e una cuffia di cerato dello stesso colore, una sciarpa al collo di seta azzurra, e stivalini. L'atrio è ancora in penombra. Scorge l'angolo dei libri illuminato e vi si dirige. Elj non si scompone; non alza nemmeno il capo a guardarla. Donata resta un pezzo a mirarlo, prima stupita, poi stizzita da quella indifferenza. Alla fine domanda:

DONATA Sono ancora di là?
ELJ (*c. s.*) Sì. A tavola.

Pausa.

DONATA E... lei forse aspetta?
ELJ Che finiscano! – Spero non si tratterranno a lungo a conversare dopo cena, visto che quella che aspettavano non è arrivata...
DONATA Ah, lei sa che non è arrivata?
ELJ Suppongo. Li ho visti tutti mogi mogi andare di là... Non so nulla, io. Non m'interesso.
DONATA Non sa neppure come si chiami?
ELJ Chi?
DONATA Quella che doveva arrivare...
ELJ Ah, non so... un'attrice, mi pare... Non ho potuto mai soffrire il teatro, io, s'immagini... Mi tengono qua, in cattura, sa? Perché mio zio, sissignori, ha preso sul serio la sua parte di tutore... Stasera il mare è grosso... Rida, sì, rida... è da ridere... Teme che vada sulla mia lancia a vela...
DONATA E non vuole? Rido, scusi, perché, a immaginarla sotto tutela...
ELJ Ma che tutela, no, più: sono maggiorenne. È che gli voglio bene. Mi ha mandato a prendere e vuole che stia

qua. Di tanto in tanto mi manda una certa ragazzina con certi occhi da basilisco... Ah, ma forse questa volta ha mandato lei...?

DONATA No, stia tranquillo, io non vengo di là.

ELJ Scusi, credevo... È veramente d'un ridicolo così esasperante...

DONATA Forse però, se c'è qualche pericolo...

ELJ C'è! Sicuro che c'è! Ma questo anzi è il bello! E allora che? le regate d'acqua dolce, col grecalino in poppa? Grazie tante! Non mi compravo la lancia! Io ho il sangue di mio padre, marinajo svedese, morto in mare a ventisei anni!

DONATA Deve averlo appena conosciuto...

ELJ Non l'ho conosciuto affatto! Sono nato due mesi dopo il suo naufragio. E mia madre aspettò giusto fino al punto di mettermi al mondo, e non un minuto di più, per andare a raggiungerlo. Mi pare che questo dica tutto; se mio zio fosse capace di comprenderlo...

DONATA Fratello della sua mamma?

ELJ M'ha cresciuto lui, qua in Italia. Non conosco che lui. Ma io sono svedese: Elj Nielsen. Ora basta! Sono arrabbiato con me, creda, non con lui; per la mia buaggine che mi fa sottostare a questo ridicolo, pur di non dargli un dispiacere.

DONATA Non amerà lo sport suo zio?

ELJ Ma nemmeno io, lo sport! Lo detesto, così come è fatto: trucco, manìa o speculazione. Mi voglio conservare gli occhi nuovi, io, ha capito? E sto con la natura. Mi guardo da ogni intimità, come dalla peste. Non voglio disillusioni. Voglio che anche gli altri mi restino nuovi. Tutto nuovo. Il bello per me è l'improvviso... ciò che non par vero... le sorprese continue che vengono... Se considero una cosa da vicino e sto a pensarci, addio! Vivere in società? domandare perché uno ha detto o fatto una tal cosa? È da crepare. Io voglio restare estraneo: estraneo. E nossignori, il gusto di tenermi qua a suffumigio, a bagnomaria, a ballare soffocato su una pentola che bolle...

DONATA ...quando sarebbe invece così bello affrontare il pericolo sul mare tempestoso... – Andiamo! Mi porti sulla sua lancia a vela!

ELJ (*restando*) Che?

DONATA Non vuole più?

ELJ Ma chi è lei, scusi?

DONATA Ha bisogno di sapere chi sono? Allora domanda anche lei come gli altri? Se vuole restare estraneo! Anch'io, estranea... Andiamo!

ELJ Ah, lei forse è l'attrice che doveva arrivare?

DONATA Non sa neppure il mio nome! Tanto meglio! La sfido a imbarcarsi con me sulla sua lancia a vela!

ELJ Ma no, aspetti, signora.

DONATA Non sono signora.

ELJ Signorina...

DONATA Non abbia paura che su me la parola possa arrossire: lo può dir forte, senza esitare: signorina!

ELJ Signorina...

DONATA Così!

ELJ Ma lei è qua ospite...

DONATA Sì, della mia amica.

ELJ Mi parrebbe di mancare...

DONATA Io sono padrona di me!

ELJ Ma almeno prevenire...

DONATA Ha paura?

ELJ Io posso aver coraggio per me; ma paura per lei...

DONATA La dispenso d'aver paura per me: sono io a volerlo. Metto alla prova le sue parole: che per lei il bello è l'improvviso, ciò che non par vero: ebbene: eccomi, andiamo!

Rientra a questo punto Nina, che ha ascoltato le ultime parole.

NINA Elj! Ma come, tu vai?

ELJ Non mi seccare!

NINA (*a Donata*) Con lei? Lei è di nuovo discesa?

DONATA Sì. Ero andata su a riposare. Non mi è stato possibile. Ho bisogno d'andar fuori, vado al mare...
NINA No, Elj! Va cercando il pericolo... l'ha detto!
DONATA Appunto, il pericolo!
NINA ...per chiudere gli occhi?
DONATA (*a Elj*) La faccia tacere!
ELJ Sì, vada! vada! La faccio tacere! M'aspetti un po' fuori, vengo subito!

Donata esce.

Subito Elj prende Nina per il capo; glielo rovescia; le suggella la bocca con un violento lunghissimo bacio; e fugge.
Nina resta tramortita, come folgorata dal bacio; le si piegano le gambe; casca a sedere sulla panca, convulsa, avvampata, felice, senza potere articolar suono; poi geme, come una che rivenga a galla.

NINA Oh Dio... oh Dio...

E accenna di riprendersi, con grande affanno; vorrebbe levarsi, non può; alla fine dà un gran grido; si leva, e correndo verso l'uscio in fondo:

Ajuto! ajuto! Venite! correte! Sono scappati! Tutt'e due...

E cade tra le braccia dei primi che accorrono, sorpresi, storditi, interrogando a soggetto, in gran confusione.

Tela

ATTO SECONDO

Stanza nel villino di Gianfranco Mola in Riviera, adibita a studio di pittura per Elj Nielsen. La stanza è a pianterreno ed ha in fondo una grande vetrata che s'apre sulla spiaggia del mare. Un uscio è a destra; un altro, a sinistra, dà nello spogliatojo. Bizzarro addobbo e molto disordine. Tele, disegni, cavalletto, un manichino che può prendere tutti gli atteggiamenti, con una testa di cartone, tignosa, che non dice nulla. Divano-letto, con coperta di velluto e molti cuscini. Modelli di nave a vela. Tavolino-bar, tavolino da scrivere, poltrone, seggiole. Un grande specchio, nella parete sinistra, è stato nascosto da Donata con uno scialle veneziano.

Sono passati venti giorni dal primo atto. Donata è stata trasportata lì di peso, mezza morta, da Elj, la sera del naufragio della lancia a vela, e lì è rimasta.

Al levarsi della tela, Donata, in vestaglia e con un accappatojo soprammesso per la medicazione, sta seduta in mezzo alla stanza, a capo chino, con le spalle voltate contro la vetrata. Il Dottore ha finito di medicarle la ferita alla nuca. Elj regge una catinella, dove il Dottore ha gettato l'ultimo bioccolo di bambagia.

DOTTORE Ecco fatto. Vuol vedere, prima che passi alla fasciatura...?
DONATA (*subito, quasi con orrore*) Ah, no no!
ELJ E poi, dove? Donata ha abolito gli specchi.
DOTTORE Oh! Questo, per una donna...
DONATA (*per deviar subito il discorso*) Crede che la cicatrice si vedrà molto?

DOTTORE Non siamo ancora, purtroppo, alla cicatrizzazione.

ELJ Dopo venti giorni!

DONATA Miracolo, caro, che non mi hai mangiato la nuca!

DOTTORE Certo – scollata – si vedrà.

DONATA E... si riconoscerà che è stato un morso...?

ELJ (*finendo la frase*) ...di cane arrabbiato?

DOTTORE (*a Elj, indicando*) Eh, guardi... c'è tutta la chiostra dei denti stampata...

DONATA ...affondata!

ELJ Fui sul punto, una volta, di perderne due per una barra di timone che mi sbatté in faccia. Avessi perduto almeno quelli – due ferite di meno!

DONATA Preferisco che non li abbi perduti.

DOTTORE Allora, rifasciamo?

Comincia ad eseguire.

DONATA Mi pare che alle bestie, per non perderle, si usa fare un marchio sull'anca.

ELJ Ma che paragoni!

DONATA Tu me l'hai fatto alla nuca.

DOTTORE E fortuna che l'istinto lo portò a farglielo! Sareste annegati tutti e due. Soltanto non capisco come lì...

ELJ E dove?

DONATA Eh, ma alla gola sarebbe stato peggio!

DOTTORE Ah, certo! E ben più pericoloso!

ELJ Non potevo che lì, scusi! Mi s'era aggrappata così stretta al collo...

DOTTORE Prima che la lancia scuffiasse?

DONATA Volevo morire.

ELJ Ma io no, grazie! Morire, proprio quando...? Lei capisce? non avevo altra presa che alla nuca... E la vita morse la morte, finché non le fece allentare le braccia e non l'ebbe inerte in suo potere, svenuta.

DONATA La tua vita...
ELJ No no, la nostra! la mia e la tua! Saremmo morti tutti e due. Così invece ci siamo salvati tutti e due.
DONATA Ma tu forse, in quel momento, mordendo – di' la verità – cercasti di sbarazzarti di me, no? ferocemente...
ELJ No! Come lo puoi dire?
DONATA L'istinto...
ELJ Ma no, che istinto! Non fu l'istinto! Lo feci di proposito! T'avrei lasciata colare a fondo, allora, per salvare me solo. Rischiai d'annegare invece una seconda volta per sostenerti, nuotando con un braccio solo, nemmeno io so più come. Fortuna che accorsero le barche; non reggevo più.
DOTTORE (*a Donata*) Ah, ma le assicuro, sa? che le forze gli tornarono tutte, appena a terra! Se la prese in collo come una bambina, difendendosela contro tutti.
ELJ Ti volevano portare dalla tua amica, sfido!
DOTTORE Cacciò via tutti – pazzo, pazzo furioso, le dico – tirando dentro soltanto me, per darle ajuto.
DONATA Ma era pur giusto...
ELJ ...che ti portassero là?
DONATA Dovevano...
ELJ Eri in braccio a me!
DONATA E allora tu, dovevi...
ELJ Ma nient'affatto! Prima di tutto, era più lontano. Lo scalo è qua.
DONATA Sì, due passi di più...
ELJ E poi, giusto un corno! t'eri, sì o no, buttata al rischio con me? T'avevo salvata io. Ah, per morire insieme, sì? Grazie! Non siamo morti: dovevi rimanere a me! Questo è giusto, non è vero, dottore?
DOTTORE Per diritto di vita.
DONATA Suggellato con un morso, di cui mi resterà il segno finché campo.
DOTTORE (*finita la fasciatura*) Speriamo il meno possibile.
ELJ Ah no, Dottore!

DOTTORE Dico il segno! dico il segno!
ELJ Io non lascio la presa!
DOTTORE Ma ora, per fortuna, non è più coi denti. Basta. Io vado. A rivederci a domani.
DONATA A rivederla, Dottore.
ELJ L'accompagno.

Via col Dottore.
Donata, rimasta sola, si prova a piegare indietro la testa ed esprime, con gli occhi chiusi, un dolore che forse non è soltanto della ferita.

Rientra Elj e la sorprende in quell'espressione.

ELJ (*premuroso*) Ti fa male?
DONATA No. È la fasciatura.
ELJ Troppo stretta?
DONATA No: come un collare. Non ho mai potuto sentirmi nulla al collo. – Ma tu... non volevi uscire?
ELJ Io? No, dove?
DONATA M'è parso volessi andare col Dottore... – ma sì, va' un po' fuori!
ELJ Ma no, che dici! Vuoi che ti lasci sola?
DONATA Vedi? Resti per me, per non lasciarmi sola.
ELJ No no, per me stesso, perché non potrei più senza di te!
DONATA Chiuso qua da venti giorni; tu che –
ELJ – non me ne sono neanche accorto!
DONATA – ti guardavi dall'intimità, hai detto, come dalla peste!
ELJ Perché non conoscevo ancora la tua! Da quella degli altri sì, per un principio, t'ho detto: per non patire disillusioni. Da te, non c'è pericolo.
DONATA È anche troppo presto; e siamo ancora come tu, secondo un altro tuo principio, vorresti sempre restare –
ELJ – io? come? –
DONATA – eh, ancora come estranei –

ELJ — estranei? ancora? noi due? — ma niente affatto! Sappiamo già tutto quello che importa sapere. Basta.
DONATA Ah no, caro, non basta! Tutt'altro! Troppo poco!
ELJ Sì, sì, credi! Io dico estranei nel senso di nuovi, intendi? sempre nuovi!
DONATA E ti pare possibile?
ELJ Ma sì – sta' a sentire! Amarci tanto da non poterci mai aspettare il male, né tu da me, né io da te. E poi nuovi, sempre, l'uno all'altra: che tu non sappia mai quello che ti possa venire da me: atti, pensieri, sorprese, che so? cose appunto che non ti pajano vere in uno come me. Anche se in prima non t'arrivino gradite, anche se ti sembrino strane, se escludi assolutamente che io te l'abbia potuto far per male, ti faranno sorridere. E sarà sempre meglio che non averne mai più nessuna – se mi conosci tutto, se ti conosco tutta. – Del resto io poi ti dico francamente... non lo so mica io, come sono...

Con un improvviso dubbio, che gli fa comicamente paura:

Se ho ingegno... Forse non ne ho... E con te bisognerebbe averne tanto...
DONATA (*ridendo*) Ma no... che c'entra adesso l'ingegno!
ELJ Non ho mai cercato di saperlo, come sono... Mai fatta un'idea di me stesso...
DONATA Oh Dio, saprai almeno ciò che ti piace o non ti piace...
ELJ Tu mi piaci! vivere mi piace!
DONATA Vivere... c'è modo e modo...
ELJ Ecco: senza saperlo: vivere... Non in mezzo agli altri, per esempio! Perché senti, è un fatto: quando sono solo, sul mare, in campagna coi miei colori, insomma all'aperto – anche se ho contrarietà o c'è rischi da affrontare – non mi perdo, ci vado incontro, e sono lieto. – In mezzo agli altri, invece, no: sono sempre di malumore; e non

valgo più nulla. – Non posso soffrire tutto quello che è solito.

Prende dal cavalletto una tavoletta dipinta.

Dipingo male – grazie – lo so; ma perché non è facile, sai, dipingere come vorrei io... le cose come appajono in certi momenti... lo scoppio, lo scompiglio di tutti gli aspetti consueti che hanno ridotto la vita, la natura, oh Dio, come una moneta logora, senza più valore. Io non capisco: è come volersi umiliare... subìre... Il solito cielo che t'ammicca con le solite stelle, sulle solite case che ti sbadigliano con le solite finestre, e tu che vai sul solito lastricato delle solite strade... Ah, che soffocazione! Ti sarà avvenuto qualche volta – non sai come – non sai perché – di vedere all'improvviso la vita, le cose, con occhi nuovi... – pàlpita tutto, a fiati di luce – e tu, sollevata in quel momento e con l'anima tutta spalancata in un senso di straordinario stupore... – Io vivo così! In questo stupore! E non voglio sapere mai nulla! – Tu, ecco, sei per me uno stupore, come mi sei apparsa, come ti sei gettata nel pericolo con me, come t'ho salvata, come sei ora qua mia... tutta, tutta uno stupore... la tua bellezza... codesti occhi, come mi guardano...

Le prende la testa tra le mani.

DONATA Li chiudo... sì, li chiudo davvero... se tu mi prendi... non vedo più nulla... muojo per un momento in questa gioia che ti prendi di me e che mi dài... Bisogna perdersi...
ELJ Nell'amore, sì! Guaj se uno cerca di salvare qualche cosa! Per questo, istintivamente, a un certo punto, si chiudono gli occhi. Guaj a vederci, a vedersi... – Ma tu piangi?
DONATA No! No! Non ci badare... Nulla!

ELJ   Come no! Se è un male che ti faccio senza volerlo, sì che ci bado! Che cos'è?
DONATA   Niente... Ho scoperto in me... non so...
ELJ   Una sofferenza? Per causa mia?
DONATA   No. Forse perché sei stato...

Non sa aggiunger altro.

ELJ   Come sono stato?

Donata esita.

– Di' di'; non è male, sai, provare in principio una sofferenza.
DONATA   Ah sì? Perché?
ELJ   Perché guaj, gioja mia, guaj, in amore, a stabilire rapporti sul sublime! Una piccola sofferenza in principio è proprio quello che ci vuole... Ma di' di', come sono stato?
DONATA (*dolcemente*)   Vuoi saperlo?

Esita ancora un po'; poi, senza attenuar la dolcezza, ma abbassando gli occhi:

Hai pensato a te... troppo...
ELJ   A me? T'è parso?
DONATA (*tornando a sorridere*)   Ma forse è dell'uomo essere così.
ELJ   Non vuoi dir come? Vedi, questo, lo vorrei proprio sapere. Non capisco.
DONATA   Basta, basta, ti prego; non ci far caso. Non saprei dirtelo.
ELJ   Hai pure detto una sofferenza!
DONATA   No... ora più!
ELJ   E allora? Parla! Non è bene che tenga per te, nascosta, una cosa che... sarà bene, invece, ch'io conosca.
DONATA   Può darsi che dipenda da me...

ELJ Non ti piace come io t'amo? Devi dirmelo, perché io... io non comprendo più nulla: ardo tutto, basta che ti tocchi!

DONATA Sì, tu sei così. È naturale. Non stare più a pensarci! Non devo più pensare neanch'io; ma vivere, ora, avere una vita mia; essere come te! Sì, perché io finora – tu forse non lo sai – non ho mai appartenuto a me stessa, da un canto, pur avendo, dall'altro, appartenuto a me, troppo – sempre sola – e senz'aver mai voluto pensare a certe cose... ecco, a certe cose che tu tutt'a un tratto, m'hai rivelate... ma vedi? in una maniera – non so – che ora vorrei mi fossero ancora nascoste, perché tu...

ELJ Perché io?

DONATA Perché tu potessi di nuovo cercarle in me, ma altrimenti.

ELJ E come?

DONATA Ah, è così difficile dirlo! Ma ora è passato, ora è passato. E forse dev'essere così. La vita è questa. E io non voglio più vedere, non voglio più sentire che in te la mia vita. Ecco, toccarla in te, così: luce dei tuoi occhi

e gli passa le mani amorose sugli occhi

sapore delle tue labbra

e gli passa leggermente le dita sulla bocca, poi, carezzandogli e scomponendogli i capelli

Ora vivo «io»... ora amo «io»...

Tutt'a un tratto avverte quell'atto di carezzargli e scomporgli i capelli – già notato dal Giviero nell'atto precedente – e ritrae le mani, con orrore.

No!

ELJ (*stordito da quello scatto improvviso, ma non comprendendo e volendo ancora la carezza*) Perché? Ancora!

DONATA No! No!
ELJ Mi piace tanto, quando mi carezzi così i capelli o me li scomponi sul capo...
DONATA Io? i tuoi capelli? anche altre volte?
ELJ Ma sì... Che hai?
DONATA Nulla! Non me n'ero accorta.
ELJ Ti strizzi le mani... ti vedo far certi gesti...
DONATA Gesti? Ma no! Che gesti ho fatto?
ELJ Eh, non posso mica rifarteli... Come ti sei levata... come ora mi stai guardando...
DONATA Oh Dio, no! no! per carità, non dirmi più nulla!
ELJ (*stordito più che mai, ma anche un po' divertito*) Perché? cos'è?
DONATA Non mi far pensare come sono, come mi muovo, come ti guardo; i gesti che faccio... Non voglio vedermi!
ELJ Hai nascosto gli specchi per questo?
DONATA Sì. Conosco troppo la mia faccia; me la sono sempre fatta, troppo fatta: ora basta! ora voglio la «mia», così com'è, senza ch'io me la veda.

Ha ancora nelle dita l'orrore della carezza scoperta.

Sai, è... è per forza così... perché io sono stata sempre vera... sempre vera... ma non per me... ho vissuto sempre come di là da me stessa; e ora voglio essere «qua» – «io» – «io» – avere una vita mia, per me... devo trovarmi!

S'infosca; si esaspera.

– Ecco, vedi? dico: trovarmi. È orribile! Se parlo... Dovrei non parlare... Mi sento parlare... Non vorrei più riconoscere la mia voce: me ne sono tanto servita! Vorrei parlare con una voce nuova; ma non è possibile, perché non mi son mai fatta una voce, mai: e prima non ci ho mai badato; ho parlato sempre con questa mia voce. Ora non posso averne un'altra, è vero? è vero? è la mia!
ELJ Ma certo che è la tua! Di chi vuoi che sia? Benché tu,

tante volte, non la voce sola, ma tutta, tutta, sai – sembri un'altra – irriconoscibile! Sì sì, anche la voce ti cangi.

DONATA Anche la voce?

ELJ Sì, in certi momenti che forse stai pensando... a cose che ti restano vaghe... e l'una dentro di te chiama l'altra, e t'allontanano... Poi, tutt'a un tratto – mentre io sto a guardare il tuo corpo, a cui certo in quel momento non pensi più affatto – ti volti brusca a fissarmi, come un'estranea!

DONATA Eh, se tu allora guardi il mio corpo...

ELJ E che vuoi che guardi?

DONATA ...ecco sì, vedi? quello sì mi è veramente «estraneo» allora. E credi che soltanto così, con quello, si può restare, come tu dici, estranei. Io sono così poco nel mio corpo.

ELJ E dove sei?

DONATA Quando si pensa, dove si è? Non ci si vede, quando si parla... Sono nella vita... nelle cose che sento... che mi s'agitano dentro... in tutto ciò che vedo fuori – case, strade, cielo... tutto il mondo... Fino al punto che, vedendomi talvolta richiamata da certi sguardi al mio corpo, trovarmi donna... – oh Dio, non dico che mi dispiaccia – ma mi pare una necessità quasi odiosa in certi momenti, a cui mi viene di ribellarmi. Non vedo più, t'assicuro, non vedo più la ragione ch'io debba riconoscere il mio corpo come la cosa più mia, in cui io debba realmente consistere per gli altri. Ma sai che arrivo a sentire per il mio corpo... ma sì, anche antipatia! Tante volte ne avrei voluto un altro, diverso.

ELJ Ah, ma io no! io voglio questo! io amo questo! E tu sei ingrata, se non te ne contenti.

DONATA Devi comprendere, però, che non è il corpo soltanto... Se la tua vita e la mia si sono unite, non ti pare che dobbiamo pur venire a parlare tra noi di tante cose?

ELJ Ma sì! ma sì! di tutte quelle che vorrai!

DONATA Questo lasciarsi prendere dagli atti della giornata...

ELJ Eh, ma ne troveremo tanti, aspetta! ne inventeremo tanti – cento al giorno! – lascia fare a me!

DONATA Io dico ora – queste necessità precarie – delle cose che si debbono fare, dire... Arriva poi un momento... – come questa mattina, uscita dal bagno... – sì, dev'esserci anche questo... e quello... le cure della persona... – ma a un certo punto, cascano le braccia... C'era tanta luce, che accecava – sono rimasta lì, inerte, a pensare... Il bagno... Eh, altro che bagno! Mi sono gettata nel mare, come una cieca.

ELJ (*spalancando le braccia*) Qua ti sei gettata, nelle mie braccia che non ti lasceranno più! A che vuoi più pensare adesso?

DONATA Ma anche per te – a tante cose! – della nostra vita – come sarà...

ELJ Programmi? Regole? No! Niente! Sarà come sarà. In qualche modo. In tanti modi.

DONATA Ma – in tanti modi – caro, è come sono stata finora! – E tu dici che non puoi soffrire il teatro? È strano!

ELJ No, sai, è il luogo: quella tetraggine – palchi, tutte quelle poltrone – andare a rinchiudersi lì – e poi come ci si va – tutta quella gente che vuole stare attenta – Dio mio, a cose che si sanno non vere –

DONATA – ma possibili – create – come tu puoi crearle a te stesso!

ELJ E non si può vivere così... come in vacanza? senza bisogno di crearsi nulla? A caso – com'è vero – come tu sei vera – come io sono vero – che ci viene all'improvviso di scapparcene e piantiamo qui tutto... Questo non ti sarà mai avvenuto a teatro!

DONATA Ma sì! come no? – di spezzare una scena e scapparsene all'improvviso...? – tante volte!

ELJ Be', non importa. Andiamo lo stesso; andiamo un po' fuori!

DONATA Ma no, come? in vestaglia?

ELJ Non importa! Siamo sulla spiaggia! Vedo che stai

troppo a pensare; sei stata qua troppo chiusa: andiamo! andiamo!

DONATA No, no, Elj: qua – restiamo qua – bisogna pensare, caro! – vediamo di decidere un po'... Che vita può essere, scusa, così a caso?

ELJ Che vita? La vita – come ti si presenta – come ti va... – senza bagagli...

DONATA Senza bagagli? Sapessi quanti ne ho io!

ELJ E io ti propongo d'ora in poi un tascapane a tracolla, e via! La gente ci vede passare a braccetto: «Ecco un uomo d'ingegno e una donna di cuore!».

DONATA Ah, così – vagabondi – tu dici?

ELJ Ti spaventa?

DONATA Ma no: che vuoi che mi spaventi? ti dico che non ho mai fatto altro finora! – Ma non è vita! Per trovar la vita – facendo così – sai che ho dovuto fare? cercarla, sentirla in altre creature che l'avevano – oggi in una, domani in un'altra – create dalla fantasia – a cui io ho dato la verità del mio corpo, della mia voce. Appunto, appunto in cento casi diversi – come mi sono stati dati da vivere – e li ho vissuti, sulla scena! Tu non sai in quante situazioni mi sono trovata –

ELJ – ma senza esser vere!

DONATA Ecco: ora mi trovo in una «vera» – «io», «io» – e debbo pur vedere com'è, Dio mio! come mi ci sento dentro – «io», «io» – in questa vita che dev'esser «mia» finalmente! – io – sola io – come penso, come sento dentro di me, come sono! – Mi sono gettata come una cieca – ma non avrei mai potuto altrimenti... Ora, guarda: tu stesso m'hai portata qua: m'hai presa: non ho nulla da rimproverarti né da pretendere perché ho voluto anch'io – l'ho quasi voluto io sola –

ELJ – no, come?

DONATA – tu non volevi – t'ho sfidato io – ma poi, sì, qua volesti portarmi tu: bene, vedi? ci sono io, ora, nella tua vita, come tu nella mia. Non possiamo restare insieme come due estranei. Tu vuoi riprendere la tua vita –

ELJ — ma con te! —

DONATA — ecco, con me... — forse a te sarà facile, se sei così, che vuoi tutto a caso e senza regola... — ma per me no, vedi? per me sarà tanto difficile —

ELJ — e perché? —

DONATA — ma perché ora io ho — ho — la mia vita e la voglio avere «per me» e non so come sarà, con te che sei come un bambino che forse si spaventerà — come si spaventano tanti bambini — quando vedono le maschere.

ELJ Vorresti tornare al teatro?

DONATA Ma certo...

ELJ Ah no no! Al teatro, no!

DONATA Debbo, caro: tra dieci giorni il mio mese di riposo sarà finito.

ELJ Ah no no: io non ti lascio più andare! No no, niente più teatro! Hanno voglia d'aspettarti tra dieci giorni!

DONATA Ma ho i miei impegni!

ELJ Si mandano a monte!

DONATA Sì, e come?

ELJ A qualunque costo! Io non voglio saper nulla! Tu resti a me! a me! Ma figurati se io ti lascio più ritornare al teatro, a dar vita ai tuoi fantocci! Te la do io, ora, la vita, se non hai mai vissuto; e tu a me!

DONATA Sono felice che tu mi dica così. Ma tanto più, allora, vedi? dobbiamo parlare, vedere...

ELJ Sì, sì — prima di tutto di scioglierti da codesti impegni —

DONATA — non è facile —

ELJ — non sarà impossibile! —

DONATA — impossibile no; ma son così gravi! impegni con gli attori — tutta una compagnia — impegni coi teatri...

ELJ Ci sarà da pagare una somma...?

DONATA Tentare di venire a un accordo...

ELJ Ecco, ecco — questo si farà subito!

DONATA Eh sì, si dovrebbe subito: non c'è più tempo da perdere — dieci giorni...

ELJ Subito subito! Mi dirai tu come si deve fare, perché io non lo so!

DONATA Prima di tutto, un telegramma al mio amministratore, perché venga qua –

ELJ – ecco: fallo – ora stesso – si spedirà subito – su su, senza perder tempo!

DONATA Ma no, Elj – aspetta! – non si può così subito!

ELJ Perché no? La risoluzione l'hai presa così, di gettarti nella vita, e ora avanti! avanti! bisogna nuotare, nuotare!

DONATA Ma vedi che non ho saputo? Mi sono aggrappata a te, con gli occhi chiusi...

ELJ E resta così, aggrappata a me, con gli occhi chiusi, se vuoi vivere! – Ti vuoi «trovare». Ma bisogna trovarsi così nella vita, di volta in volta, senza cercare; perché, a furia di cercare, se alla fine riesci a trovarti, ma sai che t'avviene? che non trovi più nulla e non puoi più vivere: bell'e morta, con gli occhi aperti!

DONATA E allora – lasciare tutto?

ELJ Tutto, sì! Tutti i bagagli delle vesti altrui!

DONATA Ma ebbero pure la mia vita, quelle vesti!

ELJ Grazie, per vivere loro, e non tu!

DONATA Non è vero: vissi pure io, in loro, della loro vita...

ELJ Sì: «come di là da te stessa», l'hai detto. Ora invece sei tu, qua...

DONATA E dove sono?

ELJ Con me!

DONATA E tu chi sei?

ELJ Come, chi sono?

DONATA Non mi pare vero ancor nulla, lo vuoi capire?

ELJ Ma questo è il bello!

DONATA Vuoi che non sappia neppure come vivremo insieme?

ELJ Sarai mia moglie!

DONATA Sì; ma...

ELJ Senti: un colpo di coda, come fanno i pesci, e si cambia direzione: il mare è infinito...

DONATA Ma no... che dici?...
ELJ Dico una verità sacrosanta! Non si è considerato abbastanza, gioja mia, che la Terra, guarda, è tanta!

Fa, levando la mano e congiungendo il pollice e l'indice in alto, il segno d'un piccolo tondo

negli spazii celesti – tanta! Mica un granello di sabbia, sai? come si crede. Che! Una gocciola d'acqua.
DONATA E con questo?
ELJ Acqua! Acqua! Con questo, tu dici? Con questo, i suoi abitatori più proprii – pensa – chi vengono a essere? I pesci! I pesci, da cui si dovrebbe prendere regola. Dico sul serio, sai? Io credo che la prima ragione dell'infelicità degli uomini, degli altri animali detti di terraferma, sia proprio questa: che siamo una sciagurata degenerazione derivata dall'essere, a un dato momento, rimasti sul duro, in secco.

Donata ride.

Sì, sì, è la verità, credi! Ne ebbi il lampo una volta, in un acquario, ritrovando nell'aspetto d'ogni pesce i tratti, le espressioni, di tante facce umane di mia conoscenza. La marchesa Boveno, famiglia delle tinche: mio zio, famiglia degli scòrfani...
DONATA (*ridendo ancora*) Ma via... smettila... che ti scappa di bocca?...
ELJ Ecco, vedi? ridi... Questa è la vita... Ti ci ritrovi?... Un colpo di coda, e si vira altrove... Bollicine, bollicine... Niente: bollicine... Se tu ora pensi che il più proprio dei pesci è il silenzio, il silenzio! e che noi l'abbiamo perduto, questo bene, forse per andar gridando in tutti i modi la nostra sciagura d'essere rimasti così fuori del nostro vero elemento! Guarda la foca, da un canto, in cui il mostro umano e bestiale comincia anche nella voce; e guarda dall'altro la donna! La donna è tutta dell'acqua. Tutto

il suo corpo è un'onda. Tutte le sue curve e cavità sono marine. Una donna, come creatura più marina che terrestre, in questa gocciola d'acqua, non si dovrebbe mai perdere!

Con risoluzione improvvisa:

Sì, sì, ora esco davvero; vado da mio zio, per parlargli di tutto. È uno scòrfano saggio, mio zio; e quando si tratta di ragionare, ci vuol lui. Lo informerò di quanto abbiamo stabilito...
DONATA Ma se non abbiamo ancora stabilito nulla...
ELJ Come nulla? Tutto! Mandare a monte gl'impegni! Sposarci!
DONATA Sposarci, va bene; ma prima bisognerà veder tante cose, Elj, non così! Anche per i miei impegni... Chi sa quanto ci sarà da pagare!
ELJ Ci penserà lo zio!
DONATA Sì, è giusto che tu vada ora a trovare tuo zio –
ELJ – l'ho cacciato di casa, pensa, poverino: dalla sua stessa casa: pum! la porta in faccia. E dorme da venti giorni all'albergo. Appena mi vede, scòrfano: un colpo di coda e cambia direzione.
DONATA Chi sa che avrà pensato anche di me! come mi avrà giudicata!
ELJ Non te ne curare: gli passa tutto, sùbito. Non ha altri che me; ed è per me come un padre. Vado e lo porto qua. Parleremo di tutto; e vedrai che si aggiusterà ogni cosa. – Se vuoi anche la tua amica...
DONATA Sì, ora sì...
ELJ Benissimo! Apriamo le porte! – Chiede ogni giorno di te. È qua dirimpetto: te la chiamo.
DONATA Sì sì.
ELJ Così, mentre io parlo con lo zio, non resterai sola. Vado.

Elj, via.

Donata resta un momento assorta; è come smarrita; più che smarrita, stordita. Poi si alza; ma è perplessa; alla fine, con una risoluzione improvvisa, strappa con una bracciata lo scialle veneziano che nasconde il grande specchio sulla parete sinistra, e restando con lo scialle ancora in pugno si mira, dopo venti giorni, per la prima volta. Immobile, a lungo, in quell'atteggiamento, esprime dapprima maraviglia, poi quasi sgomento; istintivamente leva l'altra mano a rialzarsi un po' da un lato i capelli; ma riconosce il gesto teatrale e subito, con sdegno, l'interrompe. S'accosta, sporgendo, il capo, di più in più allo specchio, come a un'acqua, e vi si mira affitto affitto negli occhi, quasi per leggersi dentro; ma ne ha un così gran turbamento che se ne ritrae, quasi con paura. In quest'atto la sorprende Elisa.

ELISA Donata...
DONATA Oh, cara...

Le si butta, convulsa, tra le braccia, lasciando cadere a terra lo scialle; trema tutta.

ELISA (*sorpresa, affettuosa*) Donata mia, Donata mia... che hai? tremi tutta...
DONATA (*senza lasciarla, stringendola anzi di più*) Ho avuto paura... ho avuto paura...
ELISA Di me?
DONATA No! Mi sono guardata...
ELISA Guardata? Che dici?
DONATA Sì, smarrita, là, in quello specchio! Non mi guardavo da venti giorni.
ELISA (*sbalordita*) No! Perché?
DONATA Vedi?

E si china a raccattar lo scialle per buttarlo sul divano.

L'avevo nascosto con questo – e tutti gli altri!

ELISA Ma no! Com'hai potuto fare? Non è possibile!
DONATA Non ho voluto più vedermi!
ELISA Oh bambina! Bene, ora che ti sei veduta? Sei più bella che mai!
DONATA Non comprendo più nulla! Non mi trovo! Non mi trovo!
ELISA Non ti trovi... come? con lui?
DONATA No! Non dico per lui! – Lui è così, per aria, sparpagliato, tutto dietro alle cose...
ELISA Ah, questo sì!
DONATA Ma è caro! tanto caro!
ELISA E allora?
DONATA No. Io, io non mi trovo – in me stessa. Credevo non mi dovessi più riconoscere:

indica lo specchio

mi sono vista dapprima – la stessa – la stessa.
ELISA Eh, certo!
DONATA Ma poi, accostandomi, per guardarmi negli occhi, ho avuto paura di... di essere così... non so... non so più come!
ELISA Ma perché tutto t'è avvenuto all'improvviso, cara! E per questo! In una maniera così inopinata! Ora vedrai che, a poco a poco...
DONATA Sì sì, sarà per questo, sarà per questo...
ELISA Ma certo che è per questo! Ora vedrai...
DONATA (*con altro tono, un po' vergognosa*) Tu m'hai scusata?
ELISA Io? E di che? Tu non avevi e non hai da dar conto a nessuno di ciò che t'è piaciuto fare. Rischiasti di morire! Nello stato in cui eri –
DONATA – no: fu come una follìa che mi prese lì per lì –
ELISA – era inevitabile, io lo compresi così bene; non potevi più rimanere in quello stato. – Bene: l'hai fatto – ti sei buttata – e io t'approvo. – Ma ora dimmi, ora dimmi, cara: non sei contenta? È un così caro giovane – bello –

forte – un po' selvaggio – un po' strano – ma sei l'invidia di tante, sai? di tutte le ragazze e anche di tutte le signore della spiaggia, sì... E non deve perciò stupirti lo scandalo che è scoppiato.

DONATA   Ah sì, scandalo? Eh già, certo...

ELISA   Perché non s'era potuto mai dir nulla di te, ora si véndicano, capisci? Come se avessi fatto chi sa che cosa enorme – enorme – a confronto di quello che si sa di tante altre, che naturalmente si mostrano le più indignate; è da ridere! Io t'ho difesa contro tutti. Ma guarda un po', come se non avessi più diritto, perché te l'eri sempre vietato! Sciocchezze, sciocchezze, di cui non ti devi curare.

DONATA   E non so poi perché tanto scandalo, se ci sposiamo...

ELISA   Ah sì? Vi sposerete? E non me lo dicevi ancora? Eh, ma allora benissimo! Guarda, vorrei scappare a gridarlo in faccia a tutti. Ne sono felice, proprio felice! La cosa più normale, allora! Siete già d'accordo su questo?

DONATA   L'ha proposto lui stesso. È andato a parlarne allo zio.

ELISA   Ma non lascerai mica il teatro, no? Sarebbe un peccato!

DONATA   Pare di sì. È contrario. Non vuol saperne.

ELISA   Ma a te non sarebbe possibile!

DONATA   Io ancora non so. Ho tutti i miei impegni, da cui non sarà facile sciogliermi. Ma non sono soltanto gl'impegni...

ELISA   Eh, lo capisco! Se si tratta di questo...

DONATA   Non c'ero preparata neanch'io. Me l'ha detto poco fa. Io non gliel'avevo nemmeno chiesto. Lo feci – tu intendi – soltanto per... volevo liberarmi... ma sì, fors'anche della vita! – Quello che ho provato in questi giorni... È inverosimile! – Io dico che, da soli, o di nascosto dentro di noi, anche in presenza degli altri, siamo pazzi. – Io, figùrati – provare anche una spavalda soddisfazione d'averlo potuto fare alla fine – sì, sì – una soddisfazione come per un'inferiorità superata, anche per la mia professione d'attrice – e anche verso le altre donne. E appunto verso le altre donne (quelle che tu mi dici le più indignate) ho provato a mettermi... così – non ridere – sul mento – negli occhi – la sfida, come un'improntitudine che ormai non dovessi più lasciare – come una già del tutto spregiudicata, che accetta la posizione... sì, di donna che ha accolto l'amore fuori d'ogni legalità, ammettendo ormai come niente che tutti possano credere che sì, avendolo fatto una volta... farlo ancora, come tutte le altre... E questo, capisci, pur sentendomi d'averla data vinta a chi se l'aspettava... e d'esser venuta meno così... – No no, non era inevitabile, come tu dici! – E poi, per non provarci in fondo – ti giuro – alcun piacere; anzi, se debbo dirti, una vera sofferenza; forse... sì, con questa sola soddisfazione, di sentirla come una cosa che la donna deve fare per quietare in lei un uomo – e di provare, dopo, anch'io questa quiete, grande, per un attimo, senza più pensare, per non turbarmela, a ciò che m'è costata, compensandomene con la gratitudine tenera e un po' vergognosa ch'egli mi dimostra. Questa, mi immagino, è l'unica cosa che possa veramente stabilire il legame. L'affetto... Su tutto il resto, chiudere gli occhi, per riaprirli soltanto in questo affetto riconoscente; e salvare tutto così.

ELISA Eh, ma gli uomini adesso, cara, pretendono che debba essere la donna, invece, a restar grata a loro, del **piacere che loro** le **dànno**.

DONATA Loro?

ELISA Perché la donna è divenuta così stupida d'averlo dato loro a vedere – sì sì – fino al punto che ne hanno ormai acquistato la più profonda convinzione – e si fanno anche pregare!

DONATA Ma non è vero!

ELISA Che, non è vero? Eh, capisco che tu devi attendere che nasca per te – ancora bene – l'amore...

DONATA Ma sì, io l'amo!

ELISA Ma non ancora «con lui». Quando amerai con lui –

allo stesso modo e allo stesso tempo che lui – sarà un'altra cosa... vedrai...

DONATA (*levandosi, turbata*) Io so per ora che, in certi momenti, come me lo vedo davanti – lì – così sicuro in quel suo corpo agile e pronto – (sì, è bello! ma tutto lì, ma tutto lì! mentre io...) – in quei momenti, vedi? se mi s'accosta... non so, io lo odio!

ELISA (*sorridendo*) No! che dici!

DONATA Sì, sì! Perché non posso essere nelle sue braccia una cosa soltanto sua... un corpo – là – e nient'altro, che diventa suo... Mi sento tutta sconvolgere – provo anche ribrezzo di me stessa... Se è questa tutta la vita che m'aspettavo! Vuoi che sia in questo tutta la mia vita?

ELISA Ma no, certo! Perciò ti dico che non devi lasciare il teatro!

DONATA No no, non penso adesso al teatro! Vedessi almeno come sarà...

ELISA È troppo presto!

DONATA Sì, certo, è troppo presto...

ELISA Bisogna che t'intenda con lui...

DONATA Sfugge, sfugge – non può fermarsi un momento a pensare... Ed io...

S'interrompe, perché ritorna col pensiero a ciò che Elisa ha detto prima.

Sì, forse è vero quello che tu dici. Vorrei anch'io difatti in quei momenti sentire il contrario – non d'essere io, là, una cosa sua, ma che fosse lui, invece – lui, mio! – Non è; non è perché io non sono nulla, sento che non sono nulla in quel momento con lui; e provo allora una sfiducia che mi gela, che m'avvilisce e mortifica; come se in fondo fossi stata spinta da una curiosità che m'abbia forzata a vincermi, o dal bisogno di provare anch'io...

ELISA Non è niente – questo – credi! – Sì, lo capisco... Ma aspetta, aspetta... Non c'è stata in te l'attesa... la preparazione... E non hai ancora tanta confidenza con lui, da poterti difendere.

DONATA Come, difendermi?

ELISA Imparerai! imparerai! In principio è così! – Lo costringerai intanto a fermarsi – questo sì – e a cercare con te, d'accordo, – senza sfuggire – una maniera di vivere che ti contenti. È così buono, in fondo, come un fanciullo...

DONATA Sì, e così estroso...

ELISA Se ti ama poi tanto e ti vuole sposare...

DONATA Eh sì, forse sono io... che vuoi che ti dica... Ma credevo, capisci? che appena entrata in una vita mia, subito mi si sarebbe chiarito tutto; che sarei uscita, intendo, dall'incerto in cui vagavo prima. Ma che! Non è vero! È peggio! E in questa incertezza, vedi? contribuisce a tenermi anche lui che mi dice che dev'esser così... tutt'a caso, come vien viene... i fatti della giornata...

ELISA Eh già... la vita, com'è...

DONATA Anche tu dici così? Ma allora è vero!

ELISA Che, vero?

DONATA Questo mio smarrimento allora è naturale; quest'ansia... Non c'è veramente, non ci può essere nulla di certo... La volontà, sì, la volontà di farcela, una vita, il bisogno di farla consistere in qualche modo, com'è possibile... – eh sì, com'è possibile, perché non dipende più da noi soltanto, ci sono gli altri – i casi – le condizioni – e chi ci sta più vicino – che possono contrariarci, ostacolarci – non sei più tu sola, in mezzo a tutto questo increato che vuol crearsi e non ci riesce – non sei più libera! E allora... allora dove la vita è creata liberamente, è là invece, nel teatro! Ecco perché mi ci sono sempre trovata subito, sicura – là sì! E il vago, l'incerto che sentivo prima, non dipendevano dal non avere io ancora una vita mia: ma che! no! è peggio, è peggio averla! Non comprendi più nulla, se t'abbandoni ad essa perdutamente. Riapri gli occhi, e se non vuoi lasciarti andare a tutto ciò che è solito, che diventa abitudine, solco, monotonia che non ha più colore, sapore, allora è tutto incerto di nuovo, instabile; ma con questo: che non sei più come prima; che ti sei legata, compromessa con ciò che hai fatto, e in cui è così difficile, impossibile trovarti tutta intera, sicura. – Lo comprendevo anche prima; ma ora lo so, lo so per prova! Dimmi, dimmi almeno di lui... che almeno sappia di lui qualche cosa che ancora non so.

ELISA Sai che non ha altri parenti all'infuori dello zio...

DONATA Sì, questo lo so. E questo zio?

ELISA Lo vedesti da me.

DONATA Sì, il conte Mola –

ELISA – un vero signore, perfetto gentiluomo –

DONATA – Elj dipende da lui?

ELISA Sono stati sempre insieme, come padre e figlio.

DONATA È figlio d'una sorella di lui, lo so, morta giovane.

ELISA Ecco, sì. Ma in che rapporti stiano propriamente tra loro, non saprei dirtelo. Credo però che Elj debba avere anche del suo, dalla parte materna, la dote... Sono – almeno, hanno fama – di molto agiati.

DONATA Vorrei saperlo, perché – tu comprendi – se Elj dipendesse da lui –

ELISA – ah, ma lui farà sempre tutto quello che vorrà il nipote!

DONATA Tu l'hai più veduto?

ELISA Sì; e c'è stato anzi qualche urto tra noi. È molto irritato, capirai!

DONATA Contro di me?

ELISA Non contro di te propriamente; contro di lui: è stato messo alla porta... E poi, per lo scandalo... Un uomo come lui... tutto appuntato con gli spilli... martire delle forme... L'ha offeso il modo... Ma son sicura che per te...

DONATA Sai se, per caso, non avesse qualche idea per il nipote?

ELISA Ah sì, credo... Ma a proposito! Tu non sai quello che fece Elj alla Nina, quella sera? sai, quella ragazzina...

DONATA ...che non mi credeva sincera?

ELISA Sì, quella. Ah, una delle sue! Proprio feroce, sai!

DONATA   Non so nulla! Che fece?
ELISA   Ma sì... pare che, per farla tacere, le abbia detto o fatto... non si sa bene che cosa... parla di «suggello»... «patto suggellato»... e si preme con le mani la bocca... Noi la trovammo lì boccheggiante, che gridava ajuto, soffocata...
DONATA   Ah sì?
ELISA   Puoi immaginarti, poverina, innamorata di lui come una gatta. Ne è come impazzita... sì, sì tuttora...
DONATA   E tu sai che lo zio avrebbe veduto bene...?
ELISA   Sì, suppongo – d'accordo con la nonna... sai, quella vecchia, la marchesa Boveno... Ah, è furibonda! la marchesa è furibonda!
DONATA   Sarà andata a gridar vendetta allo zio?
ELISA   Eh, figùrati!
DONATA   Ci sarà di mezzo allora anche questa ragazzina – ora – per lo zio...
ELISA   Ma no; che vuoi che sia! non è cosa a cui si possa dare importanza! Una ragazzata! Il conte è seccato per le conseguenze che ha portato... lo scombussolamento momentaneo di quella poverina...

Si ode a questo punto dall'interno la voce del conte Mola.

IL CONTE MOLA   Permesso?
ELISA   Ah, eccolo! Vuoi che vada?
DONATA   Aspetta un po'. – Avanti!
IL CONTE MOLA   (*entrando, forzandosi di vincere l'imbarazzo*) Buon giorno, Donata... Cara Elisa...
DONATA   Buon giorno...
ELISA   Caro conte...
DONATA   S'accomodi...
IL CONTE MOLA   Grazie.
DONATA   Ed Elj?
IL CONTE MOLA   Elj... ecco se mi permette, questa volta,

gli ho reso la pariglia: ho lasciato io lui fuori, per poter parlare posatamente...
ELISA (*alzandosi*) Allora io ti lascio, Donata...
IL CONTE MOLA (*alzandosi subito anche lui*) No, io avrei caro, invece, che lei restasse, Elisa...
ELISA Ma se avete da parlare... io non so...
DONATA Se il conte stesso desidera che tu rimanga...
IL CONTE MOLA Sì, lo desidero; sapevo che lei era qua; me lo disse Elj; mi sono appunto affrettato a venire, per trovarla ancora qua...
ELISA Ah... bene... allora

a Donata

se anche tu vuoi...
DONATA Ma sì, figùrati, resta! Io però tengo a dir subito che tutto questo...

Si alza smaniosa; si passa le mani sulla faccia.

Dio mio, no...

Scoppia a ridere

non potete immaginare come tutto questo mi sa di teatro...
ELISA Oh bella!
DONATA (*sempre ridendo, male, convulsa*) Ma sì... Una scena preparata, a tre, con Elj lasciato fuori... Debbo mettermi qua?... Là? che posa debbo prendere? mi metterò a recitare... forse un pochino meglio di voi, scusate...
IL CONTE MOLA (*imbarazzatissimo*) Ma no... perché... perché le pare così...?
ELISA (*guardando il conte e ridendo con Donata, per contagio*) Sì sì... curioso... come l'hai detto... anche a me, anche a me, ora, sta facendo quest'effetto... Ma guarda che idea!... Forse perché è teatrale anche la vita, cara!

DONATA Eh no, scusate! – Allora, il teatro! Almeno là si è sicuri che tutto avverrà come deve avvenire, sino alla fine... No, conte, mi scusi! Per me è grave, è grave! C'è di mezzo la mia vita; sono ora qua viva, io, in uno stato che lei può bene immaginarsi... So quello che ho fatto – guardi – non pretendo nulla. Se a lei ha recato dispiacere; se lei aveva altre idee per suo nipote e non approva – ecco – la prego, lasci la posatezza, tutto il suo garbo – io non sono in grado di sopportare più nulla; ho bisogno in questo momento di sapere a che attenermi. – Lei è contrario? Lo dica!

IL CONTE MOLA Ma io... ecco...

DONATA È contrario. – Sta bene. – Mi risponda: Elj ha bisogno del suo consenso?

IL CONTE MOLA Ma no... io...

DONATA Mi risponda, mi risponda – sì – no – per carità!

ELISA Ma no, aspetta, Donata, così non è possibile...

IL CONTE MOLA Io non sarei affatto contrario, se...

DONATA Se...? dica, la prego! Le ripeto che ho bisogno di sapere!

IL CONTE MOLA Se non me ne lascia il tempo, scusi...

ELISA Calma, calma, cara... Siediti qua, accanto a me... Prego, conte...

IL CONTE MOLA Mi dispiace ora veramente d'aver lasciato fuori Elj.

Elj sporge a questo punto il capo dall'uscio; ma il conte non se n'accorge e prosegue:

se questo ha potuto dar l'impressione...

ELISA (*scorgendolo*) Eccolo qua Elj! Come il diavolo!

ELJ (*entrando d'un balzo*) Che diavolo! Come l'Angelo Salvatore!

Allo zio:

Vedi? te l'avevo detto io?

IL CONTE MOLA (*alzandosi, adirato*)   Ah, ma io posso parlare apertamente anche davanti a te, sai!
ELJ   E sì parla! sfògati! buttami in faccia tutto quello che vuoi!
IL CONTE MOLA   Volevo risparmiare a lei

indica Donata

di farle conoscere la mia riprovazione, la mia indignazione per il tuo modo d'agire!
DONATA   Ma quello che Elj ha fatto, l'ho voluto anch'io!
ELJ   No, aspetta! Ha detto che non te la voleva far conoscere!

Allo zio:

Be', e ora che gliel'hai fatta conoscere?
IL CONTE MOLA (*a Donata*)   La mia riprovazione è soltanto per lui.
ELJ   Perché t'ho portata qua! Tu non potevi neanche volerlo: non davi più segno di vita! – E lui è così offeso perché chiusi anche a lui la porta in faccia – non è vero?
DONATA   Ma ad andare sulla lancia lo sfidai io: lui non voleva.
IL CONTE MOLA   Ah no no, mi scusi, Donata: è proprio per questo! lui non doveva accettare la sua sfida, approfittare dello stato in cui lei si trovava!
DONATA   Ma non poteva saperlo, Elj, il mio stato...
ELJ (*con impeto*)   Era così bello! così coraggioso! divino! Tu non ne sei pentita! Non ne sei pentita! Non ne puoi essere pentita!
DONATA   No, Elj, no!
ELJ   Non mancherai a te stessa! Non mi mancherai! Non mi mancherai!
DONATA   No! no! – ma dobbiamo ora vedere –
ELJ   – niente vedere! ci sposeremo! tu sei mia! – Lui è così irritato anche per ciò che feci prima.

IL CONTE MOLA Ah, indegno, indegno quello che hai fatto!
DONATA Questa complicazione, veramente...
ELJ Ma no, che complicazione!

Allo zio:

Oh, basta ora con quello che ho fatto! Le ho dato quello che voleva, per levarmela d'attorno! Finiamola! Mi volete mandare all'ergastolo per un bacio a una ragazzina che non si voleva levare di mezzo?
ELISA (*non potendo trattenersi dal riderne*) Ah, fu un bacio?
IL CONTE MOLA Non ne rida anche lei, Elisa, la prego...
ELJ (*a Donata*) Lì per lì, capisci? non trovando altro modo... mi seccava... bene; un bacio – affar finito!
IL CONTE MOLA (*fremendo*) Lasciamo andare, lasciamo andare! Non ti permetto d'aggiungere la derisione!
DONATA (*a Elj, per fargli intendere le ragioni dello zio*) Il conte sarà amico della marchesa...
IL CONTE MOLA Da tanti anni, molto amico, Donata. Non si fa così! La vita non è una burla, e tanto meno una follìa! Io sono vivamente costernato anche per lei, cara Donata... mi consenta che la chiami così...
DONATA Ma sì, ma sì; io la ringrazio anzi...
ELJ (*cercando d'abbracciare lo zio*) È tanto buono, te l'ho detto...
IL CONTE MOLA (*respingendolo, risentitissimo*) Ma no, lasciami, ti prego! Io non sarò sempre il tuo zimbello!

A Donata:

Mi faccia il piacere, Donata... Io non posso proprio davanti a lui...
ELJ Bene bene, sta' tranquillo, parla a tuo agio; me ne rivado – ecco – me ne rivado! Ma non la pigliare ancora

così, per carità! E sopra tutto, non me la umiliare, non me la umiliare...

Via.

IL CONTE MOLA È pazzo! È pazzo!
ELISA È così...

a Donata:

tu hai detto bene: «estroso»...
IL CONTE MOLA (*raffibbiando, convinto*) È pazzo!
ELISA Non mi spaventi la mia Donata...
DONATA Ma no, io, figùrati... se è per questo... Anzi, che sia così...
IL CONTE MOLA Io non dico che per un momento non possa anche piacere; ma credano che vivere con lui... Io l'ho lasciato fare finora...
ELISA Questa è un po' colpa sua...
IL CONTE MOLA Ma non c'è verso, amica mia, di dominarlo con la ragione – vede? Si riesce appena con un po' d'affetto, se egli lo sente... sì, dico, per il freno che lui stesso riesce a imporsi per non spaventare e non tenere in continuo palpito chi gli vuol bene.
ELISA Eh, però questo è anche bello!
IL CONTE MOLA Sì, questo l'ha, perché è di natura affettuosa.
ELISA Dunque vede...
IL CONTE MOLA Ora io ecco, dico...

esita, a Donata:

mi permette?
DONATA Ma sì, ma sì, mi dica!
IL CONTE MOLA Ecco: un conto, io dico, è la sua vita, la vita d'un giovanotto, come finora l'ha avuta – sempre facile e così purtroppo fuori dell'ordinario... tutta grilli...

(creda, non si tiene! non si tiene!)... un capriccio dopo l'altro... mai conti da fare, mai conti da rendere... e senz'alcun senso di responsabilità (ignora tutto, non conosce neppure i limiti delle sue sostanze, quantunque, debbo dirlo – senza vizii e schietto – non abbia mai sperperato troppo) (i suoi capricci sono pericolosi sopra tutto per la sua incolumità)... Ecco, con una vita così... e la facilità con cui crede... (e s'inganna! s'inganna!) di aver trovato in lei tutt'a un tratto la compagna ideale, la compagna voglio dire di tutte le sue stravaganze, delle sue pazzie, capisce (io non riesco forse a esprimere la mia costernazione...)

DONATA Comprendo, comprendo ciò che lei vuol dire: la mia vita lei non crede ch'io la possa affidare a lui, così, ciecamente?

IL CONTE MOLA No, ecco, dico: un altro conto è la sua vita, Donata! la sua vita che è preziosa... che non le sarà stata certo mai facile...

DONATA (*fosca, recisa*) No – mai!

E si alza, come non potendo più contenere un'ambascia che le fa impeto dentro.

IL CONTE MOLA Lo credo bene! Chi sa che le deve essere costata! Difficoltà d'ogni genere, lotte, amarezze – per arrivare dov'è arrivata!

DONATA Ah sì sì – difatti – arrivata! Ma sa fin dove, conte... arrivata? Fino al punto di gettarla via – là... – Se non era lui che mi salvava...

ELISA (*colpita dal subitaneo alteramento di Donata*) Ma no, cara, che dici?

DONATA Sì – proprio così – se vuoi saperlo! Non so bene ciò che avvenne in me in quel momento di terrore, sbattuta nel mare – quella morte urlante – liquida e di piombo – so che chiusi gli occhi proprio per morire. – A questo, ecco, a questo, conte, ero arrivata!

IL CONTE MOLA Difatti, sì, ricordo, ce ne disse lei stessa

qualcosa, quella sera; e forse quanto ci disse – è niente! – Ma deve pur tener conto – mi pare – che dopo tutto però – sì, dico – lei ha vinto!

DONATA Dopo tutto – sì: ma è così appunto, sa, quando si vince come ho voluto vincere io. Il prezzo della mia vittoria – a me, donna – qua, nelle mie mani, sa che cosa è parso? io, donna, come l'ho sentito? Come un insulto – sì! Io donna, io donna, dico! Perché, a me donna, sarebbe stato anche facile, sa, far vincere l'attrice – e facile, allora, facile anche per me, la vita! – bastava insudiciarla, questa vittoria, anche un poco, non molto, con lodi che andavano all'attrice, perché la donna le aveva procacciate. Non aver mai potuto tollerare questa confusione della donna e dell'attrice – l'aver voluto salvare l'orgoglio dell'attrice che vuol vincere sola, per quel che vale – questa presunzione di credere che quanto c'era in me di nuovo, di vivo nella mia arte, questo soltanto e nient'altro mi dovesse bastare per vincere... – ho vinto, sì, ho vinto sola – oh, sola come in cima a una montagna, nel gelo... – mi sveglio, apro gli occhi in mezzo a un silenzio e a una luce che non conosco, e a cose che per me non hanno senso... – che donna sono più? com'è? com'è? che sento? dove mi trovo? che ho nelle mani, che non ho più nemmeno la forza di sollevarle? quest'orgoglio d'aver vinto? sì, come un macigno, buono soltanto da legarmelo al collo per affogare: ecco tutto, quando non se ne può più! Vi giuro che si pensa alla fine, si pensa se ne valeva la pena! Bisogna che la dìa alla fine qualche cosa la vita, la dìa, la dìa... – io ho dato tutto me stessa... sempre, senza mai pensare a me... – e vedermi trattata come se non dovessi sentir nulla, come se fossi di marmo... o con certe impudenze... cose, sa? di quelle che torcono le visceri dentro, come una fune;... e notti, notti, a piangere lagrime di sangue, senza veder più la ragione di star perdendo così gli anni migliori della vita... senza un conforto, senza una gioja... Ho vinto, sì, ho vinto... ma eccomi, così... Non ne posso più, non ne posso più...

ELISA (*commossa, andando a lei, come ad accoglierla in sé*) Cara! Cara! Lo vedi! Lo vedi quello che vale la tua vita?

IL CONTE MOLA Tutta la sua arte... quel che l'è costata... queste lagrime... tanta nobiltà... – Egli non ne sa nulla!

DONATA (*risolvendosi*) Sì, questo è giusto: bisogna che egli lo sappia.

ELISA (*incalzando*) Non ti conosce! Non t'ha mai veduta!

IL CONTE MOLA (*c. s.*) Eh già! – quella che lei veramente è – quello che vale una vita come la sua! – Appunto questo volevo dire! Ecco! Bisogna che egli sappia che valore ha, il dono che lei gliene vuol fare!

ELISA (*c. s.*) Sì, sì, anche per lui, Donata! Non puoi abbandonargliela così, come se non ti fosse costata nulla!

DONATA (*rigida, fissando gli occhi nel vuoto*) E anche per me. Sì. Dev'essere una prova – anche per me. Ne ho bisogno io stessa. Sento ora che ne ho bisogno io stessa.

ELISA Una prova? Che vuoi dire?

DONATA Sì. Se io – io – posso avere anche una vita.

Tela

ATTO TERZO

Camera d'un ricco albergo in una grande città. Alcova in fondo, con l'arco ornato da una tenda damascata che nasconde il letto. Vi s'accede salendo uno scalino. Davanti, è come un salotto, con un gran divano in mezzo, tavola di stile, poltrone... Sulla tavola, una grande lampada guarnita di un paralume violaceo. Nella parete sinistra è l'uscio comune. In quella destra, l'uscio che mette in comunicazione con la camera accanto, occupata da Elj. Questa scena deve essere in forte contrasto con le due precedenti: cupa, pesante, sovraccarica di densi colori, quanto gaje, leggere e luminose erano le altre.

Al levarsi della tela, la scena è al bujo, vuota. Poco dopo, si sente aprire da fuori l'uscio a sinistra. Entra Elj, che preme accanto all'uscio uno dei bottoni elettrici; sbaglia; s'accende soltanto il lume violaceo sulla tavola che rischiara appena, lugubremente, la scena. Elj appare col cappello in capo, in smoking e ancora col soprabito nero addosso; attraversa la scena, pallido, alterato, nervosissimo; va ad aprire l'uscio della sua camera, che è quasi dirimpetto; entra, lasciandolo aperto: fa lume di là nella sua camera; e questo lume si riverbererà fortemente sulla scena attraverso l'uscio aperto. Breve pausa. Si sente picchiare ripetutamente all'uscio di sinistra. Elj, che non s'è tolto ancora il cappello e il soprabito, si fa all'uscio della sua camera e grida:

ELJ   Avanti!

E alla cameriera d'albergo che si presenta:

Che volete?

CAMERIERA La signorina è tornata?

ELJ No! Lo vedete bene che non è tornata.

CAMERIERA Ah, scusi. Credevo che il teatro fosse finito.

ELJ Non è ancora finito.

CAMERIERA Bene bene. Apparecchierò più tardi. Scusi.

Fa per uscire; s'imbatte nel conte Mola che sopravviene in abito da sera, anche lui agitato e in ansia. La cameriera si scansa; dà luce alla camera ed esce, richiudendo l'uscio.

ELJ Non dirmi nulla, per carità!

IL CONTE MOLA Ma si scappa così dal teatro?

ELJ Non resistevo più!

IL CONTE MOLA Potevi almeno aspettare la fine del second'atto, che si chiudesse il sipario!

ELJ Non resistevo più, ti dico!

IL CONTE MOLA L'uscita d'uno spettatore, proprio in quel momento! col gelo che s'era diffuso in sala... Mi son sentito i brividi alla schiena!

ELJ Ah, tu, i brividi?

IL CONTE MOLA Dico per la tua uscita! Potevi almeno non fartene accorgere! Chi sa che sarà accaduto...

ELJ La mia uscita... chi se n'è accorto?

IL CONTE MOLA Ma tutti! E tu non sai com'è il teatro in certi momenti... basta un niente, il minimo rumore! E lei, ora? Il terz'atto sarà finito. Ti aspetterà...

ELJ Le ho mandato un biglietto.

IL CONTE MOLA Che biglietto?

ELJ Che non resistevo più e che l'aspettavo qua. Ma non la posso più nemmeno aspettare! Non posso più rivederla. Me ne vado. Le dirai tu che sono partito.

IL CONTE MOLA Che? Vorresti partire?

ELJ Ora stesso – torno al mare – in macchina.

IL CONTE MOLA Ah no! Intanto la macchina non te la lascio portar via.

ELJ   Va bene, prenderò il treno.
IL CONTE MOLA   Oh insomma, vuoi smetterla una buona volta con codesta furia?
ELJ   Non posso sopportare nemmeno l'idea di rivederla, lo vuoi capire? E me ne vado perché non mi trovi qua! – Se c'è una corsa di notte, la prendo; se no, domattina.
IL CONTE MOLA   Ma vorresti partire così, senza dirle nulla?
ELJ   Le dirai tu che l'aspetto là – quando avrà riacquistato la sua faccia – quand'avrà finito di dare a vedere a tutti –
IL CONTE MOLA   Ma che dici? Sei pazzo? Non hai visto che le è accaduto?
ELJ   Perché avrà provato vergogna lei stessa...
IL CONTE MOLA   Un disastro! Un disastro!
ELJ   Dio! come si fa? com'ha potuto fare una cosa simile? – mostrarsi fin nella più stretta intimità – com'era stata con me! – Sotto gli occhi di tutti! – Ho riconosciuto ogni gesto, ogni mossa!
IL CONTE MOLA   Ma no! Che hai riconosciuto? – Tutt'altro!
ELJ   Come tutt'altro! Che vuoi saperne tu?
IL CONTE MOLA   Io l'ho vista prima! com'era prima, in questa stessa scena d'amore!
ELJ   Vuoi far conoscere a me quel suo modo particolare di guardare nel dir certe cose? e di sorridere, nell'atto di...? che non è nemmeno un sorriso, ma la dolcezza di un'implorazione?
IL CONTE MOLA   E non hai visto che non poteva più dir nulla? né guardare, né sorridere? Una pena!
ELJ   Perché io ero là, sfido! Io che ormai sapevo – io solo!
IL CONTE MOLA   Ma che tu solo! Tutti!
ELJ   Ah sì? Quel finir di guardare, quasi per non veder le parole?
IL CONTE MOLA   Ma sì! Ma sì!
ELJ   E quel sorridere, come di bambina che s'imbeve davanti all'acqua e para le mani, come quando io la volevo prendere?

IL CONTE MOLA Ma questa commedia, caro, è stata il suo maggior successo durante tutta l'annata...
ELJ E allora tutti sanno che è così? che fa così? – Ma se io posso provare – assicurare, assicurare – che non sapeva nulla – hai capito? – nulla! – Prima, allora, era una finzione? – O fors'anche dopo, con me?... Ma no! Ora sapeva, ora sapeva, e perché sapeva era così tutta, come trattenuta, a dire... a fare... La vergogna ch'io la stessi a **vedere... lì, così... a** mostrare a tutti ciò che io solo potevo dire che aveva veramente saputo con me... E che vorrebbe ora? farlo accettare anche a me? di mostrarsi così? come d'essere di tutti? Grazie! Io mi vergogno per lei, se lei non se ne vergogna! Io non posso ammetterla, questa finzione! E tanto peggio, se per lei è come vero! Io me ne vado! me ne vado! Mi parrebbe davvero allora di riprendermela, come dopo ch'è stata di tutti! Grazie! Grazie! – Dille quello che sento, quello che provo – e che per me non è possibile! – Resti qua di tutti!

Fa per andare.

IL CONTE MOLA (*trattenendolo*) Aspetta! Perdio, aspetta! Forse ne sarà convinta lei stessa ormai, che non è possibile nemmeno per lei. Ha voluto fare questa prova – l'ha detto!
ELJ Sì – consigliata da voi: per farmi vedere quel che valeva! – Ma che volete che valga quella che voi vedete lassù, a paragone di come l'ho vista io, mia, tutta per me – quando credevo che fosse così, soltanto per me – con la faccia che Dio le ha data – bella – limpida – con quegli occhi nudi, smarriti e ridenti – tutta impiastricciata ora là, come se l'è fatta – una maschera – con quelle ciglia – e tutto quel belletto – come una...

espressione di schifo

– ah! – E vi par brava? vi par tanto brava davvero? A me

è parsa un tremulo fantasma che non trovava il verso di muovere un passo e di spiccicare una parola! E voi ad applaudire quelle che vi parevano tutte le sue bravure d'attrice! A me è parsa ridicola – tutta una smorfia – ecco quello che è parsa! per me non vale nulla! – Ah sì, brava? M'avete fatto assistere a una bella prova!

IL CONTE MOLA   Ma se ti sto dicendo che è mancata – mancata per tutt'e due gli atti – davanti al suo pubblico! Nessuno l'ha più riconosciuta! È stato come uno sgomento in tutti a vederla sulla scena come se non fosse più nemmeno sicura della sua parte, sì, sì, appunto perché sapeva che c'eri tu!

ELJ   Io che mi torcevo.

IL CONTE MOLA   Ma un'attrice, caro mio, è del suo pubblico prima di tutti! Ha il dovere d'essere del suo pubblico! E non può essere soltanto tua!

ELJ   E resti allora del suo pubblico!

IL CONTE MOLA   Tranne che tu – ecco – non diventi per lei «tutti» – «tutti» – e sai allora che vuol dir questo per te?

ELJ   Io, tutti? Io sono uno!

IL CONTE MOLA   E vuoi che lei trovi in te, che sei uno, tutta la vita, le emozioni, le soddisfazioni che finora le ha date l'amore del suo pubblico? Ma che puoi essere tu per lei, pensa!

ELJ   Io? Che posso essere io? E non l'hai detto tu stesso? Se per me, questa sera è mancata davanti a tutto il suo pubblico – ecco quello che sono per lei! – Bene: ora scelga: o l'amore di tutto il suo pubblico, per quello che finora le ha dato, o il mio, per quel che io le ho dato!

IL CONTE MOLA   E non capisci che glielo può dare chiunque – ciò che tu le hai dato – se tu ora le manchi e te ne vai?

ELJ   Ah certo – chiunque – se lei vuole! – Ma pare che lei non sia di questa opinione – se ha fatto la prova – ed ecco – come tu dici – è mancata!

IL CONTE MOLA   E allora perché te ne vai – se hai vinto? –

Aspetta che venga qua a dirti – che amandoti come ti ama – non potrà più recitare.

ELJ No. Voglio che sia lei – sola – qua – a prendere la decisione di staccarsi – e che mi venga a trovare – lei – da sé – dove l'aspetto. Non voglio che mi trovi qua umiliato di quanto m'ha fatto soffrire, di ciò che m'ha dato a vedere – anche di lei stessa – umiliata lassù del suo stesso sentimento per me, di mostrarlo nel modo, Dio, nel modo stesso con cui l'ha vissuto con me, quella stessa voce, quei gesti... Io ne ho orrore, orrore. Ci sono di là le mie valige. Fammele spedire. Ma del resto, non ne ho bisogno. Abiti cittadini. Se non vuol venire, dille che mi imbarco e che faccio voto di non ritornare a terra mai più.

Via per l'uscio a sinistra. Il conte Mola gli corre dietro.

IL CONTE MOLA Ma no, Elj!

Chiama dalla soglia dell'uscio.

Elj!

Si tira un po' indietro, perché sopravviene la cameriera.

CAMERIERA Prego, signore: c'è qualcuno che riposa...
IL CONTE MOLA Domando scusa. Ma è che... Io non posso restare qua – questa è la camera di lei...
CAMERIERA Della signorina; ma se vuole, può passare di là.

Indica la camera accanto.

IL CONTE MOLA (*come non si sapesse dar pace*) Vi ha lasciato anche la luce accesa... e le valige...
CAMERIERA Il signore è partito?
IL CONTE MOLA Sì, cioè... non so... forse, momentaneamente...

CAMERIERA   Devo ritirare le valige?
IL CONTE MOLA   No, per ora... Bisogna ch'io aspetti il ritorno della signorina...
CAMERIERA   E allora s'accomodi.
IL CONTE MOLA   Non qua, no... Non posso farmi trovare nella sua camera... L'aspetterò giù nell'*hall*...
CAMERIERA   Ecco la signorina!

Entra infatti, affannata, ansiosa, Donata. Per far presto a rientrare in albergo non s'è neanche struccata ed ha ancora, sotto la mantiglia, l'abito di scena.

DONATA   Ah, lei conte? – Elj è di là?

*E fa per dirigersi alla camera di Elj.
La cameriera si ritira.*

IL CONTE MOLA   No, Donata... Non l'ha incontrato?
DONATA   No. È sceso?
IL CONTE MOLA   Un momento fa...
DONATA   Giù? Dove? Io per far presto non mi son neppure struccata...
IL CONTE MOLA   Mi permetta... Per dove sarà sceso? Può darsi che non abbia ancora lasciato l'albergo... Che sia alla cassa...
DONATA   Alla cassa? Perché?
IL CONTE MOLA   Ma suppongo... Posso provare...

Fa per andare.

DONATA   No! Aspetti! Lasciare l'albergo? Vuol partire?
IL CONTE MOLA   Sì...
DONATA   Ah, le ha proprio detto che partiva?
IL CONTE MOLA   Che tornava alla spiaggia – e che la aspettava là...
DONATA   Me?
IL CONTE MOLA   Dice che non ha potuto resistere...

DONATA Questo lo so!
IL CONTE MOLA È scappato dal teatro... io l'ho raggiunto qua...
DONATA Ed è scappato anche di qua... per non vedermi così, è vero?
IL CONTE MOLA Gli è intollerabile...
DONATA E io ora dovrei andarlo a raggiungere là? Sciocco!

Vedendo comparire Elisa, seguita da Giviero.

Ah, Elisa, brava, vieni! Venga, venga avanti, Giviero! Volevo appunto pregare il conte di scendere giù per invitarvi a salire.
ELISA (*come a spiegare, turbata, la ragione per cui, senza invito, è salita*) Abbiamo incontrato giù...
DONATA Ah, era ancora giù davvero...
ELISA Sì – in uno stato...
IL CONTE MOLA (*a Donata, per avviarsi*) Posso, se vuole...
DONATA (*con forza e con sdegno*) No!

Poi, attenuando un po':

Scusi, vuole che lo richiami io?

Quasi tra sé, convulsa, ma volendosi vincere per orgoglio:

Sciocco... sciocco...

A Elisa

È partito...
GIVIERO Già, ce l'ha detto, scansandoci, ed è uscito...
DONATA Perché ha sofferto troppo a sentirmi recitare – lui, sofferto, capisci? dopo che... – Ma basta! Basta! – Sciocco... – Dite, dite qua voi al conte, che cosa è succes-

so al terz'atto! Vede? Sono corsa così, ancora con l'abito di scena; volevo essere io la prima ad annunziarglielo, felice –

ELISA Un delirio! Un vero delirio!

GIVIERO Ah! Mai stata così grande!

IL CONTE MOLA Ah sì? Si è dunque ripresa al terz'atto?

ELISA Una cosa grande! Se lei fosse rimasto... Tutto il pubblico in piedi, frenetico!

GIVIERO La vera, la vera grande vittoria!

DONATA Ma no! Ma no! Io non dico questa della scena! Io dico la mia, la mia vittoria su me – quello che è stato per me alla fine –

ELISA – il trionfo! –

DONATA (*subito, irritata che Elisa non la comprenda*) – no! la mia liberazione! – Rientrata nel mio camerino, vibravo dentro, tutta, come d'una pazza risata – sì, di trionfo; mi sono scorta per un attimo allo specchio, la testa alzata, le mani alzate, ma perché mi pareva di stringere in pugno la vita! E pensando a lui, che dovessi far felice anche lui, ecco, ero corsa qua a gridargli che m'ero ritrovata alla fine. – Lei, conte, m'aveva vista? Ero perduta, caduta, mi sentivo tirare giù, giù, dal pubblico che mi mancava – quel silenzio – quel vuoto – sudavo sangue – il martirio! Il martirio! – E d'improvviso, io non so, uno scatto qui dentro, e la liberazione! Ho dimenticato tutto – mi sono sentita prendere, prendere, sollevare – ho riavuto tutti i miei sensi, l'udito perduto, mi s'è fatto tutto chiaro, e sicuro, sicuro – ho riavuto la vita, ma così piena, così piena e così facile – in una soddisfazione di tanta ebbrezza, di tanta felicità, che ho sentito tutto accendersi, accendersi e vivere e sollevarsi con me!

IL CONTE MOLA Ah, ne sono felice con lei, Donata! veramente felice!

ELISA Lei non può figurarsi che cosa è stato!

GIVIERO La partecipazione del pubblico che s'è sentito rapire, rapire veramente, perché ha avvertito questa liberazione e ha riconosciuta in essa alla fine la sua attrice!

DONATA Ma no! Ancora dite dell'attrice? No! No! Io mi son sentita felice come donna! come donna! Felice di potere ancora amare! Questa era la mia vittoria! Felice che sarei corsa qua a gridarlo a lui che aveva sofferto, non certo quanto me – perché lassù ci sono stata io ad agonizzare per due atti, mentre a lui è bastato scrivermi in un biglietto «non resisto più» e scapparsene dal teatro! Quello che ho patito per due atti, sapendo che lui era là, che mi vedeva per la prima volta e mi riconosceva in tutti i miei atti, isolandomi dal personaggio, trattenendomi e impedendomi d'entrare nella finzione! – Dovevo sciogliermi, staccarmi, staccarmi da quella cosa informe, increata, meschina, ch'era stata sua, e che non ero io, che non ero io... una afflizione, là esposta, scoperta nel suo sentimento, per cui non mi sarebbe stato possibile mai più vivere sulla scena, come del resto neanche nella vita! – ecco – trovar la forza di liberazione – mi sono liberata! – ma ciò che ho sentito in quel momento di liberazione, nel più profondo di me stessa, è stato questo: che amavo, che mi s'apriva, in quella facilità, pieno ed intero anche l'amore; che conquistavo in quell'improvviso superamento d'ogni angustia, in quell'accensione di tutta l'anima, non solamente la mia interezza d'attrice, nell'arte, ma anche la mia interezza di donna, nella vita! – Lo volevo far comprendere anche a lui ora, qua; dirgli che a teatro – se non comprendeva questo – non doveva più venire; e che bastava questo; non arrischiarsi più, anche per non far correre a me il rischio di non trovarmi più nemmeno là – oh Dio, di smarrirmi, di perdermi anche là, cosa che non m'era mai, mai avvenuta! Ho visto l'abisso! – Ho provato un tale avvilimento di me stessa – no, no peggio – immiserimento – che m'è apparso chiaro tutt'a un tratto che se la vita, l'amore che sentivo per lui, dovevano ridurmi così, far provar questo, eh no! io stessa allora, io stessa non valevo più nulla, neanche per lui! Mentre ora – ecco – quest'orgoglio dell'amore di tutti venivo a darlo, qua, a uno solo – a lui! – Sì – dove? – sciocco – è partito!

IL CONTE MOLA Sciocco, sciocco, sì – non ha compreso nulla – s'è sdegnato – s'è sentito rivoltare! – Egli non comprenderà mai in lei l'attrice, Donata – per lui non vale nulla – me l'ha detto!

DONATA Per lui vale la donna, là... quella che si vergognava... – eh lo so: quella lui vorrebbe – sì, sì, Giviero, che si vergognava – ma proprio, sa? – di carezzargli i capelli (sa, quel gesto notato da lei...). Ne provai orrore io stessa – d'essere vera, com'ero stata sempre da attrice – d'essere io insomma – io, questa che sono! Quasi che non fossi più donna, perché ero attrice! vera così – come sono – io, io nella vita, come nell'arte... – Non sono qua vera?

GIVIERO Ma certo, Donata!

DONATA E allora? – Se non trovo più, nella vita, me stessa – d'essere come sono – questa! – vuol dire che nella vita non mi troverò mai, mai – perché non è possibile trovarsi fuori di quel sentimento che ci dà la certezza – sicura – almeno di noi stessi!

GIVIERO Ma sì, è proprio così! E perciò lei, guaj, guaj se deroga minimamente a se stessa!

IL CONTE MOLA (*fermo, reciso*) Ah no – attrice, con lui – mai!

ELISA E allora peggio per lui!

IL CONTE MOLA Certo! Peggio per lui!

DONATA E peggio anche per me.

GIVIERO Ah no, per lei no, scusi! E la sua conquista di questa sera, allora? Se lei alla fine ha vinto in se stessa la prova!

DONATA Ah! sì, vinto – ancora una volta, vinto – e sola – sola ancora una volta – ah ma questa volta, per sempre! per sempre! con questa doppia paura – per la mia arte e per me – di riaccostarmi alla vita. Basta! Basta! –

Con recisione di nauseata stanchezza:

Ma sì, basta, per carità! Lasciatemi sola, vi prego. Ho bisogno di trovarmi sola – di restare qua sola... Trovarsi... Ma sì, ecco: Non ci si trova alla fine che soli. – Fortuna che si resta coi nostri fantasmi, più vivi e più veri d'ogni cosa viva e vera, in una certezza che sta a noi soli raggiungere, e che non può mancarci!

Con scatto di fastidio insopportabile:

Ah Dio quell'uscio con la luce di là rimasta accesa!
IL CONTE MOLA Vuole che vada a chiudere? Spegnerò...
DONATA Sì, mi faccia il favore...

Il conte esegue.

ELISA Tu sai che puoi chiamarmi sempre, quando vuoi... se t'occorresse...
DONATA Grazie, cara, lo so. Buona notte. Buona notte, Giviero. Grazie, conte, buona notte.
IL CONTE MOLA (*esitante, mortificato*) Ha lasciato di là anche le sue valige...
DONATA Aspetterà che noi adesso, con la sua macchina, giù, andiamo a portargliele...
IL CONTE MOLA (*stordito*) Come dice?
DONATA No, conte. Verrà lei a ritirarle domani. Scherzavo.
IL CONTE MOLA Ha detto che se lei non veniva, si sarebbe imbarcato e non sarebbe ritornato a terra mai più...
DONATA Il mare...

I tre si ritirano, perplessi, afflitti. Donata resta in mezzo alla stanza col capo reclinato indietro e gli occhi chiusi; sta un pezzo così; poi risolleva il capo, contrae tutta la fronte, sempre con gli occhi chiusi, come per suggellare in sé, con la volontà, l'accettazione del suo destino. Si reca presso l'uscio a premere il bottone elettrico che accende sulla tavola la lampada dal paralume violaceo, e spegne il lampadario del soffitto; poi va verso la grande specchiera alla sua sinistra e accende le due lampadine ai lati, e si siede per struccarsi; ma prima si guarda un po' allo specchio. Nell'atto di sollevare una mano per staccarsi da un occhio il lungo ciglio finto, si sovviene della battuta della commedia che segnò poc'anzi nel teatro l'inizio della sua liberazione.

«Coi deboli non si può essere pietosi. E allora, càcciala, càcciala via!»

Tra sé, come non contenta del tono con cui ha detto la seconda frase:

No.

Si prova a ripeterla con tono più sdegnoso e d'impero.

«Càcciala via! Càcciala via! È lei stessa, lo vedi? a volermi crudele! – Ma vi pare che lui possa esitare, tra me e voi? – So, signora, so la vostra grande nobiltà, la levigatura che ne...»

arresto di memoria

No, com'è?

Come ripassandosi ora la parte, senz'alcun tono:

«che ne viene» sì «ai vostri atti e ai vostri modi così semplici e pur così soffusi e misurati...» no, non è misurati, «governati» ecco «governati» – ma sarebbe meglio misurati – «misurati da tanta superbia.»

Tutto questo ripassato a memoria e non recitato. Ora, riprendendo a recitare e pigliando inavvertitamente dalla specchiera un ritratto, perché ha bisogno per la parte di farsi vento con un ventaglio che non ha:

«Non volete insomma andar via?»

Ma d'un colpo arresta il movimento di sventagliarsi, perché s'accorge che è quello il ritratto di Elj; lo guarda un po' turbata, e poi lo sbatte capovolto sul fianco della specchiera; si butta indietro sulla spalliera bassa della seggiola e col capo così rovesciato, ridente d'un riso di sfida, grida al suo fantasma d'arte:

E allora, prendimi! prendimi!

Perché durante tutta questa azione di Donata dacché s'è seduta davanti alla specchiera, e le battute che ha recitate o s'è ripassate, la scena, dietro di lei, si sarà a poco a poco come dilatata: l'arco dell'alcova si sarà schiuso in mezzo e allargato da una parte e dall'altra, lasciando in mezzo un vano in penombra come d'una sala di teatro, di cui quell'arco così allargato venga a figurare come il boccascena d'un palcoscenico illusorio, che del resto è il palcoscenico stesso dove si sta recitando; ma illuminato ora da una luce innaturale di visione: la visione che Donata ne ha, tanto che vi saranno già sorti quando ella rovescerà indietro il capo e tenderà le braccia gridando: «E allora, prendimi! prendimi!», gli altri personaggi della scena evocata; da dietro il divano, un uomo e una donna, tutt'e due giovani: lui bello, forte, bruno, in smoking; *lei nobile, un po' appassita, molto bionda, in abito di società, resteranno un po' discosti, immobili, come fantasmi; lui, al richiamo di Donata, accorrerà alla destra di lei; e lei col braccio destro gli cingerà la vita; ma poi, riflettendo, dirà tra sé:*

No: lei era di là...

E allora, come se il movimento fosse pensato da Donata, la donna, rimasta dietro il divano, si sposterà da sinistra verso destra; e contemporaneamente Donata farà passare l'uomo dietro la sua sedia per cingerlo col suo braccio sinistro.

Ecco: così! –

Rivolgendosi alla donna:

Non volete andar via?

Si alza, gridando all'uomo:

Abbracciami!

Ma com'egli fa per abbracciarla, la donna si nasconde gli occhi con le mani, e Donata scoppia a ridere.

Ah ah ah – guarda, guarda – si nasconde gli occhi! si nasconde gli occhi!

E svincolandosi da lui:

Lasciami, stupido! Non capisci che non ti provoco io? Provoca lei; e se non se ne va, non so fin dove son capace d'arrivare sotto i suoi occhi!

Alla donna:

Ecco, vedete? Non vi basta? Sono io a non volere; lui è pronto ad amarmi sotto i vostri stessi occhi! Vi assicuro, signora, che tutto quanto avviene è conseguenza delle vostre tante virtù. Non l'ho scelto io, vostro marito. M'ha scelta lui. Io posso essermene compiaciuta appena un momento. Sì, l'ammetto. Ma bisogna anche tener conto delle circostanze. Lui era il solo che destasse un certo interesse tra noi donne. Eravamo troppe, e annojate; e così pochi gli uomini; e lui il più gradevole. Ora che lui tra tutte scegliesse me, certo mi fece piacere. Ma poi basta! Poi mi saresti sembrato per lo meno importuno. Un uomo intelligente queste cose le capisce. V'assicuro che veramente il mio cuore non s'era mai per nulla interessato a lui. Foste voi, proprio voi così superiore, e la vostra apprensione, a dargli credito ai miei occhi. Eh, se voi n'eravate gelosa! Gelosa di me «non calcolata» nel vostro rango... E io mi sono allora impegnata con me stessa – per puntiglio – sì, e benché stimassi che per lui non ne valeva la pena – a dimostrarvi che avevate ragione d'aver paura di me. E diedi subito fuoco; subito; come una «capace di tutto». Non sarei stata così; ma a furia di dirmelo, di leggerlo a tutti negli occhi, specialmente nei vostri, che volete? l'avete fatto credere a me stessa alla fine, che sono veramente «capace di tutto». Murata, murata, senza via di scampo, in questo concetto che tutti si son fatto di me. «Capace di tutto.» Anche di rubare, perché no? Stupida, se non n'avessi profittato! Non dico rubare... benché, per il gusto di giocare... sapete che ho lasciato perfino che sotto gli occhi mi s'esaminassero prima le carte? «Eh, con te non si sa mai!»... e io, sorridere... Sì, capace di barare... E spaventoso, perché allora – una cosa – capirete – farla o non farla... E poi anche di questo nasce un certo orgoglio – ma sì, quello del diavolo – che provoca sulle labbra, specialmente a noi donne, un certo sorriso di compiacenza, come tutto ciò che comincia a diventare spudorato. Ecco: spudorato: ci siamo: Guardatemi! – Non volete andare? Bene. Restate. Siamo qua due donne. Che potete voi dare a quest'uomo? Parlate! Muovetevi! Mostrate! Badate che io vi strappo l'abito addosso! Sono così sicura di lui, vedete, che posso disprezzarvi in sua presenza come voglio! Voi siete una povera, povera miserabile creatura; e io vi vinco! guardatemi! io posso avere tutto l'amore che voglio – e darlo! – io, tutto l'amore! e a me l'amore di tutti! di tutti!

La visione d'un tratto sparisce, come colpita da quest'ultimo grido, che subito Donata avverte in contrasto col suo caso. La scena si restringe d'un colpo e si spegne tutta, tranne che nella lampada violacea e nelle due lampadine ai lati della specchiera. Questo restringimento e spegnimento avverrà nel mentre che una lontana eco di insistentissimi applausi verrà di là agli orecchi di Donata, che sarà caduta a sedere su una poltrona presso la lampada violacea, con le braccia rilassate e le mani vuote, ma la testa alzata, come a cogliere con un vano sorriso sconsolato l'eco di quegli applausi. Si alza di scatto e dice, aprendo le braccia:

E questo è vero... E non è vero niente... Vero è soltanto che bisogna crearsi, creare! E allora soltanto, ci si trova.

Tela

BELLAVITA

un atto

PERSONAGGI

Bellavita, *dolciere*
Il Notajo Denora
L'avvocato Contento
La signora Contento, *sua moglie*
Lo Scrivano dello studio
Clienti dell'avvocato Contento, fra cui: il signor Giorgino

Tempo presente

La scena rappresenta un salotto tra la casa e lo studio dell'avvocato Contento. L'entrata è in fondo e dà su un corridoio. Un uscio a destra immette nella casa dell'avvocato. Due usci a sinistra: il primo, in comunicazione con la sala d'aspetto per i clienti; l'altro, con lo studio dell'avvocato. (Destra e sinistra dell'attore.)

Al levarsi della tela lo Scrivano, giovane, vestito poveramente ma con pretese d'eleganza, testa da vetrina da barbiere su un collo stralungo, darà passo al Notajo Denora, grasso, calvo, sulla quarantina, di pelo rossiccio, faccione paonazzo, brozzoloso.

LO SCRIVANO S'accomodi qua, signor Notajo.
DENORA (*fosco, contenendo a stento l'orgasmo che lo divora*) C'è da aspettare molto?
LO SCRIVANO Eh, un pochino, temo. Ma corro ad avvertire la signora.

S'avvierà verso l'uscio a destra.

DENORA (*trattenendolo*) No, lascia! Che c'entra la signora?
LO SCRIVANO Per tenerle compagnia.
DENORA Grazie tante! Posso aspettar solo.
LO SCRIVANO Me l'ha ordinato il signor avvocato!
DENORA (*gridando*) E io te ne dispenso!

Poi, frenandosi, pentito.

Non voglio che sia incomodata la signora.
LO SCRIVANO No, veda, ho ragione di credere che la signora stessa...
DENORA ... abbia piacere di tenermi compagnia?
LO SCRIVANO Sì, perché ha detto...
DENORA ... che vuole ridere anche lei alle mie spalle, ho capito!
LO SCRIVANO No, che dice mai, signor Notajo! M'ha detto d'avvertirla subito del suo arrivo. Ma eccola qua.

Entrerà dall'uscio a destra la signora Contento: sui trent'anni, graziosa, nasino ritto, occhi ardenti. Lo Scrivano si ritirerà per il primo uscio laterale a sinistra.

LA SIG. CONTENTO Caro Notajo, siamo dunque a questo, eh?
DENORA Per carità, signora, mi lasci stare, o finisce che la faccio davvero la pazzia!
LA SIG. CONTENTO (*restando*) Perché? che le ho detto?
DENORA Niente, m'ha detto; ma la scongiuro di non farmi nessuna domanda! Pensi che se lo studio di suo marito è ora così pieno di clienti e se egli tratta adesso i più grossi affari, lo deve in gran parte a me! a me! – Se io ora chiudo il mio studio di Notajo e pianto qua tutti e me ne vado a seppellire in campagna, il danno sarà anche suo, ecco: pensi questo!
LA SIG. CONTENTO Non capisco perché lei mi parli così...
DENORA Perché vedo dall'aria con cui è entrata, che anche lei vorrebbe godersi lo spettacolo della mia esasperazione.
LA SIG. CONTENTO Ma no, lei mi giudica male, signor Notajo.

Entrerà a questo punto dal secondo uscio laterale a sinistra l'avvocato Contento: vicino ai quarant'anni, magro, tutto gambe, con occhi chiari che si volgono continuamente di qua e di là, come se si sentisse chiamare

da tutte le parti, larga bocca sorridente e salivosa, ca-
pelli grigi, piuttosto lunghi, irti a spera sulla fronte,
aria tra astratta e smemorata.

CONTENTO Che cos'è, che cos'è, caro Notajo?
LA SIG. CONTENTO Io non so! Sono entrata per tenergli compagnia, come tu mi avevi detto...
CONTENTO Eh, sì, perché purtroppo ho tanta gente di là!
LA SIG. CONTENTO Se n'è avuto a male.
CONTENTO Come, come?
LA SIG. CONTENTO Per un sospetto – mi scusi, caro Denora – non degno di lei.
CONTENTO Un sospetto? Che sospetto?
LA SIG. CONTENTO Che vogliamo farci beffe di lui, anche noi!
CONTENTO Io? beffe?
DENORA Non ho detto beffe!
LA SIG. CONTENTO Che vogliamo godere dello spettacolo...
DENORA Sì, che ci provate gusto anche voi, insomma, ecco!
CONTENTO Ma che vi mettete in testa, per amor di Dio, caro Notajo! Come potete immaginare di me una cosa simile?
DENORA Perché è naturale! naturale! Vi pare che non lo capisca! La cosa spaventosa è questa, che lo vedo da me il ridicolo della mia situazione; e mi metterei a ridere anch'io, vi giuro, di qualunque altro – fosse pure mio fratello – a cui fosse capitato questo stesso mio caso! Ora, ch'io debba soffrirne, mentre ne riderei come tutti ne ridono, è cosa... è cosa che mi sta facendo impazzire, ecco: impazzire!
CONTENTO Ma se ci sono qua io, ora, per servirvi, caro Denora; per togliervi da codesto stato d'animo che mi fa tanta pena, come a tutti coloro che vi vogliono bene e che vi stimano per quel galantuomo che siete! Su, su. Ho già mandato a chiamare quella pittima per liberarvene.

Sarà qui tra poco. Per non lasciarvi solo ad aspettare avevo pregato mia moglie...

DENORA Mi scusi tanto, signora; mi compatisca: sono come ossessionato.

LA SIG. CONTENTO Ma sì, comprendo benissimo.

CONTENTO Lasciate fare a me: vi libererò in quattro e quattr'otto. Appena sarà qui. Che diamine! Ho già dato l'ordine che sia subito introdotto. Voi vi ritirerete di là

indicherà l'uscio a destra

con mia moglie, e gli parlerò io per come siamo intesi.

DENORA Il miglior collegio di Napoli: diteglielo pure!

CONTENTO Lasciate fare a me! Ho capito tutto. E state tranquillo. A tra poco.

Via per l'uscio da cui è entrato.

LA SIG. CONTENTO Io per me credo che non si dovrebbe ammettere così subito che il figlio sia vostro. Avanzerei almeno qualche dubbio. L'ho detto a mio marito.

DENORA No, no! Non importa, signora! Anche se non fosse! Ammetto tutto! Accetto tutto!

LA SIG. CONTENTO Ma perché – voi capite – se si potesse provare che non è...

DENORA E come provarlo? Non è solo il padre, signora mia, a non poterlo sapere con certezza, neanche la madre può mai sapere di certo se il proprio figlio appartiene al marito o all'amante. Sono tutte presunzioni.

LA SIG. CONTENTO Ma dite un po', vi somiglia?

DENORA Dicono. E a me pare di sì, certe volte, e certe altre di no. Non c'è da fidarsi delle somiglianze. Del resto, le dico, non voglio discutere su questo punto. Sono pronto a tutto: adozione, testamento per assicurargli l'eredità. Non ho nessuno. E non m'importa più niente! Voglio liberarmi di lui, del padre, a qualunque costo! Ma il tasto del denaro per quell'uomo non suona; e sarà inutile toccarlo. Non ha mai agito per tornaconto. Sono disperato appunto per questo.

LA SIG. CONTENTO È veramente inaudito!

DENORA (*balzando in piedi*) Inaudito! Inaudito! E doveva toccare proprio a me di avere da fare con un marito di quella specie!

LA SIG. CONTENTO «Bellavita» sarà un nomignolo, m'immagino.

DENORA L'invidia. Passando davanti la dolceria e vedendola sempre piena d'avventori, e la moglie come una signora là al banco, «Eh, bella vita!».

LA SIG. CONTENTO La gentaccia, si sa com'è. Ci sono passata anch'io, ieri, davanti la dolceria. Che pena! Quelle belle vetrine bianche, laccate lucide, non si riconoscono più: ingiallite, scrostate. E che malinconia, quei due veli scoloriti, uno rosa e l'altro celeste, stesi sulle paste secche e le torte ammuffite, davanti al banco! Non ci va più nessuno. Gliela tenevate su voi, però, quella bottega?

DENORA Io? Ma che! Calunnia, signora! Le dico che arrivava perfino a proibire alla moglie d'accettare da me quel che si dice un fiore. Si pigliava i soldi del caffè, quando ci andavo con gli amici, perché, a non pigliarseli, gli sarebbe parso di dar troppo nell'occhio. Ma sono sicuro che ne soffriva.

LA SIG. CONTENTO Non so come si possa spiegare.

DENORA Che vuole spiegare, signora! Certe cose non si spiegano.

LA SIG. CONTENTO Come uno possa essere così!

DENORA Quando non vogliamo sapere una cosa – si fa presto – fingiamo di non saperla. – E se la finzione è più per noi stessi che per gli altri, creda pure, è proprio, proprio come se non si sapesse. – È anche pieno di gratitudine per me.

LA SIG. CONTENTO Gratitudine?

DENORA Sissignora. Per la difesa ch'io presi di lui contro la moglie, fin dai primi tempi del matrimonio.

LA SIG. CONTENTO Infermiccio, già! malandato... Non so

come poté sposarlo: era anche di buona famiglia, la moglie.

DENORA Caduta in bassa fortuna.

LA SIG. CONTENTO Non so che considerazione potesse avere per lui!

DENORA L'accusava di poco discernimento, di poco tatto con gli avventori, anche di goffaggine.

LA SIG. CONTENTO ...eh sì, goffo è veramente...

DENORA ...lo dice a me? – Certe scenate! – ora capirà, presa l'abitudine d'andare con gli amici in quel caffè – pacifico come sono sempre stato – ne soffrivo. Mi provai a rimettere la pace, e...

LA SIG. CONTENTO ...prova oggi e prova domani...

DENORA Sventure che càpitano...

LA SIG. CONTENTO Purtroppo. Era tanto bella! Mi pare di vederla ancora, seduta al banco, ridente e sfavillante, col nasino bianco di cipria e quello scialletto rosso di seta a lune gialle sul seno, i cerchioni d'oro agli orecchi e quelle fossette alle guance, quando rideva: che simpatia!

E come Denora, alla descrizione, comincia a piangere con lo stomaco, e poi, non trovando i singhiozzi la forza di venir fuori, con un fiottar fitto del naso; e si nasconde gli occhi con una mano.

Povero Notajo, voi l'amavate veramente!

DENORA Sì, signora! E odio quest'uomo perché non gli è bastato avvelenarmi prima l'unico bene della mia vita, m'avvelena ora anche il dolore che provo, d'averlo perduto! E sa come me l'avvelena? Mostrandosene beato! Sì. Come se me lo désse a pascere lui, questo dolore in cui mi vede sprofondato; a succhiare, come una mamma il latte del suo seno al suo bambino! Guardi: sono sicuro che se ora mi vedesse queste lagrime, qua sulle guance, se le verrebbe a bere! L'odio per questo! perché non me la lascia piangere da solo, come vorrei! Lei capisce, signora, che ho schifo, schifo a piangerla insieme con lui?

Venne a trovarmi dopo il funerale, col ragazzo, per dirmi che aveva ordinato due corone di fiori, una per me e una per lui, e che le aveva fatte collocare sul carro, la sua e la mia, accanto. Dice che parlavano.

LA SIG. CONTENTO (*stonata*)   Chi parlava?

DENORA   Quelle due corone. Così accanto. Dice che parlavano. Dovette leggermi l'odio negli occhi. Mi si buttò addosso, arrangolando e piangendo disperatamente, e cominciò a gridarmi che non lo abbandonassi, per carità, e avessi considerazione e pietà di lui, perché io solo potevo compatirlo, io che piangevo per la sua stessa disgrazia. Le giuro signora, aveva, nel dirmi così, certi occhi smarriti da pazzo, che mi passò la tentazione di tirargli una spinta e mandarlo a schizzar lontano.

LA SIG. CONTENTO   Non par vero! Non par vero!

DENORA   L'ho ancora qua, vivo, nelle dita il ribrezzo di quelle sue braccia magre sotto la stoffa pelosa dell'abito nero ritinto, quando feci per strapparmi dalla violenza con cui volevano aggrapparmisi al collo! E io non so com'è! le cose che s'avvertono in certi momenti! e non si cancellano più! Lui che mi piange sul petto, io che mi volto verso la finestra della stanza, come per cercare uno scampo; e in quella finestra, signora, la croce delle due bacchette arrugginite sui vetri. Tutta la tristezza di questa mia vita distrutta di vecchio scapolo la vedo in quella croce là, sui vetri sudici della finestra, su quel cielo sporco di nuvole. Ah signora, quella croce, quei vetri sudici, signora, non me li posso più levare dagli occhi!

LA SIG. CONTENTO   Ma no, via, povero Denora, calmatevi! Vedrete che mio marito adesso...

È interrotta dallo Scrivano che rientra in gran fretta dal primo uscio a sinistra, annunziando:

LO SCRIVANO   Eccolo qua! eccolo qua!

DENORA (*balzando in piedi*)   È venuto?

LA SIG. CONTENTO   Ritiriamoci di qua, noi.

Indicherà l'uscio a destra.

Venite.
LO SCRIVANO Sissignora, perché l'avvocato m'ha detto di farlo passare in questa stanza.
LA SIG. CONTENTO Andiamo, andiamo.
DENORA L'ammazzerei! L'ammazzerei!

Via con la signora per l'uscio a destra. Lo Scrivano uscirà dall'uscio in fondo per rientrare in iscena, poco dopo, seguito da Bellavita. — Bellavita, magrissimo, di una magrezza che incute ribrezzo, pallido come di cera, con gli occhi fissi aguzzi spasimosi, sarà parato di strettissimo lutto, con un vecchio abito peloso, ritinto or ora di nero, e una fascia pur nera di lana, girata attorno al collo e pendente coi lunghi pèneri davanti e dietro.

LO SCRIVANO Accomodatevi qua, caro Bellavita. L'avvocato verrà subito.

Via per il primo uscio laterale a sinistra. Bellavita resterà in piedi, immobile, spettrale, in mezzo alla stanza, per un lunghissimo tratto; poi volgerà il capo verso l'uscio da cui è uscito lo Scrivano e sospirerà; starà ancora in piedi un altro momento; infine, di nuovo sospirando, sederà in punta a una seggiola presso a un tavolinetto. Poco dopo dal secondo uscio laterale a sinistra entrerà l'avvocato Contento.

CONTENTO Caro Bellavita! Eccomi a voi.
BELLAVITA (*alzandosi di scatto, alla voce*) Pregiatissimo signor avvocato!

Ma subito, colto da vertigine, si recherà una mano sugli occhi e si sorreggerà con l'altra al tavolinetto.

CONTENTO (*sorreggendolo*) Oh Dio, Bellavita, che è?

BELLAVITA Niente, signor avvocato... la gioja. Come ho sentito la voce... Mi sono alzato di furia, e... Sono tanto debole, signor avvocato! Ma niente, ora è passato.
CONTENTO Povero Bellavita, sì, lo vedo, siete molto deperito. Sedete, sedete.
BELLAVITA Prima lei, per carità!
CONTENTO Sì, ecco; io seggo qua. Dunque, vi ho fatto chiamare per risolvere – o meglio – per finir di risolvere una situazione, diciamo, penosa e delicata.
BELLAVITA Che situazione? La mia?
CONTENTO Eh, sì, la vostra, quella del ragazzo e quella del Notajo; penosa e delicata, caro Bellavita. La... la come si chiama... la disgrazia che avete patito... sì, dico... s'era purtroppo incaricata di risolvere codesta situazione d'un colpo – brutalmente – con un taglio netto – dolorosissimo – ma sotto un certo punto di vista – direi: chirurgico! – Voi non avete voluto... – Comunque, veniamo a noi.
BELLAVITA Sissignore. Perché io

si tocca la fronte con un dito

sa? anche di mente mi... mi sono un poco indebolito. Di tutto codesto discorso che lei ora ha avuto la bontà di tenermi, non ho capito nulla.
CONTENTO Ecco ecco. Statemi a sentire. Sarà un gran sollievo per voi, caro Bellavita. Un gran sollievo, di cui avete bisogno: lo vedo. Urgentissimo. Come del pane.
BELLAVITA Sissignore. Non mangio, non dormo più da tanti giorni. Seduto dalla mattina alla sera su uno di quegli sgabelletti di ferro del caffè.
CONTENTO Dunque, sì... ecco...
BELLAVITA Come se non fossi più io, sa?
CONTENTO Lo vedo, lo vedo!
BELLAVITA Come se un altro m'avesse preso per le braccia e messo a sedere lì accanto a un tavolino, come un fantoccio.

CONTENTO Ora discorriamo...
BELLAVITA (*gli fa cenno con la mano di aspettare un po'*) Abbia pazienza. Non m'arrivano.
CONTENTO (*stonato*) Che cosa non v'arriva?
BELLAVITA Le parole, signor avvocato, se lei mi vuol parlare così subito. Sono... sono come insordito, intontito. Mi lasci riprendere un po'. Non parlo più con nessuno da tanto tempo! Ora che ho questo bene... Ah che giornate passo, signor avvocato, che giornate passo, seduto lì nel caffè, accanto al tavolino! Sul tavolino faccio così col dito: un dito di polvere; non c'è più altro che polvere nel caffè!
CONTENTO Eh, paesaccio di vento, il nostro! Porta la polvere da per tutto.
BELLAVITA E le mosche? Mi mangiano vivo le mosche. Me le sento ronzare anche nel cervello. Alzo la mano a cacciarle, quando già se ne sono andate via. E sto seduto con le spalle al banco per non vedere, lì su quel banco, la bilancia rimasta con un peso d'ottone su uno dei piatti, dell'ultima vendita che fece la buon'anima, d'un chilo di confetti all'avvocato Giumìa.

Strizza orribilmente tutta la faccia magra per mettersi a piangere; cava un fazzoletto nero dalla tasca, e se lo porta agli occhi.

CONTENTO Capirete che, seguitando così, caro Bellavita, non passa un mese, ve n'andrete a raggiungere la buon'anima!
BELLAVITA Magari! Se non ci fosse Michelino!
CONTENTO Oh! – Ecco! – ci siamo. – Michelino. – Vi ho fatto chiamare...
BELLAVITA (*subito, con apprensione*) –... per Michelino?
CONTENTO M'immagino che debba essere un gran pensiero per voi codesto ragazzo.
BELLAVITA Se lo vedeste...
CONTENTO Già! – rimasto ormai senza madre...

BELLAVITA ...come s'è ridotto anche lui, povera anima di Dio, in pochi giorni... Io non so fare altro che piangere, piangere, piangere...
CONTENTO E dunque, benissimo! Ho da farvi una proposta, caro Bellavita.
BELLAVITA Una proposta? Per Michelino?
CONTENTO Appunto. Da parte del Notajo.
BELLAVITA E che proposta?
CONTENTO Lasciatemi dire.
BELLAVITA Ma scusi, ha sentito il bisogno, il signor Notajo, di ricorrere...
CONTENTO ...io sono il suo avvocato.
BELLAVITA ...tanto peggio!
CONTENTO ...ah, ma m'intrometto soltanto come amico!...
BELLAVITA ...volevo dir questo! – di ricorrere ad amici, per una proposta che riguarda Michelino? Non poteva farla a me direttamente?

Agitandosi.

Oh, Dio, signor avvocato...
CONTENTO Non v'allarmate, non v'allarmate prima di sapere di che cosa voglio parlarvi!
BELLAVITA Ma sissignore che m'allarmo! M'allarmo perché, se il signor Notajo è ricorso a lei...
CONTENTO ...ma io sono anche amico vostro...
BELLAVITA Grazie, signor avvocato – che amico, no! – troppo onore – lei m'è padrone! – Ma vede? io... io – ecco – appassisco – appassisco...
CONTENTO Ma no! ma su! che diavolo! Statemi a sentire!
BELLAVITA Oh Dio, mi pare che lei ora mi voglia levare anche l'aria da respirare...
CONTENTO ...proponendovi il bene del vostro ragazzo?
BELLAVITA ...a nome del signor Notajo?
CONTENTO Che gli ha voluto sempre un gran bene questo non potete negarlo, e seguita a volergliene!

BELLAVITA (*con gli occhi all'improvviso ridenti di lagrime*) Ah sì? ah sì? E perché, allora, scusi...
CONTENTO (*parando le mani per trattenerlo*) Lasciatemi dire, in nome di Dio! Il Notajo Denora vi propone di mettere il ragazzo in collegio, a Napoli.
BELLAVITA Il ragazzo? a Napoli?
CONTENTO Nel primo collegio di Napoli.
BELLAVITA (*con tanto d'occhi*) E perché?
CONTENTO Oh bella! Per dargli una migliore educazione.
BELLAVITA A Napoli?
CONTENTO Assumendosi lui, s'intende, tutte le spese; purché voi acconsentiate a separarvene.
BELLAVITA Io? Ma che dice? Io, dal ragazzo?
CONTENTO Eh già...
BELLAVITA Separarmi? Signor avvocato, che dice?
CONTENTO È la proposta del Notajo.
BELLAVITA Ma scusi, perché?
CONTENTO Ve l'ho detto, perché.
BELLAVITA Ma il ragazzo qua studia; va bene a scuola; e il Notajo lo sa! Mandarlo a Napoli? E io? Ah, ma dunque non vuole più tenere conto di me il signor Notajo?
CONTENTO Chi ve lo dice?
BELLAVITA Senza il ragazzo io morrei, signor avvocato! Sto morendo io, signor avvocato, sto morendo di crepacuore, abbandonato così da tutti senza sapere perché! Ma che male ho fatto io al signor Notajo da essere trattato così, non solo da lui, anche da tutti i suoi amici?
CONTENTO Io v'ho trattato sempre bene...
BELLAVITA E perché non si fa più vedere al caffè?
CONTENTO Oh bella, perché non ha tempo.
BELLAVITA Non è vero, mi perdoni! Prima l'aveva.
CONTENTO E ora non l'ha più!
BELLAVITA Ora che io sono rimasto così stroncato dalla disgrazia? Ma se mai qualcuno, tra me e il signor Notajo, può aver rimorso d'aver fatto male all'altro, quest'uno, signor avvocato, non sono certo io! E ora, per giunta, mi vorrebbe levare il ragazzo?

CONTENTO Se non mi lasciate finire!
BELLAVITA Che vuole finire! Lei non doveva neanche provarsi a cominciare, mi scusi. Lasci sfogare me, signor avvocato! Non è vero niente, sa, non è vero niente che gli sta a cuore l'educazione di Michelino. No! – È altro! – E io lo so, che è! – Ma come? Mi parla di spese, lui? Osa parlare di spese – a me – lui? – E quando mai ho ricorso a lui per mantenere il ragazzo come un figlio di signori? Io, coi miei soli mezzi! io! E finché campo, ci penserò sempre, io, glielo dica! – Non posso mandarlo a Napoli. Quando anche potessi, non vorrei. Perché mi fa dire questo da lei il signor Notajo? Ha forse creduto che gli portassi il ragazzo per averne qualche cosa?
CONTENTO Ma no! Non fate adesso sospetti indegni, non dico del Notajo, ma di voi stesso!
BELLAVITA Ma scusi, e perché, allora? Non vuole più vedere neanche il ragazzo? Me, da un pezzo non mi vede più! – Sospetti indegni, lei dice?
CONTENTO Indegni, indegni, e assurdi!
BELLAVITA Che assurdi, no! Ho compreso, sa? ho compreso bene che le mie visite non erano più accette al signor Notajo! Mi sono stretto, così, coi denti il cuore per non farlo gridare, e non mi sono più fatto vedere da lui. Mando dentro lo studio Michelino, e io mi metto a sedere zitto zitto nell'anticamera – sa che c'è quella bussola di panno verde con l'occhio in mezzo? là accanto. Quand'uno piange, signor avvocato, il naso gli viene di soffiarselo forte; ebbene, sa come me lo soffio io? piano piano, per non disturbare e non farmi sentire da lui! Ma capirà che, più faccio così, e più m'intenerisco io stesso di questa mia delicatezza così male ricompensata! Non vorrei piangere e piango di più, per forza! Mi sto sfacendo, mi sto sfacendo in lagrime, io, signor avvocato!
CONTENTO Alle corte, oh, alle corte! Lasciatemi dire una buona volta, caro Bellavita, ciò che debbo dirvi, e facciamola finita!
BELLAVITA Ecco, sissignore, parli: io sono qua.

CONTENTO Vorrei pregarvi, dato che non è tanto facile – come sto vedendo – la parte che debbo sostenere davanti a voi, vorrei pregarvi di fare di tutto per intendermi senza costringermi a dire troppo – ecco – e questo, per un riguardo a voi sopratutto!

BELLAVITA A me? Per carità, non mi spaventi, signor avvocato! Mi dica sùbito che cos'è accaduto!

CONTENTO Ma non è accaduto nulla, benedett'uomo! Ciò che doveva accadere, è già bell'e accaduto, mi pare!

BELLAVITA La disgrazia, lei dice?

CONTENTO Appunto! E dovreste mettervi ormai il cuore in pace!

BELLAVITA E come, signor avvocato?

CONTENTO Ma sì, farci la croce, e non parlarne più!

BELLAVITA Io? la croce?

CONTENTO Non dico mica di non piangere più, per vostro conto, la moglie che v'è morta. Piangetela quanto vi pare! Dico per la vostra... – come debbo chiamarla? – re... remissione, ecco, remissione che ha dell'inverosimile, caro Bellavita, nei vostri rapporti col Notajo.

BELLAVITA Remissione?

CONTENTO Sì, ma che pesa; pesa come un incubo, rendetevene conto!

BELLAVITA Che vuol dire remissione, scusi? Non capisco.

CONTENTO Cercate di capirmi, santo Dio!

BELLAVITA Che gli ho portato sempre rispetto?

CONTENTO Ecco, già! troppo!

BELLAVITA Troppo rispetto?

CONTENTO E che vogliate seguitare a portargliene!

BELLAVITA Non vuole più?

CONTENTO Non vuole più!

BELLAVITA Gli pesa? A lui?

CONTENTO Ma sì, perché il legame, capirete, sussisteva, ed era sopportabile, caro Bellavita, finché era viva la buon'anima di vostra moglie; ma ora che purtroppo vostra moglie non c'è più – abbiate pazienza! – volete che il

Notajo seguiti a rimanere legato a voi dal dolore comune, dal lutto comune per la perdita di lei?

BELLAVITA E perché no?

CONTENTO Ma è ridicolo, scusate!

BELLAVITA Ridicolo?

CONTENTO Ridicolo! Ridicolo! Non so come voi stesso non ve ne accorgiate!

BELLAVITA E gli pesa? A lui?

CONTENTO Se la morte ha sciolto il legame, caro Bellavita! Cercate di comprendere! Il dolore, se il Notajo lo ha (e lo ha!)...

BELLAVITA ...ah, lo ha?

CONTENTO ...ma sì che lo ha! lo ha! – e il lutto, se vuole portarlo (e lo porta, nel cuore) – non c'è più ragione, siamo giusti, che lo abbia e lo porti in comune con voi!

BELLAVITA Perché teme il ridicolo? Ho capito! Io lo rispetto, e lui teme il ridicolo! Lui che per più di dieci anni mi ha reso lo zimbello di tutto il paese, ora teme il ridicolo. – Lui!

CONTENTO Capirete, certe situazioni...

BELLAVITA Capisco, capisco. E non può immaginarsi quanto me ne dispiaccia, signor avvocato! – Ah! vuole disfarsi per questo di me e di Michelino?

CONTENTO Ma non disfarsi!

BELLAVITA Allontanarsi: allontanare il ragazzo, a Napoli; e io – passargli accanto, fingere di non vederlo o di non conoscerlo più, è vero? perché la gente non rida se gli faccio di cappello... – Ho capito, ho capito. Bene, signor avvocato: gli dica, la prego, che quanto ad andare a trovarlo a casa io non andrò più a trovarlo, né solo né col ragazzo; va bene? – Ma quanto a rispettarlo, eh! quanto a rispettarlo – mi dispiace – ma non posso farne a meno, glielo dica.

CONTENTO Come sarebbe a dire?

BELLAVITA Eh, rispettarlo. Me lo può forse proibire? L'ho sempre rispettato, quando il rispetto poteva costarmi avvilimento e mortificazione; e vuole che ora, proprio

ora, così d'un tratto, non lo rispetti più? Non è possibile, signor avvocato! – Per forza, sempre, lo rispetterò; glielo dica.
CONTENTO Ah come allora, per dispetto?
BELLAVITA No, che dispetto! Mi scusi: me l'insegna lui, ora, il mezzo di vendicarmi, e vuole che io non me ne approfitti?

A questo punto, dall'uscio a destra irrompe su le furie il Notajo Denora, seguito dalla signora Contento.

DENORA Ah tu vuoi dunque vendicarti così?
BELLAVITA Io no, signor Notajo! Non l'ho mai voluto, io!
DENORA L'hai detto or ora all'avvocato!
BELLAVITA Ma perché lo vuole lei ora, signor Notajo! Io voglio rispettarla, com'ho sempre fatto; e nient'altro!
DENORA Per vendicarti, ora, però!
BELLAVITA Nossignore! Per me è rispetto! Lo fa diventare lei ora una vendetta, perché vorrebbe impedirmelo!
DENORA Se non lo voglio più!
BELLAVITA Lei non lo vuole più, ma io glielo voglio portare, scusi!
DENORA Ah sì?
BELLAVITA Mi dica lei come farei a non portarglielo più. Gliel'ho sempre portato...
DENORA (*fremendo*) Ti prendo a calci, sai, Bellavita!
BELLAVITA Forza, signor Notajo. Me li dia; me li piglio!
DENORA Bada, Bellavita, che te li do davvero!
BELLAVITA Me li dia, me li dia! Le dico che me li piglio, e la ringrazio per giunta!
DENORA Ah sì, mascalzone?

E gli si lancia contro, furente.

E allora tieni! tieni! tieni! Pezzo di canaglìa!
CONTENTO (*parandolo*) No, per carità! Che fate, Notajo!
BELLAVITA Forza! forza! Me li lasci dare! Me li piglio!

Non vado cercando altro! E non basta qui, anche per la strada me li deve dare! Forza! Calci! E lo ringrazierò, pubblicamente!

DENORA (*levando il bastone*) Levatemelo davanti, per la Madonna, o l'accoppo! l'accoppo!

Escono dal primo uscio a sinistra, attratti dalle grida, sette o otto dei clienti dell'avvocato Contento, tra cui il signor Giorgino.

I CLIENTI Che cos'è? che cos'è? – Che avviene? – Il Notajo? – Con Bellavita?

IL SIG. GIORGINO (*premuroso, a Bellavita*) Ti piglia a calci?

BELLAVITA Sì, vede? perché voglio rispettarlo, mi piglia a calci!

DENORA Non è vero! Vendicarsi vuole! vendicarsi!

BELLAVITA E di che? Di tutto il bene che gli ho sempre voluto? Testimonii tutti, se non è vero!

DENORA Sì, sì, ma è stata appunto questa la tua vendetta, cane!

BELLAVITA Il bene che le ho voluto, per tutto il male che m'ha fatto?

DENORA Sì, sì! M'hai tutto insozzato col tuo bene!

BELLAVITA Per il ridicolo che gliene è venuto? – Ah che sollievo! Ah che sollievo, signori miei! Posso ridere! posso ridere! Ho pianto tanto! Ora posso ridere! Ridere e far ridere tutti con me del pianto che ho fatto finora per questo ingrato! Ah, che sollievo!

I CLIENTI Ma perché? – Che dice? – È impazzito?

BELLAVITA La vendetta, la vendetta nuova di quanti siamo mariti ingannati! Non capite? C'è anche lei, qua, signor Giorgino?

Tutti scoppiano a ridere.

IL SIG. GIORGINO Io, che dici?

BELLAVITA Sì, venga, venga avanti! Anche lei! Venga, signor Giorgino!
IL SIG. GIORGINO Io, c'entro io, mascalzone?
BELLAVITA Eh via, signor Giorgino, lo sanno tutti!
IL SIG. GIORGINO (*furente, scagliandosi*) Sanno? Che sanno? Pezzo di farabutto!
BELLAVITA Eh via! Non faccia finta di non saperlo! Sente? Ridono tutti! E lo sa anche lei, via! Cervo! cervo come me! Ma non ne faccia caso, ché non è niente! Si vuole vendicare? – Veneri, veneri, si metta a venerare, a incensare davanti a tutti, l'amante di sua moglie; ecco, guardi come faccio io qua col signor Notajo: guardi, guardi! Così! Riverenze, scappellate – così!
DENORA (*furibondo*) Smettila, smettila, Bellavita, o t'ammazzo!

Si scaglia, ma è trattenuto.

BELLAVITA Sì, sì, m'ammazzi, m'ammazzi! Riverenze, scappellate!
DENORA (*divincolandosi*) Lasciatemi! lasciatemene andare, o l'ammazzo davvero!

Lasciato, Denora se ne scappa tra le risate generali.

BELLAVITA Ecco, vedete, se ne scappa! Ridete, ridete! Così, tra la baia di tutti! E ora gli corro dietro; e per tutte le strade, inchini, riverenze, scappellate, fino a non dargli più un momento di requie! Vado dal sarto! Mi ordino un abito da pompa funebre, da fare epoca, e su, dritto impalato dietro a lui, a scortarlo a due passi di distanza! Si ferma; mi fermo. Prosegue; proseguo. Lui il corpo, ed io l'ombra! L'ombra del suo rimorso! Di professione! Lasciatemi passare!

Esce, buttando indietro questo o quello, tra i lazzi e le risa di tutti.

Tela

Appendice

LA PRIMA MONDIALE A KÖNIGSBERG: TUTTO IL TEATRO RECITA!

Questa sera si recita a soggetto va in scena in prima mondiale a Königsberg il 25 gennaio 1930. Pirandello assiste a una delle repliche e ne riferisce in questa lunga lettera a Salvini che sta preparando la prima italiana dello stesso testo. Accanto agli entusiasmi per lo spettacolo tedesco affiorano le preoccupazioni per gli assurdi problemi di censura dell'imminente spettacolo italiano. Le battute da aggiungere nel finale costituiscono una fase intermedia fra la prima edizione del '30 (che abbiamo citato precedentemente) e quella definitiva del '33.

Berlino, 30 marzo 1930

Mio caro Salvini, ricevo la Sua del 27 da Firenze, e m'affretto a risponderle.

Sono stato, come Lei saprà, a vedere la rappresentazione di Königsberg [dove due mesi prima, il 25 gennaio, era andata in scena la prima mondiale di «Questa sera si recita a soggetto»]. Mirabile. La commedia vive tutta, di vita meravigliosa, senza posare un momento, e il pubblico, che vorrebbe aver cento occhi e cento orecchi, ne resta incantato dal principio alla fine. Lo stupore diventa subito il clima naturale della commedia, per cui naturali appajono anche i fulminei trapassi dal comico al tragico, e tutto è accettato con gioja quasi infantile dal pubblico che a un tempo ride e si commuove.

Qualche taglio bisogna fare, ma con molto accorgimento, al discorso di Hinkfuss, rispettando le cose nuove ed essenziali che dice.

Il régisseur Hans Carl Müller ha dato un magnifico e vistosissimo risalto tanto alla processione religiosa, quanto alla scena del cabaret che scatta subito dopo, in stridentissimo contrasto, di straordinario effetto. Dopo la scena della presentazione, a sipario ancora chiuso si cominciano a sentire le campane, il suono dell'organo e il coro dei divoti entro la chiesa; poi dal fondo della sala attaccano le cornamuse e gli acciarini. Con bella trovata, si fa uscire dalla chiesa sul palcoscenico incontro alla processione che muove dal fondo della sala, un prete parato di tutto punto, col nicchio, il camice e la stola, preceduto da quattro chierici, i due primi coi turiboli, gli altri due con le candele accese; dopo il prete, ci sono le quattro «verginelle» che reggono per le mazze il baldacchino celeste. Muovono dalla chiesa lentamente, arrivano fino alla ribalta e là sostano aspettando che «la sacra Famiglia» seguita dalla processione attraversi cantando al suono delle cornamuse, e degli acciarini che seguono, tutta la sala: prendono sotto il baldacchino «la sacra Famiglia» e rientrano nella chiesa. Il codazzo è numeroso e di bellissimo effetto pittorico. La trasparenza della parete del cabaret è ottenuta magnificamente: scatto immediato, di suoni, di luci, di colori. Luci variopinte; colori, parte cupi, lugubri dal lato della Chanteuse, parte sgargiantissimi dal lato delle ballerinette che, molto brillanti e vivaci, intercalano nel canto impressionantissimo della tragica Chanteuse stridule grida giojose e risate a colpi di mani alle cosce e schiocchi di dita in mirabile concerto dissonante; il jazz intanto impazza. La scena, con questi risalti, si sostiene un bel po'. Opportunamente, quando sono state messe le corna sul cappelluccio di Sampognetta, si dà molto rilievo alla parte d'uno degli avventori che trattengono la Chanteuse, quando questa si muove per strappare quelle corna dal capo di Sampognetta. Quest'avventore si dimostra violentissimo, dà alla Chanteuse uno schiaffo e la fa cadere a terra: evidentemente è il suo amante, quello stesso che poi accoltellerà Sampognetta. Così, mentre alcuni degli avventori si portano Sampognetta fuori del cabaret, altri nel cabaret sollevano da terra la Chanteuse, e la trasparenza cessa su questa doppia scena di Sampognetta che esce e della Chanteuse rialzata, col doppio effetto raggiunto in modo meraviglioso; cosicché al pubblico pare d'uscire dal cabaret insieme con Sampognetta e quegli altri che lo conducono fuori.

Non meno opportunamente il Müller ha disposto che la scena del teatro nel teatro avvenisse, non in un solo palco, ma in due palchi, a riscontro, per modo che nessuna parte degli spettatori fosse sacrificata. Tutti quei giovanotti con tutte quelle ragazze e l'ineffabile madre, si distribuiscono parte in un palco e parte nell'altro dirimpetto; la madre parla dall'uno e le figliuole dall'altro. Con una ingegnosa trovata, il cabaret intanto è stato trasformato con pochi elementi sintetici e parodistici in scena di melodramma; si rifà la trasparenza della parete, e mentre il pubblico che non ci pensa più sta a guardare i due palchi illuminati e ciò che vi avviene, che è e che non è, dai due lembi del sipario accostati fino a prendere in mezzo solo quella parete trasparente, si vede lassù una Primadonna e un Baritono che cantano goffamente al suono d'un grammofono il finale del primo atto d'un melodramma italiano. L'effetto è irresistibile. Pare una vera opera di magia. Altro che Fregoli! In un batter d'occhio, tutto cangiato. Siamo veramente in un teatro d'opera di provincia, d'opera per ridere, di cui si fa la caricatura e la parodia, cantanti che si sbracciano vestiti di velluto e piumati, e il grammofono invece dell'orchestra.

E subito dopo questa, una nuova sorpresa e una nuova trovata. Calato il sipario tra lo scandalo che avviene in teatro per opera della Signora Ignazia, la sala viene illuminata al comando del Dottor Hinkfuss montato sul palcoscenico; ma il pubblico non esce dalla sala, benché dagli uscieri siano aperti gli usci che danno sul corridojo: non esce, perché, mentre il Dottor Hinkfuss seguita a parlare sul palcoscenico, attraverso gli usci aperti si vedono passeggiare a braccetto le coppie dei giovanotti con le ragazze

La Croce, e nel palchetto si vede ancora la Signora Ignazia rimasta con due degli ufficiali; il Dottor Hinkfuss, finito il suo discorsetto, fa tirare di nuovo il sipario, e allora avviene il prodigio: tutto il teatro recita! Il Dottor Hinkfuss sul palcoscenico fa smontare la scena dai macchinisti e dagli apparatori; nel mentre, giù nella sala illuminata, entra un ragazzotto che va vendendo cioccolatini e caramelle e giornali, con la sua cassetta ad armacollo, e il suo berrettino da barman gallonato; Nenè e Totina lo vedono e trascinano dal corridojo nella scena davanti al palcoscenico, sotto la buca del suggeritore, i due giovani che sono con loro, Pomarici e Sarelli, a comprare quei cioccolatini, e la prima scenetta si svolge lì; poi, questi quattro s'allontanano, se ne vengono fin sotto al palco dov'è rimasta la madre, e intanto entrano da un altro uscio nella sala, conversando, Dorina e Nardi, che infine chiamano e si uniscono agli altri quattro, e finita la scenetta d'insieme, tornano a uscire sul corridojo; ma già nella sala sono entrati Verri e Mommina a far la loro, appoggiati alla ringhiera d'un palco di prima fila; il pubblico non sa dove voltarsi prima; è preso da tutte le parti; l'ultima delle scenette, quella della Signora Ignazia coi due ufficiali, si svolge nel palco. Intanto sul palcoscenico il Dottor Hinkfuss ha fatto smontare la scena della chiesa e del cabaret e montare quella del campo d'aviazione; ne dà l'effetto; in un batter d'occhio la fa smontare, e ordina quindi che sia calato il sipario per dar tempo alla famiglia La Croce di ritornare a casa. Come in confidenza dice al pubblico che ora ha luogo la «vera» pausa, e si ritira dietro il sipario.

Come vede, caro Salvini, tutto si fa avvenire nella sala e sotto gli occhi degli spettatori, che si divertono un mondo.

Dare l'intervallo dopo la morte di Sampognetta, come Lei vorrebbe, non mi sembra opportuno, perché la ribellione dei comici e il rifiuto di proseguire la rappresentazione, naturalmente, avverrebbe allora durante questo intervallo e non dopo. Hinkfuss non deve saper nulla della risoluzione dei suoi attori, dopo il mancato effetto della morte di Sampognetta; deve credere che, col suo discorso al pubblico, stia rimediando a tutto; la ribellione lo deve cogliere alla sprovvista, mentre stiracchia il suo discorso, aspettando di momento in momento che da dietro il sipario gli si faccia cenno che le donne si sono già rivestite di nero. Che aspetti questo cenno, dovrà apparire evidente per qualche mossa o gesto d'imbarazzo o d'impazienza, che l'attore troverà facilmente, finché, scostando un'ala del sipario, non l'esprimerà chiaramente.

Per ciò che riguarda il film sonoro, le ho già risposto, esponendole come si è fatto a Königsberg e come potrebbe fare anche Lei, per risolvere ogni difficoltà.

Non è possibile non fare intervenire il Dottor Hinkfuss al finale. L'effetto tragico dev'essere ottenuto appieno con la morte di Mommina e il sopravvenire del marito con la madre e le sorelle. Che il Dottor Hinkfuss lo spezzi esprimendo la sua soddisfazione è naturale. Quella scena tragica finale non può essere fine a se stessa. Bisogna arrivare alla conclusione di tutto quell'esperimento di «recita a soggetto». E la conclusione dev'essere che il teatro dev'essere reintegrato nei suoi tre elementi: poeta, régisseur, attori. Ho piuttosto pensato d'aggiungere qualche battuta per rendere più perspicuo il senso di tutto questo. Quando Verri si china su Mommina rimasta a terra e le dice, su per giù: «Si rialzi, Signorina; non ha capito che bisogna finire con una buffonata?»; Mommina, tirata su per le braccia, è inerte, come morta davvero, sfinita, esausta: ha vissuto, non ha recitato. Gli attori non possono far questo ogni sera. Ecco che cosa costa lo sforzo che han potuto fare per una sola sera. Gli attori debbono avere una parte da recitare. E ci vuole il poeta che la dia loro. Questo, veramente, è detto, ma forse troppo sinteticamente, e più sottinteso che espresso. Mi manca ora il testo per aggiungervi queste tre o quattro battute tra gli attori. Aspetto che Mondadori mi mandi qualche copia del lavoro già stampato. Provando, per il momento, le aggiunga Lei. Su per giù, potrebbero esser queste:

VERRI Si rialzi, Signorina: non ha ancora capito che bisogna finire con una buffonata? (si prova a tirarla su per le braccia; Mommina resiste; è lì inerte, sfinita; allora, chinandosi con gli altri su lei:) Oh Dio, Signorina, che cos'ha?
DORINA Si sente male davvero?
SIGNORA IGNAZIA Il cuore, davvero?
L'ATTORE CARATTERISTA Eh sfido! Ha vissuto, non ha recitato! Questi sono sforzi che si possono fare per una sera soltanto! (A Hinkfuss) Lei non vorrà mica che ci lasciamo la pelle!
VERRI Su, su, Signorina, piano piano, l'ajuto io... Una sedia... I sali... [...]
L'ATTORE CARATTERISTA (a Hinkfuss) Ci vuole, caro lei, l'autore che ci dia le parti da recitare...

Ecc. ecc. - riattaccando come nel testo.

Lo schizzo che m'ha tracciato delle stanze in casa La Croce risponde alla didascalia; solo che la sala da pranzo è a sinistra e il salotto a destra. Le pareti sarà meglio farle piene, come nella fotografia che le mando.

Per ciò che riguarda il pericolo degli «ufficiali» sulla scena, veda di farli giovani ingegneri minerarii belgi alla dipendenza d'una Società belga, assuntrice d'un campo minerario in Sicilia. Rico Verri potrà figurare come apprendista, in tirocinio, presso codesta Società. Insomma, immaginare che ci sia come una scuola per codesti ingegneri, d'esercitazione pratica; per cui possano avere una specie di «costume»: giacche azzurre o kaki e calzoni bianchi, con berretto a baviera di cuojo, o altrimenti, purché faccia colore. Il Dottor Hinkfuss in questo caso, invece che un campo d'aviazione, potrebbe apparecchiare questo campo minerario in Sicilia, con qualche forno Gill, e in fondo questa scuola di ingegneri belgi.

Quanto all'Avemaria, che vuole che le dica? Mi avvilisce pensare che siamo arrivati fino a questo punto... Vada per San Gennaro!

Mi pare di averle risposto su tutti i punti. Aspetto sue notizie, e la saluto cordialmente. Suo

Luigi Pirandello

(lettera pubblicata su «La Fiera Letteraria», 19 maggio 1966, pp. 22-23)

L'EDIZIONE ITALIANA DI «QUESTA SERA»: LA RECENSIONE DI D'AMICO

La prima italiana di *Questa sera si recita a soggetto* (regia di Guido Salvini) avviene a Torino il 14 aprile 1930. Silvio D'Amico la recensisce in occasione delle repliche romane al Teatro Quirino nel giugno dello stesso anno. Secondo il gusto e le consuetudini del tempo la recensione giornalistica era per quattro quinti una disamina del testo (pubblicato da Mondadori nel febbraio del '30) con una svelta analisi finale dedicata al vero e proprio spettacolo. Si spiega così il fatto che D'Amico parli del «va e vieni degli *ufficiali* per la casa» della famiglia La Croce, benché Salvini ne avesse fatto degli aviatori civili per ragioni di autocensura: D'Amico si riferiva evidentemente al testo pubblicato e non già al testo rappresentato.

La celebrità in tutto il mondo Pirandello se l'è conquistata specialmente con un'opera, *Sei personaggi in cerca d'autore*, che mette in scena la genesi d'una rappresentazione scenica, ma per cavarne alcuni significati, dei quali l'essenziale ci par questo: ogni rappresentazione è un tradimento; ogni artista drammatico vede e ricrea un personaggio, una scena, un dramma, a modo suo; ogni cosiddetto interprete, se è un artista, non "interpreta" ma inevitabilmente rifà, svisandola, l'opera del poeta. Morale in parole povere: "interpretazione scenica" è un modo di dire privo di significato. Morale vera e propria: impossibilità degli uomini a uscire da sé, a conoscere e a essere altro che se stessi; incomunicabilità degli spiriti.

Ci pare che in *Questa sera si recita a soggetto* Pirandello sia tornato, meglio che a una "morale" vera e propria, a un motivo di natura più strettamente tecnica, quello dell'interpretazione-tradimento. Scene di carattere, alle volte, didascalico; e che fanno pensare, meglio che all'essenza tragica, agli onesti precetti dati in commedie di propaganda estetica, tipo *Il teatro comico* di Goldoni.

Avevamo letto che, buttandosi decisamente dalla parte di quegli autori i quali oggi si ribellano all'invadenza (ahimè, anche economica) del *metteur en scène*, Pirandello avrebbe fatto, nel suo lavoro, la satira di cotesta invadenza. Ma l'asserzione ci pare tutt'altro che esatta. Pirandello drammaturgo è rimasto, qui, quello ch'era il Pirandello scrittore di saggi critici (vedere il suo volume *Arte e scienza*, ch'è del 1908); ossia d'accordo, sostanzialmente, con l'Estetica del tempo suo, e ancora nostro. Il motivo fondamentale di *Questa sera si recita a soggetto* è che, in fondo, tutte le sere si recita a soggetto: perché non è possibile altrimenti: perché la parola scritta da un poeta resta quella che è nello scritto, ma in bocca al cosiddetto interprete assume un altro valore, dice un'altra cosa; perché, insomma, l'opera del poeta si conosce nel libro, a teatro si conosce l'opera degli artisti che, rappresentandola, la ricreano a modo loro. (Non è davvero il caso di riprendere, qui, la discussione che abbiam fatto tante volte altrove, su quanto c'è di vero, *sub specie aeternitatis*, in questo principio, e quanto c'è, nella sua pratica, di capzioso e di disastroso.)

E come Pirandello abbia, questa volta, trattato il suo tema, i nostri lettori l'hanno già appreso quindici giorni fa, dal nostro intelligentissimo corrispondente di Berlino, quando l'opera fu messa in scena al Lessing Theater. Ricordiamo sommariamente che il poeta s'è divertito, ancora una volta, a introdurre il pubblico nei misteri delle quinte: dove un *régisseur*, il dottor Hinkfuss, consapevole d'essere lui il vero creatore d'ogni spettacolo che dirige, questa volta invece d'una commedia ha preso una vecchia novella di Pirandello, *Leonora, addio!*, e s'è proposto di trasformarla in dramma senza neanche farne una metodica riduzione scritta, ma contentandosi di spiegarne il canovaccio agli attori e di affidarsi alla loro recitazione più o meno improvvisata, a soggetto, sotto la sua direzione.

La novella, per chi non lo ricordasse esattamente, espone un caso di gelosia «e della più tremenda, perché irrimediabile: quella del passato». Si tratta d'un tal Rico Verri che, facendo l'ufficiale di complemento in una piccola città di Sicilia, s'è innamorato d'una ragazza, Mommina, primogenita fra le quattro prosperose figliole d'un signor Palmiro, e l'ha sposata. Nella chiusa vita della cittadina isolana la famiglia del signor Palmiro, il quale aveva una moglie "continentale", era la sola a schiuder le porte ai conoscenti, borghesi e ufficiali, e a conceder loro di prendersi confidenza con le ragazze; di qui l'amore e le nozze. Ma di qui, anche, la gelosia retrospettiva di Rico, il quale diventato marito e padre comincia a rodersi nel ricordo del clima licenzioso che si respirava in casa di Mommina, scandalo di tutto il paese; e, non pago d'aver sequestrato la moglie impedendole ogni contatto con la madre e le sorelle (che morto il padre, vivono d'espedienti più o meno turpi), si dispera all'idea di non poter sopprimere, nel cervello della sua donna, le memorie dell'antiche "libertà", e i rimpianti per la vita che ora le è preclusa.

Il dottor Hinkfuss, nel mettere in scena questa novella, l'ha ampliata all'uso dei direttori di cinematografo, incominciando dal rappresentare per disteso gli antefatti: la chiassosa vita della famiglia ospitale, il va e vieni degli ufficiali per la casa, le beffe della cittadina alle asserite sventure coniugali del padre, un intrighetto fra questo padre e un certa *chanteuse* di cui egli s'è incapricciato, infine la morte di lui accoltellato (ch'è un'invenzione del *régisseur*, il quale non può concepire Sicilia senza coltello) in una rissa, per aver difeso la femmina. La messinscena di tutte queste vicende occupa i primi due atti. Al terzo, invece, siamo a ciò che formava (se non ricordiamo male) la sostanza della novella: ossia allo spettacolo della reclusione di Mommina, che, straziata dai furori del geloso, cerca invano rifugio nell'amore delle sue creaturine; e, nel mettersi a cantare davanti alle piccine le belle musiche d'una volta, quelle che ora una delle sue sorelle va regalando al pubblico dei teatri di provincia, non regge all'angoscia e (invenzione, anche questa, degl'interpreti) s'abbatte e muore.

Questa sera si recita a soggetto rappresenta dunque, con note assai piacevoli almeno nei primi due atti (fors'anche perché in essi abbondano il comico e il grottesco), il *régisseur* alle prese con i suoi attori, nel tradurre in atto la trama ch'egli ha ricavato dalla novella. Sono, in un andirivieni che ha per teatro non solo il palcoscenico ma anche la platea e i palchi (e perfino, almeno nelle non realizzate intenzioni dell'autore, il ridotto) istruzioni e battibecchi, bizze e ripicche d'artisti, fra loro e contro il loro direttore; è la lotta delle singole personalità, nessuna delle quali vorrebbe cedere il passo, nell'esigenze dell'insieme, alle altre, né sottostare agli ordini del capo. Il quale capo alla fine del second'atto (e forse è qui che s'è voluta vedere la satira) appare, ai suoi sottoposti, troppo dispotico, e viene messo bellamente alla porta dagli attori, divenuti finalmente concordi nel proclamare: «anche tu sei di troppo, faremo da noi». Gli è che gli attori hanno finito per identificarsi coi personaggi in cui si sono "calati"; ormai rifiutano le costrizioni altrui; vogliono vivere, ciascuno, di sé e da sé. E il pubblico pensando a quanto era già accaduto all'autore, adesso che vede eliminato anche il direttore è indotto a pensare: «bene: ciò che vien fatto, è reso». Fatto sta che il terz'atto, quello della reclusione, svolge senza interventi del *régisseur* le sue tinte cupe, affidate alla libera improvvisazione degli attori: e forse appunto per la sua scura monotonia, non più variata dai brillanti incidenti a cui il pubblico aveva preso gusto, non è quello che lo stesso pubblico goda di più.

Solo alla fine, morta Mommina contro l'aspettazione dei suoi compagni, il *régisseur* che s'era nascosto a regolare le luci ritorna a galla: lo avevano cacciato, ma egli era ben rimasto presente in mezzo ai suoi artisti, a tenerli in ordine, senza ch'essi neppure se ne avvedessero. Conclusione? Che ogni artista deve, sì, essere se stesso: ma che tutti, poi, debbono obbedire all'arte, e alla sua disciplina. La quale disciplina è data dal direttore, e dalle parti scritte dall'autore: ma l'autore in persona se ne resti fuori del teatro, il suo compito egli l'ha esaurito a tavolino.

È possibile che una fantasia di spettatore, specie se già scaltrita nei lampeggianti giochi pirandelliani, risalendo più in là dell'immediate apparenze, possa trovare all'opera anche altre interpretazioni, più sottili e più ampie. Ma quello che Pirandello ha, stavolta, esplicitamente detto, ci pare che sia questo e non altro.

Dunque non satira ma, nonostante alcune ironie di dettaglio, sostanziale apologia del *metteur en scène*, creatore e signore dello spettacolo. Per la quale Pirandello s'è servito, com'era suo diritto, di vecchi materiali tutti usciti dalle sue proprie officine; o, se si preferiscono paragoni più nobili, di fiori colti nei suoi propri giardini. Che sono, si sa, giardini *sui generis*, d'un coltivatore il quale predilige innesti impensati, e alle volte fa sbocciare corolle mostruose, alle volte distilla profumi inauditi. Questa volta, odori e colori non ci hanno detto gran che di nuovo: li conoscevamo già, e il piacere se mai è stato quello di ravvisarli, nelle nuove combinazioni e variazioni, specie in quelle dove l'autore ha quasi avuto l'aria di fare, un poco, la parodia di se stesso, del Pirandello già ben noto.

Ma poi bisogna aggiungere che, a questa apologia, ha contribuito praticamente anche Guido Salvini, direttore intelligente, abile e discreto, concertando la sconcertante messinscena dell'opera sempre con una grazia, e spesso con uno stile, a cui purtroppo non siamo abituati. Tutti, si può dire, senza eccezione, i suoi attori lo secondarono nel migliore dei modi: ricordiamo alla rinfusa Renzo Ricci ch'era, con una sorta di birignao prestigioso e fatale, il *régisseur*, e il Biliotti ch'era il grottesco signor Palmiro, e la Starace ch'era la napoletanissima sua moglie, e Carlo Ninchi ch'era il marito geloso, e la Peroni ch'era la sciagurata

Mommina, e la Casagrande, e la Torniai, e gli altri. Tutti viventi, come vuol Pirandello, la propria parte: ma nessuno fino al punto di una delle due bimbe che, all'ultimo atto, davanti alle straverie della mamma in delirio, si mise a pianger disperatamente, e bisognò portarla via.

Venti e più chiamate, all'autore e agli attori. Oggi prima replica.

18 giugno 1930.

(Silvio D'Amico, *Cronache del Teatro*, a cura di E.F. Palmieri e A. D'Amico, Laterza, Bari 1963-'64, vol. II, pp. 90-96)

IL PALINSESTO DI «QUESTA SERA»:
«EDIPO RE» DI SOFOCLE

Il recentissimo libro di Umberto Artioli, *L'officina segreta di Pirandello*, che mostra tra l'altro come i *Quaderni di Serafino Gubbio operatore* siano una riscrittura dell'*Itinerarium mentis in Deum* di san Bonaventura, costituisce una autentica rivoluzione nel quadro degli studi pirandelliani, ponendo all'ordine del giorno l'esigenza di verificare se al di sotto della pagina pirandelliana non affiori ogni volta *un'altra scrittura*. Nel brano che segue Artioli cerca di dimostrare come l'archetipo di *Questa sera* sia rappresentato propriamente dall'*Edipo re* di Sofocle.

Se evidenti sono, in *Trovarsi*, le suggestioni di Kleist, meno agevole è reperire l'alone di uno dei testi maggiori della drammaturgia occidentale in *Questa sera si recita a soggetto*. L'opera è stata scritta in Germania. Non può quindi stupire se Pirandello, per la figura di *metteur en scène* che domina il dramma, sia ricorso a un nome tedesco. Da Reinhardt a Piscator, da Falkenberg a Jessner, il drammaturgo siciliano aveva agio di scelta nell'improntare il suo personaggio a moduli e idee mutuati dal teatro dell'epoca. Ma il regista pirandelliano si chiama anche Hinkfuss, il che aggiunge una connotazione ulteriore. Poiché *Fuss*, in tedesco, significa *piede*, mentre *hink* deriva da *hinken*, zoppicare, la parola può essere resa con l'italiano *pie' zoppo*. Alludendo alle friabili basi del regno registico, la simbolica zoppia di Hinkfuss rafforza i distinguo pirandelliani nei confronti della figura emergente.

Nella *fabula*, infatti, il preteso demiurgo finisce con l'esser cacciato dal palcoscenico; se alla fine vi fa ritorno, ciò avviene in maniera precaria e, comunque, non all'altezza delle ambizioni che l'avevano contraddistinto nel corso del dramma. Se la decodificazione si limitasse al motivo della zoppia, avremmo solo un'ulteriore conferma del nesso esistente tra morfologia del personaggio e partitura onomastica, senza penetrare la ricchezza di strati di cui il testo è latore. Proviamo invece a seguire, nell'*incipit* dell'azione, il modo in cui il regista pirandelliano giustifica il colpo di stato che l'ha messo al potere. In piedi sul palcoscenico, con alle spalle il sipario chiuso, il personaggio pronuncia il discorso della Corona. Il punto spinoso, attorno a cui ruota il bisogno di consenso, è la destituzione del drammaturgo dal ruolo di guida: «State tranquilli. L'ho eliminato. Il suo nome non figura nemmeno sui manifesti, anche perché sarebbe stato ingiusto da parte mia farlo responsabile, sia pure per poco, dello spettacolo di questa sera. L'unico responsabile sono io».

Se la rassicurazione del pubblico, con cui Hinkfuss dà garanzie del perfetto funzionamento della macchina scenica, è fondata sulle tesi di Craig, non meno craighiana è la richiesta di sovranità. Facendosi portavoce della teoresi europea ostile all'impianto verbale, Hinkfuss sa quel che dice: la concentrazione dei poteri in mano al regista è l'unico antidoto ai mali del teatro. Presenza superflua, il drammaturgo sciorina partiture contorte, che sono d'impaccio all'attore e incomprensibili al pubblico. Perciò un maestro di diavolerie, infaticabile nel decomporre i codici della rappresentazione, com'è Pirandello, va proscritto senza rimpianti:

Sempre quello stesso, sì, incorreggibilmente! Però, se l'ha già fatta due volte a due miei colleghi, mandando all'uno, una prima volta, sei personaggi sperduti in cerca d'autore, che misero la rivoluzione sul palcoscenico e fecero perdere la testa a tutti; e presentando un'altra volta con inganno una commedia a chiave, per cui l'altro mio collega si vide mandare a monte lo spettacolo da tutto il pubblico sollevato; questa volta non c'è pericolo che la faccia a me.

Nel discorso dell'investitura, l'aspirante demiurgo nasconde la volontà di potenza dietro le parvenze del lecito e del conforme alle aspettative di tutti. Poiché il drammaturgo inquina il teatro, un'altra figura, più rispettosa del bene comune, deve prenderne il posto, reinsufflando armonia all'interno dell'Istituzione. Che le ragioni di Hinkfuss siano capziose, lo dimostra un particolare. Qualche istante prima, in coincidenza dell'inizio dello spettacolo, «voci confuse e concitate» provenienti dal palcoscenico, avevano causato fermento in sala. Prima avvisaglia della rivolta degli attori che, nel corso del dramma, porterà all'espulsione del tiranno, questa incrinatura nel dispositivo della *mise en scène* costituisce, per Hinkfuss, un motivo di disagio. Con calcolata noncuranza, sforzandosi di apparire all'altezza della situazione, il garante dell'ordine costituito cerca di tacitare gli spettatori in allarme: «Sono dolente del momentaneo disordine che il pubblico ha potuto avvertire dietro il sipario prima della rappresentazione, e ne chiedo scusa; benché forse, a volerlo prendere e considerare quale *prologo involontario* [...]».

Teniamo presente il «prologo involontario», su cui si avrà motivo di ritornare, e riassumiamo lo spartito di Hinkfuss, quale appare nel primo tempo dell'azione. Nell'atto di assumere i pubblici poteri, il personaggio si atteggia a salvatore della scena, assegnando all'autore l'ingrato ruolo del capro espiatorio. Nello stesso tempo, però, segnali inequivoci attestano che, nello spazio dell'Istituzione, la pace è solo apparente, e nuovi disordini, di oscura matrice ma provenienti dal palcoscenico, minacciano di contagiare la sala. Hinkfuss che, nel discorso della Corona, arroga a se stesso ogni responsabilità, è contemporaneamente il garante dell'Ordine e la causa di Disordine, la salvaguardia dell'Istituzione e colui che può condurla in rovina.

A questo punto si può far scattare l'altra – e più fonda – connotazione, di cui è veicolo la partitura onomastica: Hinkfuss, che in tedesco vuol dire *pie' zoppo*, ha lo stesso nome d'Edipo. Infatti, in greco, *pous* vuol dire piede e *oî-dos* gonfio: un'allusione all'infermità del personaggio che, appena nato, venne esposto alle intemperie, coi piedi avvinti da pesanti catene, affinché non s'avverasse l'oracolo che lo voleva uccisore del padre e colpevole di incesto con la madre. Alla luce del testo sofocleo, viene a galla l'ordito di stratificazioni su cui Pirandello ha costruito il suo dramma. Quel che Hinkfuss, nella sua *hybris*, ignora è che l'eliminazione del drammaturgo, coincidendo con un *parricidio*, è un gesto sacrilego che sarà espiato. Grazie a un crimine, egli crede di aver liberato il teatro dalle sue impurità e si atteggia a salvatore della *polis*. In realtà, come vuole la didascalia che gli assegna sembianti mostruosi, il suo gesto contronatura è letale all'Istituzione: «In frak, con un rotoletto di carta sotto il braccio, il dottor Hinkfuss ha la terribilissima e ingiustissima condanna di essere un omarino alto poco più d'un braccio. Ma si vendica portando un testone di capelli così [...]. Le manine [...] forse incutono ribrezzo anche a lui, da quanto sono gracili e con certi ditini pallidi e pelosi come bruchi».

Delle due polarità d'Edipo – la figura regale e l'infante maledetto – Pirandello utilizza la prima per la pratica discorsiva del personaggio, ma precipita la seconda sulla partitura corporea: piccolo come un bambino, Hinkfuss ricorda nei tratti zoomorfi il mitico interlocutore di Edipo, la Sfinge. Il «prologo involontario», di cui il regista si scusa nell'*incipit* dell'azione, non è soltanto l'estemporanea trovata d'un interlocutore a corto d'argomenti: è il classico modo pirandelliano per alludere, in maniera cifrata, al testo archetipico. Infatti le tracce dell'*Edipo re* sofocleo sono evidenti in *Questa sera* a livello del *prologo*. Nell'*incipit* del più celebre dei drammi greci, una «folla assai numerosa» è raccolta davanti alla *skené*. Nella massa delle presenze corali si distinguono «alcuni sacerdoti», tra cui uno più «anziano» che, dopo aver espresso le sue lamentazioni, esce di scena. A causa del morbo che infetta la *polis*, «voci e invocazioni» gremiscono lo spazio scenico. Per rispondere a queste «voci», Edipo in persona esce dalla reggia, passando per la «porta centrale»: «Io voglio sapere da me, non voglio messaggeri o figli, e perciò sono venuto io stesso, io, Edipo: a tutti è noto il mio nome [...]. Cosa temete, cosa volete? Io sono pronto a soccorrervi in tutto».

Il dramma pirandelliano comincia sul teatro affollato; tra gli spettatori spiccano i sacerdoti dell'arte, nella fattispecie «i signori critici drammatici dei giornali di città», a disagio nell'inquadrare uno spettacolo di cui si ignora l'autore. L'assemblea degli spettatori, che si prepara ad assistere alla rappresentazione, appare in fermento quando, provenienti dal palcoscenico, «voci confuse e eccitate» danno l'impressione di una minaccia. In poco tempo l'intero teatro è un risuonare di lamentazioni. Tra i più eccitati figura «uno spettatore anziano» che, dopo aver espresso il suo sdegno, abbandona il teatro. Per tacitare il tumulto, Hinkfuss è costretto a lasciare il luogo della sovranità. Con il suo ingresso in sala, che avviene dalla *porta centrale*, comincia il dialogo con gli spettatori, poi trasformato nel monologo della Corona.

Nel «prologo involontario» non solo Pirandello richeggia il prologo sofocleo, ma annoda le tessere dell'azione in modo che i suoi sviluppi declinino una metaforesi attinta all'*Edipo*. Il correlativo di Tebe, dove una misteriosa pestilenza semina il panico, è, in *Questa sera*, l'intero teatro; l'origine dell'infezione, in Sofocle la reggia d'Edipo, è il palcoscenico, di cui Hinkfuss è il sovrano; comune ai protagonisti è il misconoscimento della figura paterna, oggetto d'un crimine inconsapevole; l'iter del regista pirandelliano, che da salvatore della *polis* diventa l'escluso, ricalca il percorso della figura gemella; alla battuta di Tiresia «tu sei l'empio che contamina la nostra terra» fa riscontro quella del primo Attore: «la colpa è di lui [...] col suo maledetto teatro che Dio lo sprofondi»; la riammissione finale di Hinkfuss sul palcoscenico è la replica dell'esodo sofocleo, dove Edipo è invitato da Creonte a rientrare in casa.

Va segnalato, altresì, un parallelismo formale: l'*Edipo*

dispone, oltre che di un prologo e di un esodo, di tre episodi e di un intermezzo corale; analoga struttura ha *Questa sera*, che non ha l'esodo, ma propone un «prologo involontario», seguito da tre episodi, il secondo e il terzo interpuntati da un «intermezzo». Va da sé che Pirandello, profilando dietro la figura di Hinkfuss il mito d'Edipo, non fa che proiettare sul tema una sua convinzione di sempre: il padre del teatro, l'unico ad avere contatto con l'imago originaria, è il drammaturgo. Se il regista misconosce questa paternità e, smanioso d'affermare il suo io, inonda la scena di risibili icone, l'arte teatrale, a partire dal suo prezioso supporto – l'attore –, conosce un inesorabile declino.

(Umberto Artioli, *L'officina segreta di Pirandello*, Laterza, Bari 1989, pp. 188-192)

L'ACCAPPATOIO DI DONATA GENZI

Il saggio di Claudio Vicentini, da cui è tratto il brano che segue, mette in luce come l'ultima produzione pirandelliana risenta di talune suggestioni che provengono dai testi di drammaturghi che Pirandello mette in scena fra il '25 e il '28 come direttore del Teatro d'Arte di Roma. *La donna del mare* di Ibsen è allestita da Pirandello a Firenze il 28 settembre 1926. Il suo influsso su *Trovarsi* è persuasivamente illustrato dalle pagine qui riportate.

[...] Ma l'esempio più curioso della rielaborazione pirandelliana di spunti offerti da un'opera messa in scena è lo strano rapporto che lega il testo di *Trovarsi* a *La donna del mare* di Ibsen.

La protagonista di *Trovarsi* è Donata Genzi, una grande attrice teatrale all'apice del suo successo, che in preda a una profonda crisi d'identità s'innamora improvvisamente di Elj Nielsen, un giovane sportivo e un po' selvaggio che la salva dal naufragio di una barca a vela. Nel secondo atto – sono passati venti giorni dall'avventura e ci troviamo nello studio da pittore di Elj – la protagonista, secondo la didascalia pirandelliana, entra in scena in un singolare abbigliamento «*in vestaglia e con un accappatojo soprammesso*». È vero che subito dopo Pirandello spiega come Donata indossi sulla vestaglia l'accappatoio perché deve essere medicata da un dottore per una ferita alla nuca. Ma la spiegazione resta quanto meno bizzarra.

Proprio in accappatoio, tuttavia, fa il suo ingresso in scena la protagonista nel primo atto de *La donna del mare* di Ibsen. Ellida appare tra gli alberi del giardino "chiusa in un grande accappatoio, con i capelli sciolti sulle spalle". Quest'abbigliamento indubbiamente inconsueto nella costumistica teatrale suggerisce così un riferimento apparentemente accidentale, ma certo preciso, tra le due figure di donna. È come se Pirandello avesse conservato l'immagine scenica della protagonista de *La donna del mare*, e la riproducesse in *Trovarsi*.

Ora, *La donna del mare* è l'opera con cui la Duse ritorna trionfalmente sulle scene nel 1921, dopo un'assenza di dodici anni. Nel 1924 la Duse muore. Non è quindi troppo arrischiato pensare che la decisione di inserire questo testo nel repertorio del Teatro d'Arte sia almeno in parte dovuto al desiderio della giovane e ambiziosa prima attrice della compagnia, Marta Abba, che allora aveva ventisei anni, se non proprio di proporsi come erede della Duse, almeno di tentare la parte che la Duse aveva clamorosamente riproposto pochi anni prima.

La donna del mare viene così a rappresentare per Pirandello l'opera in cui Marta Abba veste i panni della Duse. E quando nel 1932 Pirandello scrive la sua commedia centrata su un'immaginaria figura di grande attrice, questa figura è in realtà Marta Abba, a cui *Trovarsi* è dedicato, trasformata in Eleonora Duse, cioè nella magistrale interprete de *La donna del mare* di cui *Trovarsi* riprende temi e suggestioni non solo nel singolare accappatoio del secondo atto – che è appunto l'immagine gelosamente conservata di Marta Abba che entra in scena nel ruolo della Duse – ma soprattutto nella ripresa di motivi caratteristici della commedia ibseniana che propongono il testo di Pirandello come una vera e propria eco de *La donna del mare*. Se il misterioso personaggio che viene da lontano a esercitare un forte potere di seduzione sull'eroina di Ibsen è un finlandese, Pirandello fa del suo protagonista maschile, Elj Nielsen, almeno un mezzo scandinavo. Il tema del mare come orizzonte ignoto di libertà e di mistero che percorre *La donna del mare* è trasferito integralmente in *Trovarsi*, così la nozione dell'acqua quale elemento originario e naturale per l'uomo, la rassomiglianza delle persone umane con le figure degli animali marini, e la concezione dell'errore commesso dal genere umano quando ha scelto per propria sede la terraferma.

[...]

Attraverso questa rete di richiami tematici, *Trovarsi* si presenta dunque come l'eco de *La donna del mare*, e nella sua protagonista, la grande attrice Donata Genzi, Pirandello tenta di incoronare Marta Abba con gli attributi teatrali della Duse. La stesura di *Trovarsi* appare perciò l'esito di un lungo processo avviato con l'introduzione de *La donna del mare* nel repertorio del Teatro d'Arte, che consente all'immaginazione creatrice di Pirandello di proiettare sulla figura di Marta Abba il profilo di Eleonora Duse. Su questa proiezione, "fissata" con l'inserimento di temi e immagini de *La donna del mare* all'interno di *Trovarsi*, Pirandello costruisce il suo personaggio di Donata Genzi, che sancisce appunto il diritto di Marta Abba di riconoscersi nella figura della "grande attrice" protagonista della commedia, perché Donata Genzi non è altro, di fatto, che la stessa Abba vista come Eleonora Duse.

(Claudio Vicentini, *Il repertorio di Pirandello capocomico e l'ultima stagione della sua drammaturgia*, in AA. VV., *Pirandello e la drammaturgia tra le due guerre*, cit., pp. 86-87)

INDICE

     V *Introduzione*
XXXVII *Cronologia*
  XLV *Catalogo delle opere drammatiche*
 LXVII *Bibliografia*

     1 Questa sera si recita a soggetto
  103 Trovarsi
  187 Bellavita

  207 *Appendice*

Tutte le opere di Luigi Pirandello
in edizione Oscar

ROMANZI

L'esclusa
Il fu Mattia Pascal
Quaderni di Serafino Gubbio operatore
Suo marito
Il turno
Uno, nessuno e centomila
I vecchi e i giovani

TEATRO

L'amica delle mogli - Non si sa come - Sogno (ma forse no)
Il berretto a sonagli - La giara - Il piacere dell'onestà
Diana e la Tuda - Sagra del Signore della nave
L'innesto - La patente - L'uomo, la bestia e la virtù
Lazzaro - Come tu mi vuoi
Liolà - Così è (se vi pare)
Ma non è una cosa seria - Il giuoco delle parti
La morsa - Lumie di Sicilia - Il dovere del medico
La nuova colonia - O di uno o di nessuno
Pensaci, Giacomino! - La ragione degli altri
Quando si è qualcuno - La favola del figlio cambiato -
    I giganti della montagna
Questa sera si recita a soggetto - Trovarsi - Bellavita
Sei personaggi in cerca d'autore - Enrico IV
La signora Morli, una e due - All'uscita - L'imbecille - Cecè
Tutto per bene - Come prima, meglio di prima
Vestire gli ignudi - L'altro figlio - L'uomo dal fiore in bocca
La vita che ti diedi - Ciascuno a suo modo

NOVELLE
Berecche e la guerra
Candelora
Dal naso al cielo
Donna Mimma
La giara
Una giornata
In silenzio
La mosca
La rallegrata
Scialle nero
Tutt'e tre
L'uomo solo
Il vecchio Dio
Il viaggio
La vita nuda
Amori senza amore

SAGGI
L'umorismo

POESIE
Tutte le poesie

« Questa sera si recita a soggetto - Trovarsi »
di Luigi Pirandello
Oscar Tutte le opere di Luigi Pirandello
Arnoldo Mondadori Editore

Questo volume è stato stampato
presso Arnoldo Mondadori Editore S.p.A.
Stabilimento Nuova Stampa - Cles (TN)
Stampato in Italia - Printed in Italy

N. 002213